시민의 인성

3

조화로운 삶을
위하여

부산대학교출판문화원

시민의 인성 3 _조화로운 삶을 위하여

초판 인쇄 2020년 11월 23일
초판 발행 2020년 11월 30일

지은이 서정희·강선학·정태성·이병인·임낭연·박정련·송영일·정우락·강정화·박순철·최송현·이수진·채 한·김승룡
디자인 배영미
발행인 차정인
펴낸곳 부산대학교출판문화원
출판등록 제1983-000001호 1983.11.10.
부산광역시 금정구 부산대학로 63번길 2 (우편번호46241)
대표전화 051-510-1932 팩시밀리 051-512-7812 https://press.pusan.ac.kr

마음, 시로 꽃피다 / 박순철

숲! 그들도 우리처럼 / 최송현

대인관계의 내로남불: 어떻게 해결할 것인가 / 이수진

마음을 읽는 지혜, 음양 심리학 / 채 한

怨望에 대한 성찰_백이의 마음을 읽다 / 김승룡

상처, 자정(自整) 그리고 조화

우리는 길을 가다 넘어지거나 어딘가 부딪혀서 상처가 나면 약을 바르고 반창고를 붙이곤 합니다. 살짝 발라준 약에도 새살이 돋는 것을 보면 신기할 뿐입니다. 그러나 사실인즉슨 약이 살을 돋게 하는 것은 아니었습니다. 약은 소독하고 균이 침투하거나 번식하는 것을 막아줄 뿐이요, 실제 살을 돋운 것은 바로 몸 그 자체였습니다. 몸이 알아서 새롭게 살을 밀어올려 나를 보호하였던 것이지요. 따지고보면, 강물의 자정(自淨)도 그러했습니다. 비록 원치않는 오물이 흘러들어와도 강물은 본래 그러했던 것처럼 흐르면서 깨끗한 본래의 모습을 되찾는 것이었습니다. 가끔 눈자위 아래가 파르르 떨리는 것을 경험한 분도 계실 것입니다. 듣자니, 이 또한 몸을 흐르는 기운이 스스로 조절되는 과정에서 벌어지는 현상이라고 합니다. 이런 신기한 모습들을 자정(自整), 즉 '자신을 바로잡아감'으로 부를 수 있을 듯합니다.

누구나 경험하듯이 감당할 수 없거나 버틸 수 없을 정도로 과도한 삶의 무게가 밀려올 때가 있습니다. 그때마다 그 무게에 짓눌려 신음하곤 하지요. 언젠가 『맹자』를 읽다가 "하늘은 사람이 감당할 수 있는 있는 만큼의 일을 부여한다"는 구절을 본 적이 있습니다. 처음 읽었을 때에는 아무런 느낌을 주지 않았지만, 찬찬히 읽어볼수록 무한한 감동이 밀려오는 희열을 주는 말이었습니다. 처음 겪는 사람이나 환경, 일들은 모두 우리를 주춤거리고 버겁게 만듭니다. 두려워지기까지 합니다. 그러나 바로 이 순간, 그간 막혀있고 멈춰있던 기맥이 타통(打通)을 시작합니다. 새로운 기운이 돌더니 이제와 다른 내가 만들어집니다. 이것을 무엇이라고 명명할지는 잘 모르겠지만, 우리가 다양한 분야에서 저마다 마음치유를 추구하는 이유인 것만은 분명합니다. 자정을 통한 조화의 창조!!

인간이 자초한 재난인 역병(疫病)의 대유행으로 인해 민심이 지치고 흉흉한 가운데서도 인간의 아름다운 인격적 성장을 같이 고민해준 분들이 있습니다. 『서유기』를 마음치유의 여정으로 읽어내신 서정희님, 사람의 얼굴을 통해 마음을 보고 계신 강선학님, 조화로운 삶이란 아젠다를 도출해내신 정태성님, 차(茶)를 통한 마음의 도야를 모색하시는 이병인님, 행복의 심리학을 흥미롭게 제시하신 임낭연님, 우리 국악을 통한 마음치유를 꿈꾸시는 박정련님, 『논어』를 통해 고등학생의 정서를 치유하고 계신 송영일님, 자연과 합일된 참된 인간을 추구하시는 정우락님, 산의 미덕을 마음의 미학으로 끌어들이신 강정화님, 『시경』을 읽으며 마음을 가다듬고 계신 박순철님, 숲속 나무들이 지닌 치유의 미를 설파하고 계신 최송현님, 불편한 관계를 슬기롭게 극복하시는 이수진님, 음양으로 사람의 심리를 살펴보고 계신 채한님, 『사기』「백이열전」을 통해 원망을 이해하려는 김승룡님!

사실 '시민의 인성'이란 제호로 책을 계속 내리라고는 생각조차 못했습니다. 그냥 흘려버리기 아까워서 고였던 생각을 글로 만들고 정리해낸 것일 뿐입니다. 그렇다고 쉽게 쓰인 글들은 아닙니다. 언뜻 보셔도 아시겠습니다만, 오래 묵혔다가 내놓은 주제요 마음들이기 때문입니다. 평생동안 수련해오거나 앞으로 해나갈 학문적 테마를 녹여내신 분들도 있고, 현장에서 오랫동안 교육하고 실천해온 경험을 응축시킨 분들도 있으며, 자신의 삶의 주제를 평범한 듯하면서 예술적으로 드러내신 분들도 계십니다. 언젠가도 말씀드렸듯이, 이 글들을 '애써' 읽어내시면 안됩니다. 샘에서 솟아나온 물이 바위에 막히면 돌아가고, 좁은 곳에서 세차다가 트이면 느긋하게 흐르듯이, 그렇게 자연스레 읽어가시면 됩니다. 오늘도 이 글을 읽는 분들이 순간만이라도 편안해지시길 기원합니다. 늦가을 숲속 풍경은 흡사 상처와 자정을 거쳐 조화를 이룬 모습을 연상하게 해줍니다. 참 편안합니다. 우리도 그랬으면 좋겠습니다. 감사합니다.

2020년 11월.

서 정 희

/

부산대학교 인문대학 중어중문학과 명예교수. 한국외국어대학 중국어과를 졸업하고 국립대만대학교 중국연구소에서 문학박사학위를 받았다. 부산대학교에 재직하면서 『삼국지』, 『서유기』, 『수호지』, 『홍루몽』 등 중국고전소설을 중심으로 중국문학비평, 중국문화에 관한 강의를 진행했으며 이에 관련된 다수의 논문을 저술하였다. 지금은 노장사상과 불교사상에 관한 공부를 통하여 마음이 행복해지는 방법을 탐구하고 있다. 주요저서로는 『西遊記八十一難硏究』와 『兩種三遂平妖傳比較硏究』 등이 있으며 번역서로는 『근현대중국사(상)-제국의 영광과 상처』, 『근현대중국사(하)-인민의 탄생과 굴기』와 『중국사회와 서양의 물결(西潮)』 등이 있다.

가짜 손오공과 진짜 손오공

손오공과 도플갱어

1.

한 존재와 완전히 똑같은 형상을 가진 존재를 독일어로 도플갱어라고 한다. 도플갱어에 관한 이야기는 문학작품이나 영화 등 각종 예술 작품에서 찾아볼 수 있다. 대표적인 소설로는 주제 사라마구(Jose' Saramago)의 『도플갱어(원제 O Homen Duplicado)』를 들 수 있으며, 스티븐슨(R. L. Stevenson)의 소설 『지킬박사와 하이드씨』도 도플갱어 이야기를 변형시킨 작품이다. 똑같지만 다른 두 여인을 통해 이데올로기에 의해 나누어진 두 개의 유럽을 그린 폴란드 감독 키에슬로프스키(Krzysztof Kieslowski)의 영화 [베로니카의 이중생활](1991년)도 동일한 소재를 작품화한 것이다. 그 밖에 드류 베리모어 주연의 [도플갱어]와 2003년 부산국제영화제에 출품된 일본의 구로사와 키요시 감독이 만든 [도플갱어] 역시 같은 소재로 만들어진 작품이다.

도플갱어는 독일어로 '이중으로 돌아다니는 자'란 의미이다. 우리말로는 흔히 '분신'·'자기복제'란 말로 쓰인다. 도플갱어란 '또 다른 자신을 만나거나 혹은 보게 되는' 심령 현상을 가리킨다. 즉 자신과 똑 같은 외모의 또 다른 자아의 출현을 의미한다. 그런데 재미있는 것은 지금으로부터 약 500여 년 전 완성된 『서유기』에 가짜 손오공이 등장하여 취경단 일행을 재난 속에 빠뜨리는 흥미진진한 이야기가 실려 있다.

손오공은 『서유기』에서 마음을 상징하는 인물로서 '심원(心猿)', '심주(心主)' 혹은 '심(心)'으로 지칭된다. 그리하여 가짜 손오공의 등장으로 야기된 소동 이야기를 '두 마음이 분열하여 재난을 일으켰다(이심교란二心攪亂)'로 표현하고 있다. 두 마음이란 한 인물에게 생기는 둘 또는 그 이상의 여러 개의 마음을 가리키는 것이거나 혹은 한 인물의 또 다른 자아의 출현을 의미하기도 한다. 즉 가짜 손오공은 손오공이 의식하지 못하는 또 다른 자아를 문학적으로 형상화한 것이다. 완전히 같은 인물의 출현은 한 인물 속에 대립하는 양면, 한 인물 안에 내재하는 잠재적 측면의 구현으로도 볼 수 있다. 그렇다면 왜 손오공이 자기와 똑같이 닮은 존재를 조우하게 되는지, 그리고 그 안에 담겨 있는 의미가 무엇인지를 파악하려면 손오공 정신세계에 대한 분석이 필요하다.

이를 위해 마음의 메카니즘을 밝힌 프로이트의 정신분석학 이론을 원용하여 손오공의 정신세계를 분석하여 마음의 심층적 의미를 살펴본다면 가짜 손오공의 실체를 분명하게 확인할 수 있을 것으로 생각된다.

이심교란(二心攪亂) - 의식과 무의식의 충돌

2.

손오공은 마음을 상징하는 존재이다. 『서유기』의 작자는 비록 무의식의 세계를 이론적으로 제기하지는 못했지만 마음에 다양한 영역이 존재한다는 사실을 직관적으로 알았던 것 같다. 그렇지 않았다면 손오공의 무의식 세계를 상징하는 가짜 손오공을 이처럼 생동감 넘치는 형상으로 창조해 내지는 못했을 것이다.

가짜 손오공은 손오공의 무의식 영역을 대표하는 존재이다. 여기에서 이심(두 마음)은 의식과 무의식을 의미하며 이심의 교란은 의식으로 올라오고자 하는 무의식의 힘이 강력하여 자아가 이것을 조정하지 못했을 때 발생하는 의식과 무의식의 충돌을 의미한다. 외모, 성격, 말투, 행동 및 의식구조상 손오공과 완전히 똑같은 가짜 손오공은 손오공의 또 다른 인격을 형상화한 것이다. 손오공이 도술을 사용하여 만들어 낸 분신과는 완전히 다른 존재인 것이다.

가짜 손오공은 손오공의 무의식을 상징하는 존재이기 때문에 그 무엇으로도 진위를 구별해 낼 수 없다. 당삼장의 긴고주(緊箍咒)로도, 천상세계의 조요경(照妖鏡)으로도, 관세음보살의 진언(眞言) 등 어떤 방법으로도 그 둘의 진위를 구별해 내지 못한다는 사실에서 가짜 손오공은 손오공 마음의 다른 영역 즉 무의식 영역을 형상화한 것이라는 사실을 재차 확인할 수 있다. 가짜 손오공이 손오공의 무의식의 형상화라면, 손오공의 무의식 세계가 어떠한 조건과 환경 아래서 자아의 검열과 감시를 뚫고 의식 영역으로 올라와 전 우주를 소란하게 하는지 살펴보도록 하겠다.

(1) 욕망에 충실한 자연의 아들 손오공

손오공은 화과산 위의 돌이 천지의 정수와 일월의 정화를 받아 탄생한 자연의 산물이다. 하늘을 아버지로 삼고 땅을 어머니로 하여 태어난 그는 본능에 충실한 자연의 아들이다. 태어난 뒤 그는 자연 속에서 본능을 만족시키는 생활을 영위하며 행복한 삶을 살아간다. 마음껏 먹고 마시며, 누구의 간섭도 받지 않는 속에서 본능이 요구하는 쾌락원칙에 따르는 삶을 살아간다. 그러던 어느 날 문득 삶의 유한성을 깨달은 그는 죽음의 문제를 극복하기 위해서 구도의 길에 오르게 된다. 손오공이 추구하는 궁극적 욕망은 죽지 않고 영원히 사는 것이다. 그리하여 그는 도술을 공부하고, 장생불사할 수 있는 천계의 복숭아, 태상노군의 단약 등을 가리지 않고 훔쳐 먹는다. 이를 보면, 서행에 합류하기 전, 손오공은 자신의 본능적 욕망을 만족시키는 일에 충실한 인물이다. 한마디로 그는 쾌락원칙을 좇아 살아가는 인물이다.

그는 불로장생에 대한 끝없는 욕망과 이를 실현 가능하게 하는 권력에 대한 욕망 때문에 천상세계에 대해 반란을 일으키고 온 우주를 소란하게 만든다. 이 때 서방세계의 석가여래부처가 무한한 법력으로 손오공을 오행산에 감금하는데 이는 바로 손오공의 꺼지지 않는 욕망을 잠시 가두어 둔 것으로 볼 수 있다.

(2)손오공의 초자아–석가여래부처, 관세음보살, 당삼장

손오공은 원래 본능적 쾌락을 추구하는 인물로서 프로이트가 주장한 마음의 구조 중 이드(Id)를 형상화한 인물이다. 반면, 불교의 최고신인 석가여래부처는 인간 행동의 규범이나 도덕 및 양심의 최고 정점에 위치한 완전무결한 존재인 초자아를 대표한다.

본능에너지로 가득한 손오공이라는 존재 앞에 드디어 그것을 억누를 수 있는 부처님이 등장하여 손오공의 행동에 제약을 가하게 된다. 부처는 일반적인 도덕이나 규범 등 사회적 가치를 대표하는 것은 물론 마음의 전 영역, 즉 의식과 무의식, 즉 무의식 속에 있는 욕동 에너지와 초자아까지도 모두 통철하게 비추어 볼 수 있는 지혜와 법력을 가진 신성한 존재이다. 완전무결한 초자아인 부처에 의해 오행산에 갇히게 된 손오공은 자신의 본능적 욕구를 억누르는 인고의 세월을 보낸다. 이런 손오공 앞에 또 다른 초자아를 대표하는 관세음보살이 나타나 당삼장의 제자가 되어 그를 호위하여 서천 길을 갈 것을 권유한다. 결국 손오공은 자신의 본능과 본성에 충실한 삶을 떠나 불제자로서의 규율, 가치관을 지켜야만 하는 길을 선택하게 된다.

당삼장도 석가여래부처나 관세음보살과 마찬가지로 손오공의 본능을 제어하고 구속하는 초자아이다. 그는 서행 길 내내 손오공이 표출하는 욕동과 본능적 에너지를 구속하고 제어하는 역할을 맡는다. 그리하여 그는 손오공에게 사부이며, 부친으로서 사회의 가치와 도덕률을 가르친다. 무엇보다도 생명 있는 것을 손상시켜서는 절대 안 된다는 불제자의 최고 덕목을 누차 강조하여 가르친다.

석가여래부처, 관세음보살과 당삼장은 손오공을 계도하고 훈육하는 도덕가치의 절대 표상으로 자리매김하고 있다.

여기에 손오공의 야성을 순화시키는 효과적인 장치-긴고테가 등장한다.

긴고테는 손오공에게 참을 수 없는 고통을 줌으로써 불문의 계율과 법을 지키도록 강제하는 장치이다. 손오공이 도덕률을 위반했을 경우 당삼장은 석가여래부처가 관세음보살을 통해 전수해 준 긴고주를 외워 손오공을 벌한다. 다시 말하면 손오공의 무의식속에 가라앉아 있는 여러 가지 충동, 욕구, 욕동 등이 행위로 표출될 때, 긴고주를 외워 손오공을 효과적으로 제어하게 된다.

자연과 본능의 규율에 따라 야성의 욕망을 만족시키는 삶을 살아가던 손오공은 석가여래부처, 관세음보살, 당삼장으로 표상화된 가치관, 도덕률을 받아들이고, 긴고테를 머리에 쓴 뒤에야 비로소 당삼장의 명실상부한 제자가 되어 서천으로의 여행에 참가하게 된다. 이와 같은 상황 속에서 손오공은 자신의 본능적 욕동, 욕구, 욕망과 사회화 과정에서 받아들인 도덕률과 가치관 사이를 잘 조절해야만 자신에게 주어진 과제를 완성할 수 있게 된다.

(3)손오공의 의식과 무의식의 충돌

당삼장을 보호하면서 완주해야 하는 10만 8천리 서행 길은 손오공에게 있어 자신의 욕동, 욕구, 욕망을 억제하고 그에게 강제된 도덕률, 가치관에 따라 가야만 하는 기나긴 여정이다. 그런데 동토로 불경을 가져 오기 위하여 시작된 이 여행에는 수많은 난관과 위기가 도사리고 있다.

첫째, 손오공은 서행 길 내내 요괴들로부터 끊임없는 공격을 받으며 그들과 치열한 싸움을 벌인다. 불노장생을 추구한 손오공처럼 요괴들 역시 생명의 영원성을 획득하기 위하여 당삼장의 살점을 먹으러 달려든다. 이 흉측한 요괴들은 무의식의 심연에서 솟아올라 오는 생명에 대한 끝없는 욕망, 바꾸어 말하면 죽음에 대한 본능적인 두려움을 형상화한 존재라고 할 수 있다.

손오공은 요괴들의 연이은 공격 앞에서 속수무책인 경우가 허다하며 심지어는 목숨이 경각에 달리기도 한다. 이처럼 손오공은 서유 내내 감당하기 힘든 곤경 속에서 극심한 스트레스에 노출된다.

둘째, 손오공은 대내적으로 취경단 내부 갈등의 중심에 놓여 있는 인물이다. 그는 당삼장과 화목하지 못하고 저팔계와도 반목하는 사이로 구성원과 자주 갈등 관계를 형성한다. 앞에서도 언급했듯이 당삼장은 손오공에게 사회의 가치와 도덕률을 강제하는 인물이다. 그런데 문제는 당삼장이 석가여래 부처나 관세음보살처럼 완전무결한 존재가 아니라는 점에 있다. 그는 불제자로서 계율에 충실한 인물이기는 하나, 인간적인 약점과 결함을 가진 보통 사람이다. 그는 귀가 여리고, 작은 일에도 쉽게 화를 내며, 균형감 있는 사고를 하지 못한다. 그러므로 당삼장은 무지, 편협심, 이기심에서 나온 잘못된 행위로 손오공을 괴롭힌다. 예를 들면, 손오공이 요괴의 손아귀에서 자신의 목숨을 구해주어도 사물의 진상을 파악하지 못하는 당삼장은 손오공이 사람을 죽였다고 생각하여 그를 가혹하게 처벌한다. 손오공은 저팔계와도 반목하는 사이이다. 저팔계는 수시로 손오공을 음해하여 당삼장과의 사이를 이간시키며 시시때때로 당삼장을 부추겨서 손오공을 벌하도록 유도한다.

손오공은 무서운 요괴들로부터 당삼장을 보호해야 하는 책임으로 인해 과중한 부담감과 스트레스에 노출되어 있으며 대내적으로는 당삼장과 저팔계와의 사이에 조성된 불화로 인하여 극도의 스트레스와 긴장 속에 놓이게 된다.

요괴로부터 가해지는 공격을 해결하고, 취경단 내부에 조성된 갈등을 해결해야만 하는 조건 속에서 손오공의 의식 세계는 터질 것 같은 중압감에 시달리게 된다. 여기에 지금까지 누적되어 온 분노, 두려움, 적개심, 좌절 등의 감정들이 무의식 속에 억압되어 저장되었다고 볼 수 있다.

비록 손오공이 불요불굴의 정신으로 재난을 해결하는 낙천적인 인물이기는 하지만 절체절명의 재난을 만날 때마다 그가 경험한 고통과 두려움, 공포, 갈망, 긴장, 스트레스는 석가여래부처, 관세음보살, 당삼장으로 표상화된 초자아의 강력한 명령과 요구 아래 무의식의 심연 속에 저장되었다고 보아야 할 것이다. 이렇게 내적, 외적으로 가해진 압력에 시달리면서 손오공은 자신의 본능적 욕구, 충동, 욕동 등을 무의식 속에 억압하고 서천으로 가야만 하는 상황에 놓인다. 바로 이 때 그의 무의식 속에 억압되어 있던 본능의 힘이 자아의 감시와 제어를 뚫고 야성적이고 공격적인 모습으로 튀어나와 미친 듯이 강도들을 살해하게 된다. 이 사건으로 인하여 손오공의 억압된 욕구와 충동이 폭발하며 가짜 손오공이 등장한다.

가짜 손오공의 등장은 손오공과 당삼장 사이의 불화에서 비롯된다. 길을 막고 강도짓을 하는 도적들을 손오공이 단숨에 때려죽이자 당삼장은 크게 화를 낸다. 손오공 역시 의리도 인정도 없이 자신을 벌하는 당삼장에게 원망을 품고 적개심을 지니게 된다. 도적들 때문에 당삼장은 마음속에 노여움을 품게 되고, 손오공은 당삼장을 미워하는 마음을 가지게 되며, 팔계와 사오정은 질투하는 마음을 품게 된다. 반목과 원망 속에서 하룻밤을 묵기 위해 찾아 들어간 집이 마침 도적 떼 중 한 명의 집이라는 사실을 안 당삼장 일행은 그 집을 몰래 빠져 나온다. 이들 도적들이 당삼장 일행의 뒤를 쫓아오자, 손오공은 닥치는 대로 도적들을 때려죽이고, 도적의 머리를 잘라 피가 뚝뚝 떨어지는 머리를 들고 가 당삼장에게 보여준다.

이 장면이 바로 손오공의 무의식 속에 억눌려 있던 야만성과 공격성, 그리고 적개심이 생생하게 표출된 장면이다. 당삼장에게 쫓겨 난 손오공은 자신의 잘못을 뉘우치며 받아들여 주기를 거듭 간청하지만 당삼장은 긴고테가 머릿속으로 한 치 가량이나 들어갈 정도로 긴고주를 외운 뒤 손오공을 쫓아낸다.

당삼장과 손오공 사이에 강렬한 충돌이 발생한 것이다. 다시 말하면 무의식속에 억압되어 있던 원초적 욕구와 도덕을 대표하는 초자아 사이에 엄청난 균열이 발생하여 자아의 힘으로는 이 둘 사이를 조절할 수 없는 심각한 위기에 처한 것이다. 손오공이 끔찍하게 사람을 살해한 이 사건은 손오공의 무의식에 억압되어 온 본능적 에너지가 그대로 격렬하게 폭발한 것이라고 볼 수 있다. 즉 무의식 안에 숨어 있던 원초적 본능이 자아의 조절을 거치지 못하고 그대로 적나라하게 표출된 것이다.

이 같은 상황 아래서 억압된 본능을 대표하는 가짜 손오공이 등장하게 된 것이다. 가짜 손오공은 당삼장 앞에 나타나 욕을 퍼붓고 주먹질을 한 뒤, 통관문서가 들어있는 보퉁이를 빼앗아 가지고 달아난다. 그는 자신이 만들어 낸 가짜 당삼장, 가짜 저팔계, 가짜 사오정과 함께 영산(靈山)에 가서 불경을 얻어와 동토에 전하여 자신의 이름을 남기겠다고 말한다. 즉 손오공의 무의식은 당삼장의 통제나 응징으로부터 벗어나 자유롭게 자기 힘으로 불경을 가져와 공을 이루겠다는 욕망을 표현하고 있다.

한편 손오공이 관세음보살에게 몸을 의탁하러 간 사이, 가짜 손오공은 당삼장이 명령하는 금지, 훈계, 통제를 거부하고 당삼장을 몽둥이로 때리고 욕을 퍼붓는 등 당삼장에게 반발하고 저항한다. 마음의 영역 중 의식을 대표하는 손오공이 또 다른 초자아의 표상인 관음보살에게 몸을 의탁하는 것에 반하여 무의식을 대표하는 가짜 손오공은 무의식속에 억압되어 있던 당삼장에 대한 적개심, 반항심, 공격성을 그대로 드러내고 있다고 볼 수 있다.

가짜 손오공의 등장은 손오공의 무의식에 억압되어 있던 힘의 분출을 형상화한 것이다. 그렇다면 어떻게 우주를 소란하게 하는 무의식의 소동을 잠재울 수 있을까? 즉 어떻게 억압된 무의식을 의식의 영역으로 가져와 마음의 균형을 회복할 수 있을까?

공(空)사상으로 무의식의 문제 해결 -무의식의 의식화로 건전한 심리 회복

3.

마음의 분열로 인하여 둘로 분리된 손오공은 각각 자신이 진짜 손오공임을 주장하면서 서로 치열한 싸움을 벌인다. 어디에서도 진위를 가리지 못하자 그들 둘은 서로 싸우면서 석가여래부처께서 설법을 하고 계시는 영산으로 날아간다. 이 때 석가여래는 제자들에게 ***"너희들은 모두 한 마음인데, 보아라, 두 마음이 서로 싸우며 오고 있는 것을."***라고 말한다.

석가여래는 가짜의 출현이 바로 손오공의 의식과 무의식이 분열되어 일어난 현상임을 정확하게 설파하고 있다. 석가여래부처는 우주 만유의 실체, 즉 삼천대천세계에 있는 모든 존재의 실상을 여실히 볼 수 있는 각자(覺者)이다. 그러므로 손오공의 무의식 안에 꿈틀거리는 욕망의 실체 - 가짜 손오공의 실상을 간파한 것이다. 한 존재의 의식과 무의식이 형상화되어 싸움을 벌이는 것이기 때문에 부처님을 제외한 그 누구도 진위를 구별해 낼 수 없었던 것이다.

그렇다면 손오공이 어떻게 무의식 안에 담겨 있는 강렬한 충동, 욕구를 해소하고 다시 마음의 평형을 되찾게 되는지 인용된 시를 통하여 살펴보겠다.

> 사람에게 두 마음이 있으면 재앙이 생겨서, 하늘 끝 바다 모퉁이 어디를 가도 의심과 시기를 불러 온다네.
> 보배로운 준마를 타게 되면 삼공의 지위가 욕심나고, 또 금란전 일품대를 엿보게 된다네.
> 남정북벌 영토를 넓히느라 쉴 틈이 없고, 동쪽으로 막고 서쪽을 쳐부숴도 안정되지 못한다네.
> 선문에서는 모름지기 무심결을 배워야 하느니, 영아를 고요히 길러내야 성태를 맺는 법이라네. (『서유기』제58회)

이 시는 마음의 분열 현상과 분열을 해소하는 방안을 보여주고 있다. 첫 구는 지금까지 벌어진 소동은 모두 마음의 분열로 인하여 생긴 재앙임을 나타내고 있다. 욕심, 어리석음, 시기심, 의심으로 가득한 마음 때문에 사람들은 하루도 평안한 날이 없이 번뇌와 고민에 가득 찬 삶을 산다. 다시 말해 괴로움의 근원은 욕망에 있다는 것이다. 그러면 어떻게 해야만 이러한 마음의 갈등과 불균형에서 벗어날 수 있을까? 다시 말하면 무의식속에 억압된 욕구를 해방시켜 마음으로 하여금 본래의 고요한 상태에 이르게 할 수 있는가? 제시된 답은 불문의 무심결(無心訣)을 배워야 함을 강조하고 있다. 무심결이란 생멸하는 수많은 마음을 일심(一心)으로 집중시키고, 더 나아가 이 일심을 무심(無心)의 경지로 끌어올리는 주문을 가리킨다. 여기서 무심이란 마음이 없다는 의미가 아니라 마음이란 실체가 없는 공한 것임을 깨닫는다는 것을 의미한다. 마음의 실체를 깨달아야 비로소 모든 미망과 고통에서 벗어나게 된다는 것이다. 우리의 마음속에서 생멸하는 마음은 번뇌 망상이며, 번뇌 망상이 사라진 무심한 상태에서 진심이 발현될 수 있는 것이다. 가짜 손오공이 바로 손오공의 무의식속에 자리하고 있는 번뇌 망상이요, 집착인 것이다. 이러한 번뇌 망상과 집착에서 벗어났을 때, 손오공은 비로소 자신이 만들어낸 가짜 손오공 소동을 해결하고 진정한 자기를 회복하게 된다.

석가여래부처는 손오공이 마음의 분열을 벗어나 온전한 자기를 회복할 수 있는 방법으로 불교의 핵심 교의 인공사상을 제시하고 있다.

있지 않는 가운데 있고, 없지 않는 가운데 없다.
색이 아닌 가운데 색이요, 빈 것이 아닌 가운데 빈 것이다.
있지 않은 것이 있는 것이 되고, 없지 않은 것이 없는 것이 된다.
색이 아닌 것이 색이 되고, 빈 것이 아닌 것이 빈 것이 된다.
빈 것 이것이 곧 빈 것이며, 색 이것이 곧 색이다.

색에는 일정한 색이 없으니, 색은 바로 비어 있는 것이요.
빈 것에 일정한 비움이 없으니, 빈 것이 바로 색이다.
빈 것이 비지 않았음을 알면, 색이 곧 색이 아님을 알 것이다.
이를 이름하여 '다 비추었다' 하니, 비로소 묘음에 도달하게 되리라.

(『서유기』제58회)

석가여래부처는 '[있지 않음]과 [있음]', '[없지 않음]과 [없음]', '[색상이 아님]과 [색상]', '[비어 있지 아니함]과 [비어 있음]'의 연관 관계를 꿰뚫어 봄으로써 이들 네 조합의 실상(實相)이란 바로 연관 관계 속에서 이루어진 인식작용의 조합일 뿐, 스스로의 본성을 가진(즉 자성을 가지고 있는) 독립된 실체가 아님을 천명하고 있다. 모든 인식작용은 서로의 연관 관계 속에 놓여 있을 때, 비로소 그 위치가 정해지는 것으로 이러한 관점에서 볼 때, 모든 존재는 자성(自性)이 결여되어 있다는 것이다. 이것이 바로 불교의 '제법무아(諸法無我)' 사상이다.

'[있지 아니함]은 [있음]'이 되고, '[없지 아니함]은 [없음]'이 되고, '[색상이 아닌 것]은 [색상]'이 되고, '[비어 있지 않은 것]은 [비어 있는 것]'이 되는 변화의 실상을 꿰뚫어 봄으로써 모든 것은 변화하며 영원불변한 것은 없다는 사실을 밝히고 있다. 이것이 바로 '제행무상(諸行無常)'의 사상이다.

'제법무아'란 모든 존재는 절대적 자기 실체가 없다는 진리를 말하며 '제행무상'은 모든 존재는 항상 변화하여 영구불변의 자기 동일성을 유지할 수 없다는 진리를 말한다. 석가여래부처는 제법무아와 제행무상을 통하여 모든 존재는 상호의존적 연관구조 속에 놓여 있으며 이들 존재들은 끊임없는 변화 속에 놓여 있다고 설파하고 있다. 이와 같이 우주의 실상을 꿰뚫어 봄으로써, 즉 현상의 본질과 그 연관 관계를 꿰뚫어 봄으로써 '색즉시공, 공즉시색(色卽是空, 空卽是色)'의 결론에 도달하고 있다. 즉 부처님 설법의 요체(要諦)는 우주의 실상이란 공한 것으로 모든 존재는 독립적으로 존재할 수 없다는 의미이다. 그런데 여기서 실체가 없다는 것은 무의 상태를 의미하는 것은 아니다. 실체가 없다는 것은 자성이 결여된 것을 뜻하며, 바꾸어 말하면 모든 존재는 의존적인 관계 속에서 발생한 것이라는 뜻이다.

위에 설명한 석가여래부처의 설법 내용이 가짜 손오공 때문에 일어난 모든 소동을 종식시키고 손오공을 해방시킬 수 있는 해법이다. 일찍이 손오공이 '색즉시공, 공즉시색'의 공의 의미를 깨달았다면, 그는 결코 가짜 손오공을 조우하지 않았을 것이며, 가짜가 만들어 낸 고통과 미혹에도 빠지지 않았을 것이다. 손오공에게 오공(悟空 : 공을 깨닫다)이란 이름을 지어준 이유도 손오공으로 하여금 공의를 깨달으라는 의미에서 붙여진 것임을 알 수 있다.

프로이트의 정신분석학 이론에 의하면 손오공이 가짜 손오공을 제거하고 마음의 균형과 조화를 다시 찾은 것은 바로 무의식에 담겨 있는 충동과 요구를 의식화함으로써 무의식의 어두운 지배에서 벗어나 자아의 조절과 통제 능력이 회복되었다는 의미이다. 그런데 『서유기』에서는 이런 정신분석학적인 방법론으로 마음의 문제를 해결하려고 하는 것이 아니라 우리의 마음속에 움직이고 있는 욕구, 충동, 욕동 등의 본질이 공하다는 존재의 실상을 꿰뚫어 봄으로써 미망과 번뇌에서 벗어나 진정한 자신을 회복하는 길을 제시하고 있다. 존재의 실상을 꿰뚫어봄으로써 마음의 문제를 해결한다는 불교의 방법론이 정신분석학적으로 접근하는 것 보다 더 근원적인 해결책인 것으로 생각된다.

4.

프로이트의 정신분석학 이론을 원용하여 손오공의 정신세계를 분석한 결과 진짜와 가짜는 모두 손오공의 마음을 영역을 대표한다는 사실을 확인할 수 있었다. 가짜는 손오공의 무의식에 억압되어 있던 욕구, 충동, 욕망이 문학적인 형상화를 통해 탄생된 인물이다. 즉 손오공의 무의식속에서 꿈틀거리는 욕망이 의식의 조절과 통제를 거치지 않고 그대로 표출된 것이다.

손오공이 가짜를 제거하고 마음의 균형과 조화를 다시 찾은 것을 정신분석학적 관점에서 보면, 자아가 무의식에 담겨 있는 충동과 욕구를 의식화함으로써 무의식의 어두운 지배에서 벗어나 자아의 조절과 통제 능력을 회복했다는 의미이다. 그런데 『서유기』에서는 이와는 다른 좀 더 근본적인 방법을 제시하여 마음의 분열 문제를 해결하고 있다. 즉 정신분석학적 방법으로 마음의 문제를 해결하려고 하는 것이 아니라 우리의 마음속에 움직이고 있는 욕구, 충동, 욕동 등의 본질이 공하다는 존재의 실상을 꿰뚫어 봄으로써 미망과 번뇌에서 벗어나 진정한 자신을 회복하는 길을 제시하고 있다. 불교의 공의를 통하여 마음의 문제를 해결하고 나아가 원만함에 이를 수 있다는 발상은 사실 현재를 사는 우리들에게도 시사하는 바가 매우 크다.

20세기에 들어와서 심리학자들과 정신분석학자들에 의해 무의식이라는 개념이 제기되었는데 이미 500여 년 전에 출간된 『서유기』속에 손오공의 억압된 무의식이 가짜 손오공으로 형상화되어 흥미진진하게 묘사되었다는 점은 대단히 놀라운 일이다. 『서유기』작자는 그의 탁월한 직관력과 통찰력으로 인간 마음에 존재하는 다양한 영역을 알고, 이와 같이 기이하고 독특한 소재를 활용하여 『서유기』의 주제를 심화시키는 가짜 손오공 고사를 창조해 낸 것으로 보인다.

욕망의 바다에서 허우적거리는 우리들도 손오공처럼 뒤틀린 욕망, 욕동을 상징하는 가짜를 극복하고 진정한 나를 찾는 마음 닦기 여행을 시작해야 하는 게 아닐까?

강 선 학

/

미술평론가이자 시인이다. 수묵화로 13번의 개인전을 가진 화가이기도 하다. 자기반성이 자책 수준이지만 크게 자신을 바꾸지 못하고 일상의 번잡함을 화두 삼아 개인과 세계를, 창작과 이론 사이의 접점을 살펴보고 있다. 10여 년 부산시립미술관에서 전시기획 일을 했고, 30여 년 부산대학교에서 시간 강의를 했다. 미술평론집으로 『저항의 피아니시모』 『불의 우울』 『부산미술의 조형적 단층』 『현대한국화의 해석지평』 『현대한국화론』 등 15권의 비평집을 상재했다. 시집으로는 『푸른 삼각형』 『네 속의 나 같은 칼날』이 있다.

수백 개의 자화상,
반성인가, 치유인가

자신의 얼굴을 그린 것을 자화상이라 한다. 작가라면 한 번쯤 자신의 얼굴을 그리는 일이 없지 않다. 자신에의 관심에서든 타자와의 관계에서이든, 혹은 모델이 없어서이든. 그것은 단순한 자신에 대한 호기심이기 이전에 자기 존재에 대한 인식적 절박함과 무관하지 않다. 10여 년 전부터 자화상을 그려 온 정철교의 작품 여정을 읽어봄으로 익명화되고 있는 오늘의 우리를 살펴보고자 한다. "우리가 <나>라고 부르는 그런 현존재를 하이데거는 각자성(各自性)이라고 명명"[1)]했다. 자신을 그리는 일은 자신을 되돌아보는 것이자 되돌아봄으로 일상에서 보지 못했던, 혹은 접근하지 못했던 자신의 실재에 다가가는 일이기도 하다. 그 실재의 경험은 자신이 놓치고 있던 자신을 만나는 일이며, 대면할 수 없었던 자신을 불러내는 행위와 다르지 않다. "우리는 현존재의 본질이 '존재하려는 가능성의 존재이며 언제나 나의 현존재라는 의미에서 각자성임을"[2)] 인식하려는 노력으로, 그가 사는 세상을 현존재의 존재방식으로 이해하려는 것은 아닐까 하는 질문으로 이 글을 꾸몄다. 수백 점의 자화상을 그리는 한 작가의 집요함을 통해 자신을 정보의 부스러기로 방기 해버리는 세태에서 자기 존재에 대한 결연한 반성을 만나기 바란다.

견고한 일상의 배후 [3]

1.

조금은 흥분되고 격앙된 모습이거나 호기심을 보이는 것이 관광지의 여행객 모습이다. 그런데 정철교의 관광지는 여느 곳이나 마찬가지로 일상에 지친 사람들의 모습을 확인하는 공원 벤치의 정경이다.

<북경 자금성 관광>은 세로 162cm x 가로 520cm의 대작이다. 공원 벤치에 앉은 사람들의 모습을 잡은 것이다. 화면 상단과 하단을 50cm 정도의 같은 폭으로 양분하고 화면 중간을 가로지르듯 왼쪽에서 오른쪽으로 길게 벤치가 놓여 있다. 그리고 그 벤치 위에 비슷한 모양으로 기대앉은 인물들을 묘사한 작품이다.

가로로 긴 화면구조는 시선이동의 거리를 확보하고 있지만, 정지에 가까운 운동감을 바탕에 깔고 있다. 벤치에 기대앉

1) 김형효, 하이데거와 마음의 철학, 청계, 2000. p.71
2) 김형효, 앞의 책, p.73
3) 정철교, 금산화랑, 상하이 아트 페어 출품, 2009. 10-10.13

은 사람들의 손이나 발의 표정, 마주 보고 있는 얼굴이나 서로 무관한 듯한 표정들을 통해 일상의 움직임이 목격된다. 그리고 어딘가 정밀하지 못한 묘사로 드러난 표정과 형상에서 잠재된 운동이 느껴진다.

기록은 장소와 더불어 사람의 모습을 담는다. 사람의 일이 기록을 기록답게 해주지만 이 작품은 공간의 특성이 중요한 역할을 한다. 자금성이라는 특정 장소에 대한 기억과 연관되기 때문이다. 그런데 문제는 사진의 도움을 받은 작품임에도 불구하고 사진처럼 사실적인 묘사가 아니라 다소 덜 묘사된, 때로는 부정확한 인물이나 기물로 보인다는 점이다. 자신의 <자화상> 연작에서 볼 수 있었던 정밀한 묘사의 기량에도 불구하고 이 작품에서는 사실적 묘사를 일부러 회피한 듯 애매함 혹은 부정확함을 방법으로 내세우고 있다.

그것은 사건이나 기물의 확인이 아니라 일상을 확인하는 것이다. 상투적인 일상이야말로 세부는 생략되고 대략적인 윤곽만 남거나, 부분적 세밀함이 남고 전체가 흐릿하기도 하다. 더구나 관광여행의 기록이란 이 두 특성이 얽혀 여행의 윤곽을 이룬다.

그런데 그의 작품에서 일상의 표정이 잡은 것은 묘사가 아니라 수평 수직의 견고한 화면구조이다. 가로로 놓인 벤치가 화면 전체를 버티고, 벤치 뒤의 가로수, 벤치의 다리, 손잡이 등이 수직으로 화면을 받치고 있다. 사람들의 각가지 자세는 이 구조 안에서의 작은 변주에 지나지 않는다. 수평 수직의 구조는 현상의 배후에 완강하게 자리 잡은 일상의 체제이다. 자금성이라는 공간의 체계가 은연중 드러난 것이다.

그리고 그 사람들과 공간 사이에 작가 자신이 들어 있다. 이방인이 아니라 체제 안의 일상으로 포함된 것이다. 외국 여행에서 당사자만이라도 호기심 어린 눈으로 주위를 두리번거릴 것 같은데 자신 역시 일상에 지친 여느 모습으로 잡혀 있다. 그런 자신을 타자들과 함께 자신을 바라보는 시선, 그가 보는 것은 무엇일까. 체제일까, 변주일까?

나는 너다[4)]

2.

작가가 자신의 얼굴을 그리고 자신의 초상만으로 작품전을 연다. 참 어색하고 괜히 겸연쩍다. 그러나 자신의 얼굴 그리기에 자신이 열중할 때, 그것은 과연 자기 초상일 수 있을까. 자기가 아니라면 그 초상은 누구의 어떤 초상일까. 자기 눈으로 바라보는, 자신의 눈 속에 있는 자신은 언제나 자신 밖에 있지 않은가. 자기 밖에 있는 자기의 모습이 과연 자신의 초상일까. 보는 주체는 나이지만 보이는 그 얼굴은 정말 나인가. 자신의 얼굴을 지각할 수 있는 어릴적부터 지금까지 끝없이 변신해 온 자신의 얼굴에서 자신이라 할 수 있는 얼굴은 어떤 것인가. 언제나 자신 밖에 있어야만 보이는 이 잔혹한 사태를 두고 그가 우리에게 던지는 질문이다.

그의 얼굴은 거울을 보고 그리는 현재의 일이 아니다. 언젠가 찍었던 사진 속의 자신을 보고 이제 그림으로 다시 그리

4) 정철교 그림전, 내가 나를 그리다, 이듬갤러리, 2009.3.17-3.30

는 것이다. '다시'가 아니라 비로소 이제 그 얼굴을 그리는 것이다. 자신을 찍은 카메라를 의식하는 약간 어색한 표정이거나 무관한 듯한 표정, 때로 약간은 과장되었을 표정이나 기분이 느껴진다. 어색하지만 솔직하고 조금은 급조된 표정, 최대한 자신에게 자신이라고 생각한 표정에 충실한 모습이다. 자신을 의식하고 찍힌, 그 의식 앞에서 자신을 다시 본다. 그 차이를 의식하면서 지금 그 얼굴을 그린다. 지금의 얼굴과 시간 차이로 다른 모습을, 찍히는 얼굴이 아니라 보는 얼굴로 그리는 것이다. 여러 겹으로 겹쳐지면서 차이를 가지는 정철교의 얼굴은 이런 시선의 층위 때문에 초상이 아니라 자기 인식의 한 물음이 아닐까 한다.

포토샵으로 뽀얗게 처리된 듯한, 확대기로 재현한 듯 극사실적 인물들이 요즘 판을 친다. 유행처럼 사실적 묘사 방법의 하나로 자리 잡고 있다. 이제 극사실적 묘사는 그 필연성보다 유희성이 강하다. 그러나 정철교의 작업은 도리어 구태의연한 태도로 대상을 바라보고 묘사한다. 끈적거리는 유채로 신중하게 묘사해가는 얼굴은 자신이기보다 하나의 대상/타자가 된다. 붓질의 행간을 읽게 한다.

그러나 막상 작가 자신의 얼굴, 혹은 한 남자의 얼굴을 곱씹어보지만 읽을 게 많지 않다. 그저 적당히 나이 먹은 한 남자의 얼굴일 뿐이다. 하얗게 처리된 배경에는 어떤 풍경도, 사건의 정황도 없다. 그저 하얗게 지워버린 배경에 얼굴 하나가 느닷없이 나타난 것이다. 그러나 그 느닷없음도 반복되면서 익숙해지고 만다. 작가 얼굴만으로 이루어진 전시 자체의 생경함과 어색함은 어느덧 없어지고 느슨해진 일상의 한순간으로 바뀐다. 스치듯 지나는 사람들의 얼굴을 쳐다보듯 그저 사람의 얼굴로 나타난다. 같은 얼굴이 반복되면서 한 인간으로서 얼굴이라는 구체성은 어느덧 익명의 얼굴, 개념이 되어버린다. 굳이 그가 이런 얼굴 그리기를 시도하는 것은 무엇일까. 자의식 과잉일까. 아니면 자신에 대한 물음으로서 자신의 확인일까. 이제 어디에도 없는 자신의 모습에 대해서 언제라도 확인되는 자신, 정체성에의 갈망일까. 아니면 의심일까?

남의 얼굴이 아니라 작가 자신의 얼굴을 사실적으로 묘사하고 있지만, 흔히 알고 있거나 요즘 유행하는 극사실적 묘사는 아니다. 극사실적 묘사는 말 그대로 극사실적 접근에 의해 사실성을 잃고 비현실적 사태로 바뀐다. 현실의 구체성을 평면화함으로 다른 의미를 표현하려는 것이다. 그러나 정철교의 작업은 극사실이기보다 그저 자신의 모습을 그대로 그려보려는 정도의 사실적 묘사에 치중하고 있을 뿐이다, 자신의 모습이라지만 여기저기, 여행지나 산책길에서 찍은 사진들에서 뽑은 것이다. 그러나 대부분 작품에는 여행지의 정경을 지워버리고 얼굴에 치중해서 묘사하고 있다. 얼굴 뒤에 있었을 정경은 단순히 풍경이기보다 시간이나 사건, 정황을 일러주고 기억을 환기시키고 자신을 자신이게 확인시키는 역할을 한다. 장소란 일상에서의 풍부한 추론의 근거지이다. 그리고 생각을 연결하고, 기억의 근원과 기억의 기술이 유래하는 곳이다. 그런데도 불구하고 그런 역할과 기억을 휘발시켜버린 것이다. 자신의 시간, 자신이 있었던 공간을 지워버린 셈이다. 배경이 없는, 특정한 공간과 시간이 배제된 자신의 모습을 따낸 것이다. 묘사를 통한 재현에 뜻이 있지 않다는 말이다. 그 때문에 그의 질문은 절박하다.

이번 그의 작업은 사진에 의존한 것이다. 그 사진들은 당연히 시간적 차이가 있는 것들이다. 그러나 지난날의 사진을 본다는 것은 지금의 문제이다. 그 지난 시간이 지금이라는 새로운 시간으로 다가온다. 과거는 언제나 현재에 의해 드러나고 의미화된다. 당시의 사건과 풍경, 시간과 정황들은 기억일 뿐이지 없는 것이다. 그 기억조차 현재의 일이다. 과거는 현재에 와서 비로소 의미화되고 현재의 문제가 된다. 과거는 과거가 아니라 언제나 현재다. 그런 면에서 그의 그림은 과거의 기억을 회상하거나 어떤 것을 환기하지 않는다. 지금의 일이다. 그림이라는 오브제로서 현재인 것이다. 그 얼굴은 현재의 자신이 아니다. 그러나 현재의 그림이 과거의 얼굴로 얼룩지거나, 과거가 현재의 지점에서 얼룩지면서 어정거리고 겹쳐진다.

자신을 본다는 것은 자신을 타자화하는 것이다. 자신인 너를 들여다 보는 것이다. 그런데 그 자신에게 배경이 없다, 하나의 서사일 수 있는 배경을 지운 것이다. 서사가 없는 한 개인의 초상은 무엇일까. 여기에 정철교의 표현과 담론의 독특한 형식이 있다. 기록이나 사건이 아닌 자신에 대한 응시이다. 모든 것을 배제하거나 괄호 속에 묶어버린 얼굴은 자신만을 만나자는 것이다. 그것은 자신을 바라보는 시선의 문제이다. "시선은 나에게 타자가 직접적이고 구체적으로 현전하는 사실을 설명해주는 개념인 것이다." 타자가 나를 바라보는 시선이라면 정철교의 초상은 정철교를 바라보는 타자인 셈이다.

정철교의 인물화는 자신의 얼굴을 주제로 삼아, 보는 것, 그리는 것에 대한 근본적인 질문을 제기한다. 그것은 자기에 대한 질문이다. 자기에게 질문하므로 자신에 대해 생각하게 하는, 비로소 자신을 타자와 구별하는 의미로서 자신을 보게 된다. 그 얼굴은 하나의 물음으로서 시선이다. 그의 시선은 나의 시선이자 우리의 시선이다. 그의 작업은 작가의 얼굴과 내 얼굴이 중첩되면서 과격하고 절박하게 그 질문 앞에 우리를 내몬다.

"당신들도 기억하겠지. 유황, 장작더미, 쇠꼬챙이…아! 다 쓸데없는 얘기야. 쇠꼬챙이 같은 것은 필요 없어. 지옥, 그것은 타인들이야." 사르트르의 말이다. 나는 나에게 타자이고 지옥인가? 정철교의 물음이다.

일자의 다자성 [5)]

3.

자화상 100점. 재미있다. 가볍다. 그리고 의미심장하다.

자화상은 작가라면 입체를 하거나 평면을 하거나 자신의 장르와 무관하게 다들 여러 점 제작해보는 것 중 하나이다. 특별한 조형적 배려나 구성에 심혈을 기울이기보다 가볍고, 기록적인 흥미로, 때로 진지한 자기 탐색의 한순간으로 그렇

5) 정철교전, 소울아트 스페이스, 2011.09-10.09

게 표현해 본다. 그러나 자화상은 지나치면 자기도취로 보여 거북하다. 모델을 구할 수 없는 지경이라 해도 자신을 모델로 삼아 그리는 짓이 마냥 흥미로울 수는 없다. 보는 이는 더 그렇다. 정철교의 자화상은 도를 넘었다. 두 번에 걸친 전시에 자기 자신을 그려 보이더니 이번에는 아예 작은 화면에 얼굴로 가득 채운 자화상을 내놓는다. 지겹다.

그런데 묘하게 지겹다기보다 어딘가 삐끗하니 읽을거리를, 생각할 거리를 들이민다. 자기 얼굴을 그렇게 집요하게 파고들어 가는 태도가 우선은 예사롭지 않고, 사실적인 묘사에서 선 위주의 스케치풍으로 해석하는 팝아트적 접근 또한 그냥 넘어가지 못하게 한다. 그냥 한마디로 하자면 자기 얼굴을 100점으로 변주해본 것이다. 자기 얼굴을 변주한다고 하지만 변주가 아니라 얼굴마다 변화의 상황, 얼굴이 가진 이야기가 다 다르게 나타난다. 같은 소재를 100점 그리는 것은 그 자체가 변화를 내적 속성으로 하고 있다. 아니면 소재 자체가 차이를 그 자체 변화 요인으로 안고 있는 것일까. 그의 자화상은 변화가 아니라 차이의 생성이다. 얼굴이라는 단순한 종잇장 한 장을 주름 접기에 따라 다른 형상을 만들어낸다.

종이 한 장은 그 접기에 따라 배, 비행기, 바지, 꽃이 된다.

종이를 접어내듯 얼굴 하나로 주름을 잡으면서 수없이 많은 얼굴을 만들어내는 것이다. 일자(一者(일자))가 다자성(多者性)이라는 생성적 의미를 그는 그렇게 드러낸다. 변화의 요인은 다른 곳에 있는 것이 아니라 자신 안에 내포된 하나의 힘이라는 것을 보여준다. 베르그손을 들먹일 필요 없이 일즉일체다즉일(一卽一切多卽一) 일미진중함시방(一微塵中含十方) 하는 의상 스님의 법성계의 한 구절이 떠오른다.

자신의 얼굴을 면의 묘사라 부르는 사실적 묘사가 아니라 선으로 묘사한다. 선은 정교해도 정확한 사실적 입체감보다 평면적이고 요약적일 수밖에 없다. 대상과 세계 사이에 있다. 그래서 왜곡되기도 하고 과장되기도 한다. 일부러 과장해서 성격을 드러내는 수법으로 쓰인다. 그의 얼굴은 그렇게 선으로 그려져 나타난다. 선은 갖가지 색을 사용해서 다양하게 형태를 잡아낸다. 붉은머리, 흰머리, 파랑머리, 노랑머리, 초록머리, 검은머리, 색에 따라 같은 얼굴이 다르게 보이는 것은 당연한 일. 얼굴색도 마찬가지이다. 빨간얼굴, 파란얼굴, 노란얼굴, 초록얼굴 등등 특별하게 인상을 그려내지 않아도 색상이 그런 느낌을 무엇보다 명쾌하게 드러낸다. 수염도 마찬가지이다. 부위에 따른 색상만으로도 수없이 많은 얼굴이 탄생 된다. 그리고 그 안의 얼굴선들, 눈, 코, 입, 귀, 눈가의 주름, 이마의 주름, 입가의 주름, 광대뼈나 볼의 주름은 선 하나로 다른 얼굴들로 나타난다. 같은 얼굴에 다른 얼굴들이 불쑥불쑥 자신을 들이미는 것이다. 지도 위의 등곡선이 다른 공간과 장소를 드러내듯, 종이를 접어 다른 형태를 만들어내듯 주름은 다른 인간을 호출해 내는 것이다. 주름 접기에 따라 종이 한 장이 다양한 형태들로 변신하는 것은 한 장의 종이가 가지는 내재된 세계이다. 한 장의 종이가 여러 장의, 수없이 많은 변화를 보이는 종이들을 잠재태로 가진 것이다. 종이접기는 한 장 속에 있는 수없이 많은 다른 종이를 보아낸 것이고, 주름이 이를 구체화하는 것이다.

하나의 얼굴 속에 색상과 선으로 주름을 잡으면 수없이 많은 얼굴, 타자가 드러나는 것이다. 자신 속에 있는 타자성을 깨닫는 것이다. 우리 속에 있는 타자를 호출 하고, 우리 속의 타자성을 일깨우는 것이다. 자신 속의 타자성이야말로 우리가 자신과 세계를 연결하는, 비로소 세계로 나가는 자신을 보게 한다. 그것은 자아와 세계가 어떻게 연결되고 있는지를 일깨우는 일이 아니고 무엇이겠는가.

정철교의 자화상은 어느 순간 자신 속의 타자성, 자신 속의 세계, 일자가 다자로 드러나는 생성적 의미를 안겨준다. 자신에 대한 지독한 탐색은 자신을 자신이 아닌 것으로, 자신 속의 타자를 탐색하는 것에 다르지 않다. 그것은 그리기가 아니라 사유하기이다. 자화상이라는 일관성은 외관의 일관성이 아니라 자신 안의 차이를 끊임없이 호출 하는 작업이다. 세계와 연결되는 자아란 다름 아니라 자신 속의 타자성의 인식이지 않은가.

자화상을 새롭게 생각하게 한다. 자화상은 무엇인가. 자기를 그린 것인가, 타자를 그린 것인가. 자신의 내면인가, 세계에로의 통로인가.

그의 자화상은 우리에게 재미나고 무거운 물음을 안겨준다.

400개의 '사건' 일지(日誌)

4.

하루 한 장, 자신을 그린다. 일 년을 기약하고 한 일이다. 2017년 7월부터 2018년 8월까지, 직전, 직후에 했던 작품까지 400여 점을 2018년 9월 전시했다.[6] 하루 한 장, 자신을 들여다보는 일, 당연히 진정성을 갖는 접근이라면 다른 일하기 힘들다. 아니 허투루 해도 다른 그림 그리기가 쉽지 않다. 그런 하루하루를 보냈다는 과정 자체가 하나의 작업이다. 굳이 행위의 연속성을 작품으로 봐야 한다는 이론적 언급이나 새로운 이해를 요청하는 것은 더 실없다. 1966년부터 시작한 이른바 매일 <날짜 그림>을 그린 '온 카와라'를 비교하거나 연상할 필요도 없다. 정철교는 개념이 아니라 감각체로

6) 정철교전, 내가 나를 그리다, 2018. 9.8.-9.21. 부산, 예술지구-p ADP1관.

서 자신의 확인이다. 그리고 설치된 자화상은 그 자체로 과정을 드러낸다.

일 년 여의 시간 속에 자신이 어떻게 보이는지를 본다는 것은 무얼까. 자신의 심리 상태 변화를 감득하는 것일까. 혹은 시시로 변하는 자신의 반응을 타자로 바라보는 것일까. 아니면 그 시간 속에서 자신이 어떻게 반응하는지를 관찰하는 것일까. 그도 아니면 그 시간에 반응하는 자신을 서술하는 것인가. 자신을 그저 색 속에, 선속에 놓아두는 그런 일일까. 시간은 공간으로 드러난다. 움직임을 잡아놓는 것, 그것이 그림 그리는 일이다. 그것이 그의 자화상이다. 자신을 하나의 움직임, 인식하기보다 자신의 행위 자체를 보아내고 그린다는 것이다. 특히나 자화상은 보는 것과 그리는 것이 분리될 수 없다. 분리될 수 없기에 자화상은 자신의 타자화다. 자신의 타자화는 자신 속의 타자성을 인식하는 것이다. 자신 속의 타자성이야말로 자신을 자신이게 해주는 부분이며, 그런 타자와는 공감이 필수적이다. 자화상은 자신보다 자신 속의 타자, 실재, 무의식에 다르지 않다. 상상계나 상징계가 아니라 실재계의 체험이다. 시간의 공간화로만 그를 읽는 것은 너무 통념적이고 구태의연하다.

그의 자화상은 주체의 불안과 불확실함에서 오는 대응이다.

시간 속에 놓인 자신, 자신의 반응, 변화를 통해 시간을 체험하는 작업이다. 시간과 행위를 자아인식으로 삼아 타자를 경험하는 짓이다. 자아 속의 타자성을 확인하는 것은 타인에게 공감하고 타인에게 공감되는 것이다. 타인에게 공감함으로 자신을 보아내는 것, 그것은 살아있다는 명증성의 경험이다. 또 살아있는 경험을 누리는 것이자 일상 속에 내팽개쳐진 불안과 갈등을 노출하는 것이자 고통받는 것이다.

출품된 자화상은 사실적인 접근도 있고, 캔버스 그대로 공중에 매단 설치 작업도 있다. 그러나 대부분 드로잉 기법으로 잡은 모습이다. 자신을 그린다고 하지만 자신의 모습이 온전하게 드러나지 않는다. 온전함이라는 애매한 지점이 없지 않지만, 객관적인 자신, 자신의 심리적 반응과 무관한 자신이 있을 수 있는가 하는 물음에서 온전함이란 전제될 수 없다. 그저 끊임없이 반응하는 자신을 그린다는 점에서 그것은 자신의 정립이다. 그리고 단 한 번도 온전하게 자신을 닮을 수 없다는 점에서 그것은 반정립의 과정이다. 불변하는 자신을 보려는 의지와 한 번도 같을 수 없는, 그런 자신의 불확정성을 따라가는 그리기는 주체와 객체의 상호 포함성의 끊임없는 작용으로 나타난다. 자신을 보아내려는 것이 주체형성의 의지라면 자신이 어떻게 드러나는지를 확인하려는 점은 자신의 해체에 가깝다. 그것은 자기이자 자기 아닌 것과의 조우다. 자신이자 타자인 자신을 바라보는 것이다. 자신에 대한 집중이자 망상 속의 자신을 보는 일이며, 자신의 구축이자 해체로 자신을 드러내는 변증법이야말로 정철교의 자화상이다. 어디에도 실재는 없고 정보뿐인 세상에서, 그곳에서 여전히 부유하는 모습, 이미지/허상 속에서 주체를 찾으려는 역능이다. 그 역능은 자신과 자신을 싸고 있는 것들, 자신이라는 일상에서 자신을 확신할 수 없는, 자신과 동일하지 못함에서 발생한다.

인간이 "몸으로 존재한다는 것은 무방비로 노출된다는 것, 수많은 통제 불가능의 영향들에 종속된다는 것, 완전한 자기 지배의 능력이 없다는 것을 의미한다."[7] 그래서 몸을 그리고 인물이 개입하는 사건을 그리고, 종래에는 자화상을 그리면서 몸으로 존재하는 자신을 확인하려 한다. 미술사를 종횡으로 이끄는 것이 인물화 아닌가. 400개가 넘는 자화상이란 자신의 몸에 대한, 몸을 지탱하는 정신에 대한 확신의 요구다. 그것은 온전할 수 없다. 같을 수 없는 400개의 모습으로 드러난다. 그것은 주체에의 탐색이지만 객체로서의 확인이며 하나의 거대한 통증이다. "통증은 삶의 사실성, 정신에 맞선 삶의 완고한 저항을 일깨운다. 몸은 우리가 결코 선택할 수 없는 물질 덩어리며, 우리는 결코 몸을 완전히 소유할 수 없다. 몸은 한편으로 우리의 표현 매체지만 또한 자기 고유의 밀도와 부분적 자율성을 가진다. 장 뤽 낭시에게 몸은 생각이 결코 완전히 꿰뚫을 수 없는 것들을 대표한다. 몸은 생각의 기반이요 원천인데도 말이다"[8]

화면을 가득 채우고 있는 선조들, 그 선 사이로 드러났다 잠겼다 하는 자신의 모습은 거울의 상이자 거울 바깥의 몸이다. 깨끗한 민머리, 덥수룩한 수염, 말쑥한 머리와 수염, 헝클어진 표정, 둘이나 셋으로 보이는 얼굴, 눈동자가 없는 눈, 겹쳐진 사이로 드러나는 응시의 눈동자, 정면으로 대응하는 그의 얼굴은 표정이자 표현이며, 그 자체가 몸이자 의미이다. 자신의 분노와 슬픔을 보기 위해 자신을 매일 보아냄으로 타자화될 수밖에 없는, 그 자신을 대상화하면서 대상 바깥을 탐색하는 접근이다. 자기분열과 통합이며, 자기반성이자 자존이다. 보기와 보이기의 양면성을 오가는 작업이다. "메를로 퐁티의 말마따나 '몸과 영혼의 통합은 서로에게 외적인 두 항, 곧 주체와 객체가 임의적인 결점에 따라 변형하는 것이 아니다. 그 통합은 존재의 운동 속에서 매 순간 일어난다."[9] 자신의 슬픔과 분노와 절망을 보듯, 타인의 슬픔이

7) 테리 이글턴, 전대호 옮김, 『유물론』, 갈마바람, 2018. p.36
8) 테리 이글턴, 앞의 책, pp. 36-37
9) 테리 이글턴, 앞의 책, p.66

나 분노를 볼 수 있다. 그와 똑같이 타인의 영혼을 볼 수 있다. 타인의 슬픔이나 분노를 보는 것은 거울 이미지 바깥을 보는 것 아닌가.

400개의 분화된 자화상이란 우리가 우리 자신과 불화하는 것, 끊임없이 새롭게 만나게 되는 자신과 무관하지 않을 것이다. 자신에 대한 400개의 생각들, 그것은 그저 착란이거나 환상이거나 일시적인 감흥일까. 아니면, 정말 자기분열로까지 자신을 몰아가서 자신을 보아내려는 노역일까. 세계의 무상함이란 몸과 영혼이 서로 불화하기 때문이 아니라 우리가 시간적이고 일의적이라는 말이다. 400개의 자화상이란 자신과 다른 자신의 모습, 통제되지 않는 순간들이 만든 자신이자 타자 아닌가. 결국, 그런 결과 아닌가. "생각하기는 마시기에 못지않게 신체적"[10]이라면, 400개의 자화상은 생각이 아니라 바로 몸 자체의 반응이며 거울에 비친 몸이 아니라 거울 바깥에서 생성된 몸 자신이다. 무수한 선조 속에서 드러나는 얼굴은 "우리는 우리의 생각 또는 행동 하나를 이루는 무수한 충동들을 알아챌 수 없으므로 우리에게 우리 자신은 근본적으로 설명 불가능한 대상"[11]임을 확인하는 것이다. 자신이 어떤 것이 아니라 자신을 어떻게 이해하고 있는지를 반영한다. 몸으로 세계를 만나고 몸으로 세계를 감득한다. "우리는 몸짓이다. 동시에 우리는, 우리가 그 속에서 몸짓으로 표현하는 세계, 우리를 통해서 몸짓으로 표현하는 세계, 그리고 우리가 '의미하는' 세계와 사건들에 부딪힌다."[12] 그런 면에서 정철교의 자화상은 시간이 완벽하게 사라진 공간이 아니다. 시간의 현재로서 이행, 변화를 통해 '의미화 하는' 세계와 부딪친다. 사진이 시간의 멈춤이라면 그의 자화상은 이행의 변화로서 사건을 보여준다. 특히 자화상은 독백의 상징적 언어, 자신의 경험을 기만하지 않고 자신이 어디 있는지를 찾으려는 소통의 언어가 아니라 독백에 가까운 언어, 시적 언어다. 시가 은유를 통해 개념화와 추상화에 빼앗아간 감각적 풍요를 언어에 돌려주려 애쓴다는 면에서, 정철교의 인물은 그의 다른 사실적인 작품에서 드러나는 구사의 기술에 빼앗긴 감각적 풍요를 선조로 돌려주고 있다. 같이 전시된 사실적인 자화상들의 구축적인 묘사와 색상들, 실재감을 표현하려는 음영의 효과에 치중한 이미지들과 비교해보면, 기묘한 지점에서 자신에 대한 다른 시선을 만난다. 선으로 접근한 자화상들은 단순한 선묘라기보다 목판화에서 얻은 듯한 선조로 이루어져 있다. 판화의 선을 연상

10) 테리 이글턴, 앞의 책, p.63
11) 테리 이글턴, 앞의 책, p.135
12) 빌렘 플루서, 안규철 옮김, 『몸짓들』, 워크룸 프레스, 2018. pp. 100-101

하는 그 선은 그리기가 아니라 파고 들어가는, 자신을 파고 드는 인식과 감각, 그리기의 행위, 주객이 미분화된 지점이자 그 바깥의 지점이다. 그것은 얼굴이 아니라 몸짓으로 가까스로 거울 바깥의 얼굴이 드러나는 순간이다. "몸짓은 현존재가 밖으로 나타나는 신체의 움직임이다. 우리는 그 움직임에서 몸짓을 하는 사람이 세계 속에 어떻게 있는지 읽을 수 있다."[13] 자신이 자신인 타자를 향해 그 관계를 묻는다. "화가가 그리기의 몸짓 속에서 실제가 되는 것은, 그의 삶이 이 몸짓 속에서 세계의 변화를 목표로 하기 때문이다. 그의 삶은 그려지는 그림을 목표로 삼고, 그것을 통해서 화가와 함께 거기 있는 타인들을, 미래를 지향한다. 왜냐하면, 그리기의 몸짓을 향해 다가오는 것은 이 몸짓의 분석, 말하자면 대응-의미이기 때문이다."[14]

선조로 드러나는 자화상은 자화상이기 이전에 어디로 튈지 모르는 유연성, 임의적 반응에 주목하는 것이다. 임의성에 의해 자화상이 드러나는 것은 자신이 아니라 자신 안의 타자를 보는 것으로 "데리다는 무의식이란 타자성이며 내 안에서 타자와의 교섭이라고 말했다."[15] 자신도 모르는 자신을 드러내는 작업, 무의식을 드러내는 일이다. 보기와 보이기, 주체와 객체의 위치가 계속 바뀌고 주객의 순수한 관계가 나타나는 운동의 개시이기도 하다. "마수미가 이 운동을 '이미지 없는 신체' 그리고 '의사-신체성'이라는 두 개념으로 파악' "[16] 한 것에 다르지 않다. 거기에는 "주체와 객체를 분리시킬 때 나타나는 통상적인 리얼리티를 가진 신체성이 변이하여 타자이기도 하고 자기이기도 한 특이한 신체성 '의사-신체성'이 나타나는 것이다. 이 지속성 없는 순간을 마수미는 '사건'이라 부른다."[17] 400여 개의 자화상은 사건으로서 자신이자 타자인 셈이다.

평면의 캔버스를 벽면에만 부착하는 것이 아니라, 사방에서 볼 수 있도록 전시장 중앙에 매달아 놓는다. 캔버스 뒷면에 쓴 자신의 글-그것은 처음부터 전시를 통해 읽게 하려는 것은 아니다-을 읽게 한다. 차이는 있지만 대체로 가로 40.9cm 세로 31.8cm(6호)의 크기의 캔버스를 이어 붙여 개별체이자 전체로 전시한 평면작업에 어울리지 않는 설치다. 설치로서 효과가 극대화되었는지, 보는 이의 입장에서 작가의 통제와 예상을 벗어난 또 다른 만남과 감흥이 있었는지

13) 빌렘 플루서, 앞의 책, p.81
14) 빌렘 플루서, 앞의 책, p.101
15) 나병철, 『미래 이후의 미학』, 문예출판사, 2016. p.116
16) 이토 마모루, 김미정 옮김, 『정동의 힘』, 갈무리,206.p.145
17) 이토 마모루, 앞의 책, p.146

는 가늠할 수 없다. 그러나 그것은 흔들림 속에서 시선을 넘어서는 다층적인 신체의 반응을 요구하는 배치다. 자신이 자신을 바라보듯 흔들리고 중첩되고 불확실함 속에서 거울 이미지는 유보된다. 그에게서 설치로서 연출은 무엇일까. "연출과 현실이 구분되지 않는 상태를 보드리야르는 연출가의 승리라고 불렀다"[18] 그것이 오늘날의 미술이다. 국제적 미술행사이거나 국내의 미술행사이거나 세계미술과 국내미술을 이끌어가는 것은 작가가 아니라 연출가, 큐레이터가 승리한 시대, 그들이 변화를 독식한 것이다. 그곳에 작가는 없다. 그것은 일종의 유혹의 권력이며, 미결정의 축소, 변화 가능성보다 체제에 익숙해지도록 하는 것이다. 그게 오늘의 미술이다. 그런데 자신의 작업을 자신이 연출한다. 보는 이와 주어진 장소가 통합적이기보다 다층적 해석 지형으로 나뉜 작품의 영역을 회수하여 작품의 모든 권한을 전유하려 한다. 마치 한 세대 전으로 돌아간 것 같다. 모든 것을, 공간의 흐름까지 자신이 통제하려 한다. 그리기와 연출의 과정 전체를 작품화하려는 유혹이고 욕망이다. 자신이 그리는 자이자 연출하는 자이며, 처음으로 보는 자로서 그 과정을 '의미화' 하려 한 것이다. 그것은 주체도 객체도 아니듯, 평면도 입체도 아닌, 보는 이의 참여를 불러내는 지점의 탐색이다.

18) 보드리야르, 하태환 역,『시뮬라시옹』, 민음사, 2002. p.66

그렇게 연출된 작품은 자신의 작품이기보다 큐레이터들의 연출로 새롭게 단장한, 때로는 작품의 창작맥락과 무관하게 둔갑 되듯이 다른 작품처럼 여겨진다. 작가가 그것을 전유하려는 욕망과 다르게 자신의 연출은 작품을 타자화시키고 만다. 묘사와 탈묘사의 이중성은 전시연출에서도 고스란히 드러난다. 자신의 작품을 타인의 작품으로 읽겠다는 의지이자 용기이지만, 그렇게 읽는 일은 객관과 주관 사이에서 머뭇거리고 이미지는 운동으로 전회 된다.

남의 작품 읽기의 난처함은 언제나 자기와 연류 되기 때문이다. 어떤 사물도 사물 그 자체가 아니라 사물과 함께 자신의 인상. 느낌, 감각적 특이성과 무관하지 않다. 그것은 '사유'일 수밖에 없지만, 사유 이전의 감각이며 느낌은 사유의 특징을 떼어버릴 수 없다. 느낌은 곧 사유의 출발이면서 사유의 특징을 결정짓는다. 인식 이전의 사유와 감각의 미분화라면 적절할까. 자신의 작품을 남의 작품처럼 만나게 하는 '사유-느낌'에의 이해야말로 그의 설치에 다가가게 한다. 나와 공간이 비규정적 언어로 실재의 경험을 제시할 수 있게 한다. 자화상의 설치는 의미화 되기 전, 얼굴이라는 사물의 표현이기 전의 몸, 신체적 실존으로서 몸을 만나는 것이다. 몸은 몸이 아닌 어떤 것이 아니라 몸 자신의 기호임을 드러낸다.

정철교의 자화상은, 여기서는 언급하지 않았지만 어쩌면 서생 풍경으로 드러난 원자력 발전소 인근 마을의 풍경화조차 자화상으로 봐야 할 것이다. 삶에서 환경과 행위를 분리해서 이해할 수 없듯이 객관과 주관이 분리될 수 없고, 그에게서 풍경화와 자화상은 삶의 과정 자체를 대상으로 삼는 존재의 기술이다. 자신에 대한 실존적 체험이자 그리기로 드러난 가상이며, 직접적이고 비매개적으로 자신을 성찰하는 '사건' 일지(日誌)다. 예술이 그저 기술적 기교의 표시, 단순한 자기 과시가 되고 삶의 진지함에 어떤 새로운 길도 열지 못하는 난망한 시대다. 예술의 미래는 상업적 욕구를 만족시키는 아트 페어 스타일이 되고, 그것이 판을 치는 게 오늘이다. 그런 세태에서 그의 자화상은 삶의 실제적 경험이나 자연의 체험, 사물을 촉감하는 체험이 아니라 정보로밖에 만날 수 없는 시대에 대한 저항이자, 익명화된 인간 존재에 대한 물음으로, 존재론적 의미에 대한 자기성찰로서 자신을 '사건' 속으로 던지고 있다.

정 태 성

/

부산대 치의학과 교수. 부산대를 졸업하고, 동 대학원에서 치의학전공으로 박사학위를 받았다. 부산대 치과병원(양산소재)에서 장애아동과 청소년의 구강건강을 돌보고 있으며, 질병과 함께 사람을 치료하는 가슴이 따뜻한 의료인을 양성하는데 힘쓰고 있다. 해외연수(일본, 미국, 스웨덴) 경험을 바탕으로 우리나라 장애인의 치과의료복지를 위한 공공의료시스템(장애인구강진료센터)구축과 관련연구사업을 통하여 사회와 소통하는 노력을 하고 있다. 저서는 소아청소년치과학(공저/ 2014), 장애인치과학(공저/ 2019) 등이 있다.

조화로운 삶

약 25년간 대학의 교육 현장에서 젊은 세대들과 함께 호흡하며 급격하게 변해가는 환경과 새로운 시스템에 적응하고 있다. 언제나 선생의 기대에 부응하기 위해 열심히 애쓰는 요즘 학생들의 모습과 어느새 귀밑으로 서리가 하얗게 내린 거울 속 나를 바라보며 오늘도 스스로 다짐해 본다. '가르침과 배움'이 다르지 않음을. 그리고 학생의 행복이 곧 나의 행복임을. 한 때 '꼰대'의 늪에 빠지지 않겠노라 다짐하던 신임 시절의 다짐을 기억하는 중견 교수의 눈으로 바라본 '조화로운 삶'에 대한 개인적 생각을 글로 적어 본다.

현대사회와 스트레스

적당한 스트레스는 우리의 육체와 정신을 건강하게 유지하는데 도움을 준다. 그러나 불필요하거나 과도한 스트레스에 노출되면 건강에 해가 될 수 있다. 현대인은 디지털 기술과 인터넷의 발달로 언제 어디서나 누구 와도 연결될 수 있지만 정보의 홍수와 과도한 몰입(예. 게임 등) 또는 개인정보의 무차별한 노출로 인하여 육체적 정신적으로 어려운 상황에 놓일 수 있다. 또한, 전 세계적인 감염병(COVID-19)의 확산은 대면 접촉의 기회를 원천 봉쇄함으로써 인간행복의 기본조건인 관계형성에 많은 지장을 초래하고 있다.

우리를 둘러싼 환경의 급격한 변화에는 많은 부작용이 동반된다. 기존의 전통이나 관습을 부정하는 젊은 세대의 독립적 성향, 세대 간 정보의 불균형 및 기성세대와 업무처리(소통) 방식의 차이로 인한 사회적 스트레스가 증가하는 것은 필연이다.

흔히 현대를 '스마트 시대'라고 한다. 이전의 아날로그 시대를 마감하고 디지털시대를 열어준 개인용 PC와 인터넷이 결합하여 스마트폰이 등장했다. 스마트폰의 여러 기능이 진화하고 발달하면서 인간의 두뇌와 손을 사용해야만 가능했던 많은 일들이 필요가 없게 되었다. 디지털화와 함께 자동화가 가속되면서 디지털기기를 자유롭게 사용하는 젊은 세대와 아날로그를 고수하려는 기성세대 간에 정보의 불균형과 문화적 차이로 세대 간 갈등의 요소가 될 수 있다.

이런 복잡하고 어려운 환경에서도 우리가 몸과 마음의 건강을 유지하며 행복한 삶을 누릴 수 있는 방법은 무엇일까? 여러 가지 방법이 있겠으나 세 가지 정도로 정리해 본다. 먼저, 삶의 목적을 재확인하는 것이 필요하다. 삶에 대한 철학이라고 해 두자. 두 번째는 신체와 정신의 건강을 유지하는 것이요, 마지막으로 건강한 삶 속에서 인생의 목적을 향해 끈질긴 항해를 계속하는 과정을 누리는 것이다.

인생을 스포츠처럼

어느 시인의 말이었던가
인생을 스포츠처럼
비즈니스를 예술처럼
사랑을 마르지 않는 창조처럼
그렇게, 사는 거라고

그렇다, 푸른 대지
영원한 하늘
약동하는 건강
무한한 내일

이렇게 인생을 주고받으며
우리는 서로 엉켜서
이 짧은 세상을 같이 살아가는 거

생각하는 것이 꿈이요
보이는 것이 무한한 자연이요
일하는 것이 희열이 아닌가
실로 인생은 짧고
비즈니스는 무한한 거

생명은 누려도 누려도 끝이 없는 거
건강만이 남은 인생의 재산이로다

아, 어느 시인의 말이었던가
인생을 스포츠처럼
비즈니스를 예술처럼
사랑을 마르지 않는 창조처럼

조병화 시인의 시 '인생을 스포츠처럼' 전문이다. 시(詩)는 의료인으로 치과의사를 교육하는 현장에서 바쁜 일상을 보내는 나에게는 정신적인 휴식 공간이다. 수술실이나 진료실뿐 아니라 강의용 슬라이드에도 자주 따라다닌다. 그림이나 말보다 짧은 글을 통한 휴식과 재충전을 시도하며 신체적 정신적 건강을 누리는 수단이다.

건강은 우리 삶에서 공기와 같다. 평소에는 그 중요성을 느끼지 못하다가 병이 생겨 건강을 잃게 되면 그제야 소중함을 알게 된다. 건강에는 두 가지가 있다. 신체와 정신건강이 모두 중요하다. 그러나 우리는 삶에서 이 둘은 분리해서 생각할 수가 없다. '건강한 신체에 건강한 정신이 깃든다'는 말처럼 신체건강은 우리의 정신건강에 영향을 주고, 나아가 전체적으로 삶의 질적인 측면을 좌우하는 경우가 많기 때문이다. 그러므로 신체적 건강을 유지하는 것은 조화로운 삶의 기본 조건임은 두 말할 필요가 없다. 비교적 신체건강에 자신이 있는 젊은 시절에는 정신력으로 신체를 지배할 수 있다고 느낄 수도 있다. 그러나 오래 가지는 못한다. 신체적으로 무리가 따르므로 오래 지속하기는 힘들다. 따라서 휴식과 재충전을 통하여 평소에 신체의 건강을 돌보는 것은 조화로운 삶을 영위하는 첫걸음이다.

신체적으로 건강한 삶에 더하여 행복을 이끌어 내는 정신적 요소로 철학이 있다. 이 분야는 이미 오래 전부터 여러 종교나 철학자들이 삶의 의미와 인생의 목표에 대해 다양한 의견을 제시하고 있다. 그러나 이 세상의 모든 일이 그러하듯, 지식을 습득하고 머리로 이해하는 것과 행동으로 실천하는 일은 차이가 많다. 오죽하면 '머리에서 가슴까지 거리가 가장 멀다'고 했을까! 그렇지만 방법이 없는 것은 아니다. 나는 30대에 '자아의 완성'이라는 말로 내 삶의 목적을 정의했다. 언뜻 매우 이상적인 말이지만 일상에서 실천하려고 하면 상당히 모호하다. 그래서 이번에는 일상생활 속에서 수시로 확인할 수 있도록 자신의 말로 새로 쓰기로 했다. 즉, 중간 목표를 설정하는 것이다. 나는 이 단어를 '자타공인'으로 정하고 목표달성을 위해 자신을 격려하며 전문가로 사회와 소통하기 위해 노력하고 있다. 즉, 철학의 힘으로 인생의 최종 목적지를 정한 후, 스스로 일상에서 깨달음을 통하여 중간 목적지를 정하고 자신만의 용어로 표현해 낸다면 스스로 자신의 사회적 가치를 내면화(동기부여)하는 방법이 보이게 된다.

자! 지금부터는 삶의 목표를 향하여 행동하는 일만 남았다. 스스로 신체의 건강을 유지하면서 자아를 실현할 수 있도록 꾸준히 노력해야 함은 두 말할 필요가 있을까? 오직 할 뿐!!

비즈니스를 예술처럼

신체적 건강과 인생의 철학을 갖추고 나면 다음은 정신건강이다. 조화롭고 행복한 삶을 위한 필수요소는 세 가지가 있다. 일(Business), 사랑(Love), 유희(Play)가 그것이다. 이 세 가지 요소가 적절히 어우러지는 것이 조화로운 삶의 조건이 된다.

먼저, 일(Business)이다. 세상에서 가장 어려운 일은 무엇일까? '일 없이 노는 일'이라고 한다. 역설이다. 바쁘고 힘들 때면 우리가 그토록 부러워하던 '백수'생활이 가장 어려운 일이라니. 언뜻 믿기지가 않을 지도 모르겠다. 일(Business)은 우리가 존재감과 자존감, 성취감을 느끼게 하며 사회적으로는 타인의 인정과 함께 공동체에 헌신하는 보람을 얻게 해 준다. 나는 평일의 경우에 집에서 보내는 시간(잠자는 시간외)보다 병원이나 학교에서 일(Business)을 하며 보내는 시간이 더 많다. 젊은 시절(전공의 수련과정)에 한 때는 병원에서 숙식을 해결하고, 집은 잠시 옷을 갈아입기 위해 들르는 곳 정도로 생각하던 때가 있었다. 당시는 환경이나 상황이 어쩔 수 없었던 점도 있겠지만 지금 생각해 보면 '일 중독' 수준이었던 것 같다. 일을 하기 위해 태어난 사람처럼 굴었던 적도 있었다. 그러나 지금 생각해보면 조화로운 삶에서 한 참을 벗어난 상태지만, 나름 피할 수 없다고 생각하며 부조화를 그대로 받아들이고 심지어 당시의 현실을 정당화하며 그 시절을 지냈던 것 같다.

조화로운 삶에 대한 기준은 단순히 일하는 물리적 시간의 많고 적음으로 판단하는 것은 아니다. 일이 아무리 힘들어도 보람이나 성취감이 크다면 힘들지 않게 느껴진다. 그러므로 자신의 목표와 일의 가치에서 공통점을 찾는 노력이 중요하다. 이렇게만 할 수 있다면 일에 투자한 시간이나 노력이 아깝지 않게 된다. 예로써, 공부는 학생의 일(본분)이다. 따라서 이를 깨닫고 내면화 한 학생은 공부하는 시간과 관계없이 보람을 찾을 수 있지만, 동기부여가 부족한 학생들은 방황하게 된다. 따라서 일을 대하는 개인의 태도와 가치관이 조화로운 삶을 좌우하는 결정적인 요소가 될 수 있다.

두 번째 요소는 사랑(Love)이다. 삶의 질적인 부분에서 가장 중요하고 기본적인 활동이다. 영어로는 단순히 연인과의 관계를 뜻하지만, 실제로는 다양한 의미를 상징한다. 즉, 가족, 사회활동, 친구 등 매우 넓은 의미를 포함한다. 즉, 사회적 동물인 인간이 업무(일)외에 공동체 내에서 누릴 수 있는 많은 종류의 상호작용을 말한다. 가족 간의 사랑이나 친밀함은 삶의 재충전을 의미한다. 직장에서 오랜 시간을 보내고 돌아와 집에서 소진된 기력과 에너지를 보충한다. 예로써, 일터에서 치친 몸으로 돌아온 부모는 자녀와 함께 시간을 보내면서 (또는 잠든 얼굴을 보는 것만으로도) 정신적 에너지를 재충전하는 것이다. 그리고 사랑은 질적인 요소가 중요하므로 상호작용하는 시간의 길이 보다는 짧지만 밀도가 높으면 효과에는 차이가 없다. 마찬가지로 각종 동호회나 친구 등과 공통관심사를 추구하는 다양한 사회적 활동을 통하여 남아있는 걱정을 씻어내고, 새로운 스트레스에 대처할 수 있도록 우리를 준비시켜 준다.

사랑의 다른 표현은 관계(Relation)라고도 할 수 있다. 가족이나 친구, 연인 또는 부부간의 관계가 그러하다. 어린 시절 가장 중요한 행복의 조건은 친구관계이다. 어린이가 성장하면서 사회성이 발달하고 타인과의 친밀한 관계 속에서 행복을 느끼는 것이다. 그러므로 이 시기에는 친구들의 따돌림(왕따)이 어린이의 정서 발달에 커다란 문제가 될 수 있다. 반대로 친한 친구와 재미있게 노는 시간이 많을수록 성장하면서 긍정적인 정서가 발달할 확률이 높아진다. 성인도 마찬가지다. 직장이나 일상에서 인간관계가 삶의 조화에 미치는 영향은 매우 크다. 특히, 한국은 유학을 바탕으로 사회환경이 발달해 온 까닭에 수직적으로 예의나 격식을 차리는 상황에서는 더욱 그렇다.

인간관계를 잘 만들고 유지하는 방법으로 미국의 철강왕 카네기는 7가지-약자로 '미인대칭 비비불'를 제시했다. 미소로 인사하고, 대화하며 칭찬하라. 비난, 비평, 불만은 금물! 그리고 우리나라 사람들이 인간관계를 잘 맺을 수 있는 방법 중에는 경조사 참석과 밥값을 잘 내고 누구에게나 잘 베푸는 의리 있고 정(情) 많은 사람이 인간관계에 성공하는 것으로 조사된 적이 있다. 그러나 이런 행동들은 단기간 내에 인간관계를 만들어 유지하고 발전시킬 수는 있지만 자신의 감정을 속이는 일은 오래가지 못한다. 따라서 평소의 수양을 통하여 자신을 사랑하며 자신감과 함께 진정성으로 타인을 대하며 다가서는 한 차원 높은 인간관계 기술이 필요할 것이다.

조화로운 삶을 완성하는 마지막 세 번째 요소는 유희(Play)로 이는 오로지 자신의 즐거움을 위하여 투자하는 것이다. 앞선 두 가지 요소(일/사랑)는 사회적 관계 속에서 타인과 상호작용을 바탕으로 하는 것이라면, 유희는 혼자 노는 것을 포함하여 모든 즐거움을 위한 개인적 활동(예. 놀이, 오락 등)을 말한다. 개인적 취향이나 선호에 따라 여러 가지가 있겠으나 삶에서 일상을 떠나 몰입하거나, 온전한 즐거움을 누릴 수 있는 모든 활동이 일상적인 삶의 피로를 날리는데 도움이 될 수 있다.

최근 젊은 세대를 대표하는 용어로 '지금을 즐기자'는 뜻의 욜로(You Only Live Once; YOLO)라는 말이 있다. 이들은 미래의 행복을 위해 지금을 희생하기 보다는 지금을 마음껏 누리며 산다고 한다. 그러나 산업화 시대를 살아온 기성세대는 당시의 사회적 분위기와 주변의 압력으로 인해 자신보다 타인의 시선을 더욱 의식하며 살았다. 즉, 세 가지 요소 중에서 일터와 집을 중심으로 생활을 해 온 까닭에 상대적으로 자신을 위로하는 삶은 소홀히 한 측면이 있다. 늦었다고 생각할 때가 가장 빠른 때이다. '잘 놀기'는 균형 있는 삶과 인생을 누리기 위하여 젊은 세대로부터 배울 부분이다.

사랑을 창조처럼

개인적으로 나는 인생을 살면서 스스로 아쉬움을 느끼는 부분이 있다. 교양 있는 어른이 되는 것이나 자신을 사랑하는 것도 중요하지만 '부모의 역할'을 제대로 하는 것과 '돈에 대한 철학'을 가지는 것은 배운 바가 별로 없어서 항상 아쉬웠다. 유교적이고 가부장적인 배경에서 자란 내게 아버지란 말 보다는 행동으로 세상의 표준을 제시하고 가족의 생계를 위해 묵묵히 노력하는 이미지로 남아 있다. 그래서인지 나는 자상하고 친근한 아버지 보다는 집에서도 선생 노릇을 하며 아이들에게 나의 사회적 기준을 강요해 왔음을 최근에야 알았다. 늦게나마 아이들에게 미안한 마음을 전하고 새로이 시작하려 해도 이제는 모두들 커서 집을 떠난 지가 오래 되어서 이 마저도 어렵다. 그래서 요즘은 기회가 생길 때마다 집에서도 '미고사' 연습을 한다. 미안하다, 고맙다, 사랑한다! 쓰면 쓸수록 내 안의 정서적인 압력에서 해방되는 느낌이다. 해인사 백련암 공양간에 걸린 성철 스님의 친필 휘호(不欺自心; 불기자심)는 드나드는 사람들에게 올바른 인생의 방향을 일러준다. 진정 조화로운 삶을 원하거든 먼저 '자신의 마음을 속이지 말라'고.

다음은 돈에 대한 철학이다. 돈을 버는 방법이나 절약하는 습관에 대한 수 많은 책과 강연들이 넘쳐나지만 정작 돈을 잘 쓰는 법에 대한 조언은 찾아보기가 어렵다. 돈으로는 물건이나 타인의 시간을 살 수가 있고, 심지어 사람의 마음도 살 수 있다고 여긴다. 복권을 사면 추첨일을 기다리는 일주일이 즐겁고, 새 자동차를 사면 일년이 즐겁고, 새 집을 사면 몇 년 동안은 새로운 기분을 느낀다고 한다. 그러나 그 것뿐이다. 돈으로 사는 모든 것은 유한하다. 즉, 새로움이 사라지면 끝이다. 그렇다면 무한한 기쁨을 주는 일은 없을까? 내가 보기에 이 세상에는 돈으로 살 수 없는 것도 많다. 돈을 사용해서 타인에게 선의(사랑)를 베푸는 행동이나 돈이 없어도 타인을 돕고자 하는 아름다운 마음은 우리가 돈으로는 살 수 가 없는 것 중에 하나다. 그리고 그것 만이 진정으로 세상을 빛나게 하고 무한한 기쁨을 줄 수 있는 최고의 가치임을 나는 알고 있다. 전술 한 바와 같이 머리로는 알 수 있어도 가슴으로 느끼고 행동으로 옮기는 일은 쉽지 않다. 다만, 내가 지금 알고 있는 사실은 내 뒤에 오는 누군가가 도움을 요청한다면 이 원리를 직접 전해줄 수는 있겠으나, 아니라도 혼자만의 깨달음으로 간직하며 마음의 평화를 누리는 것 또한 기쁨이 아닐까? 이런 이유로 해마다 졸업하는 제자들이 찾아오면 농담처럼 당부하는 말이 있다. '돈을 많이 벌어라. 그리고 그 돈을 잘 쓰는데 어려움이 있거든 언제라도 연락해라. 내가 도와줄 수 있다.' 심중에 그런 일이 실제로 일어나리라 믿지는 않지만 그래도 또 누가 알겠는가?

삶을 대하는 태도

최근에 읽은 도서 중에 하완 작가의 '하마터면 열심히 살 뻔했다'가 있다. 젊은 세대에게 한번뿐인 삶을 소중히 여기고 미래를 위해 현재의 행복을 포기하지 말라는 메시지를 담고 있다. 젊은 세대에게 이전처럼 미래의 행복을 위해 현재를 희생하거나 공동체의 가치를 개인의 가치와 동일시하는 등의 낡은 가치관은 더 이상 공감을 주지 못한다. 한 마디로 '남들의 눈을 의식하지 말고 스스로 자신만의 삶을 철저히 계획하고 다양한 경험을 하되 청춘을 낭비하지 않는 것이 중요하다'는 저자의 메시지가 인상적인 힐링에세이다. 기성세대의 관점에서 보면 현재를 낭비하는 것은 죄악이라는 입장과, 반대로 저자는 '자율과 책임'이라는 기본적인 프레임 속에서도 비록 불확실하지만 자신을 믿고 스스로 마음이 가리키는 방향으로 발을 내딛는 용기를 내도록 권한다.

나는 강의도중 학생들이 졸리는 시간에 분위기 전환용으로 가끔 하는 질문이 있다. "여러분 인생의 목표가 무엇입니까?" "구체적인 목표를 종이에 적어 보세요. 그리고 그것에 대해 옆 사람과 잠시 이야기 해 보세요." 옆 사람과 검토가 끝나면 한 두 학생을 지명해서 본인이 옆 사람에게 들었던 내용을 공개적으로 말해 보라고 한다. 여기에는 두 가지 목적이 있다. 하나는 발표를 두려워하는 학생들이 자신의 이야기가 아닌 타인의 사연을 쉽게 객관적으로 발표하게 하는 것과, 다른 하나는 타인의 인생의 목표를 통해 스스로를 돌아보게 하는 것이다. 그동안 딱딱한 수업분위기가 전환되고 졸음이 도망가는 것은 덤이다.

의학계열 수업현장에서 느끼는 것은 학생들의 수동성이다. 공부해야 하는 분량이 많기도 하지만 암묵적으로 질문을 하지 않도록 서로를 감시하는 분위기가 형성된다. 모르는 것이 있어도 제한된 수업시간에 방해가 될까 보아 주저하게 된다. 이런 상황이 계속되다 보면 어렵거나 모르는 부분이 있어도 그냥 지나치게 되고, 자신의 실력과는 상관없이 시험만 통과하면 문제가 없다는 생각을 하게 된다. 배우는 학생들에게 질문이 생기면 끝까지 파고들어 스스로 해결하는 습관을 들이라고 당부한다. 이유는 삶을 대하는 태도다. 당시에는 알 수 없지만 훗날 의사로 살아가는 동안 부딪히는 많은 문제를 정면으로 맞서지 못하고 피해가려는 행동의 원인이 된다고 나는 믿는다.

학생이 공부를 못하면 그 책임의 절반은 선생에게 있다고 한다. 그래서 나는 자신의 행복을 위해서 학생들을 관찰하고 연구한다. 그런 노력의 일환으로 어느 일반 기업의 고객 행복헌장을 모방해서 '학생 행복을 위한 나의 다짐'으로 만들었다. 하나, 학생이 있음으로 내가 존재함을 명심한다. 하나, 항상 학생의 입장에서 생각한다. 하나, 정성을 다해 학생 행복을 추구한다. 하나, 학생의 행복을 위해 변화하고 혁신한다. 가끔, 이 문구를 볼 때마다 나는 내게 질문을 한다. 오늘은 이 다짐을 얼마나 실행에 옮겼는 가를. 교학상장(敎學相長), 가르치며 배우는 과정에서 선생과 학생이 함께 성장한다는 뜻이다. 환자를 진료하고 수술하며, 학생을 가르치는 나의 일(Buisiness)과 가족을 돌보는 일상과 함께 사회생활을 나누는 사랑하는 사람(친구)들, 그리고 더욱 소중한 나만의 시간을 누리는 작지만 바쁜 내 모습을 사랑한다.

조화로운 삶을 추구하는 젊은이들에게 프랑스 사상가 몽테뉴가 그의 저서 '사색의 광장'에서 한 말을 소개한다.

> **인생은 평화와 행복으로만 시종 살 수는 없다.**
> **괴로움이 필요하다.**
> **그리고 노력이 필요하고, 투쟁이 필요하다.**

괴로움을 두려워하지 말고 슬퍼하지도 말라.
참고 견디어 나가는 것이 인생이다.
인생의 희망은 늘 괴로운 언덕길 너머에 기다리고 있다.

몽테뉴가 말한 인생의 희망과 함께 나는 내 제자들이 앞으로 사회에서 직업적 의료인으로서 인생을 행복하고 조화롭게 살아가기를 바란다. 각자 다른 인생의 길에서 항상 마주하는 어려움이나 괴로움을 피해가지 않기를 바란다. 희망을 갈구하는 젊은 시절에는 회복 탄력이 있으므로 고난을 일부러 만들지는 못해도 일상적으로 만났을 때 피하지 않고 넘어가도록 조언한다. 앞서 언급한 일, 사랑, 유희의 균형에 더하여 소소한 행복을 누리는 지름길은 소소한 어려움을 직접 해결해 나가는 것이 요즘 젊은이들이 말하는 '소확행(작지만 확실한 행복)'을 만드는 창조적 발상이 아닐까?

이 병 인

/

부산대 바이오환경에너지학과 교수. 부산대 산업대학원 국제차산업문화전공 주임교수. 서울시립대에서 환경공학을 전공하고 박사학위를 받았다. 수질관리와 환경영향평가를 가르키며, 한재 이목(寒齋 李穆: 1471-1498) 선생의 16세손으로서 한국의 차문화에 대해 연구하며, 국제차산업문화전공을 개설하여 한국차문화의 학문적 체계화에 노력하고 있다. 저서로 <한국의 전통사찰>(공저, 2011), <수질 및 수자원관리>(공저, 2000), <환경영향평가>(공저, 2000), <한재 이목의 다부>(2012), <한국의 차도구>(공저, 2009), <한국의 다서화>(공저, 2009), <통도사 사찰약수>(공저, 2019) 등이 있고, 현재 '차인(茶人)'지에 목우차문화칼럼을 연재하고 있으며, 제6대 밀양캠퍼스(생명자원과학대학) 학장 및 제1회 경상남도 전통사찰보존위원회 위원장 등을 역임하였고, 미국 오레곤 주립대학 초빙교수(2005) 등을 지냈다.

차차차(茶) 우리의 차문화(茶文化)와 한재 이목(寒齋 李穆: 1471-1498)선생의 다부(茶賦)

들어가며

1.

요즘 커피는 자주 마셔도 차를 즐겨 마시는 사람은 드문 것 같다. 그만큼 차는 묻혀져 가고 있다. 차 한 잔의 여유와 멋이 사라져 가는 시대에 마치 오래된 미래처럼 새로운 차 문화의 부흥을 바라며 우리 차문화의 역사와 우리나라에서 가장 오래된 차에 관한 책인 다부(茶賦)에 대해 이야기 해볼가 한다.

수년전에 차문화에 관한 강의가 있다 해서 가보았더니 오신 분 중의 한 분이 마시는 차(茶)가 아니라 타고 다니는 차(車)에 관한 강의인줄 알고 왔다는 우스운 이야기가 있다. 수십 년도 안된 차문화(車文化)가 천년된 차문화(茶文化)를 덮어버리는 시대에 우리는 살고 있다.
사람들이 한국문화를 이야기할 때 많이 하는 말중의 하나가 빈 냄비같다는 이야기를 한다. 빈 냄비처럼 쉽게 끓고 쉽게 식는다는 말이다. 우리민족의 훌륭한 문화도 지속적으로 전해지고 이어지기보다는 그때뿐이라는 것이다.

차문화의 경우에도 그러한 것 같다. 안타까운 일이지만, 지금부터라도 차는 심신의 건강과 치유에도 좋기에 이제는 다시 되살려가야 할 문화중의 하나이다.

지금 우리가 차를 마시는 것은 단순한 음료를 마시는 것뿐만이 아니라, 정신적인 차원으로 승화되어야 한다는 것이 한재 이목선생이 다부에서 말하고자하는 차 정신으로서 '내 마음의 차(吾心之茶)'이다.

본고에서는 우리 시대 심신의 건강과 삶의 여유를 위하여 살려가야 할 우리 차문화의 역사와 우리나라 최고(最古)의 다서(茶書)인 한재 이목(李穆: 1471-1498)선생의 다부(茶賦)에 나타난 차의 특성에 대해 살펴보고자 한다.

한국 차문화의 역사

2.

우리나라의 차문화는 그 뿌리가 깊다. 적어도 이천년에서 천 수백년간의 기록이 있기 때문이다.

우리나라 차의 기원에 대해서는 '자생설'과 '전래설'이 있다. 자생설은 한치윤이 쓴 <해동역사(海東繹史)>와 이능화(1869-1943)의 <조선불교통사(하권)>에 "녹차가 수입되기 전부터 우리 민족은 백산차(白山茶)를 널리 마셨다"는 기록에 근거하고 있다. 백산차의 백산(白山)은 백두산의 옛말인 장백산에서 나온 말이다. 기후 여건상 차나무가 자생할 수 없기에 백산차는 백두산에서 나는 석남과나 철쭉과의 나뭇잎을 따서 만든 차로 추정되며, 요즘의 대용차로 보면 좋을 것 같다.

그리고 보다 엄밀한 의미에서 우리나라 차의 역사는 외부 전래설이 신빙성이 높으며, 세계 차의 원산지인 중국과 인도 전래설이 설득력이 높다. '인도 전래설'로는 <삼국유사> '가락국기'에 의하면, 기원 48년 7월 27일 허황옥이 인도에서 가야로 왔고, 이때 같이 온 그의 오빠 장유화상과 허황옥에 의해 인도차가 가야로 전래되었으리라는 추정이다. 이 전설

하동 차시배지 전경

은 이능화의 <조선불교통사> 등에 기록되어 있다.

보다 실질적인 전래경로는 '중국 전래설'로 <삼국사기>에 '서기 828년(신라 흥덕왕 3년) 김대렴이 당나라에 사신으로 갔다가 귀국하면서 차의 종자를 가지고 왔으므로 흥덕왕은 지리산에 심게 하였다. 차는 선덕왕(善德王, 632~647) 때부터 있었으나, 이때부터 번성하게 되었다'는 기록이 있다.

또한 통도사의 창건기를 기록한 <통도사 사적기>에 차에 관한 '다촌(茶村)', '다천(茶泉)', '다소촌(茶所村)' 등이 기록되어 있다.

그리고, 원효스님의 원효방 이야기, 경주남산의 충담스님의 삼화령 미륵보살 차 공양, 하동 쌍계사의 진감국사(眞鑑國師: 774~850)의 선차, 또한 오대산 월정사에서 효천·보명 두 태자는 매양 골짜기의 물을 길어와 차를 다려 문수보살에게 공양하였다고 전해져온다. 고려시대에는 차가 널리 확산되어 연등회, 팔관회 등 국가의 중요행사에도 진다(進茶)의식이 행해지는 등 역사적 기록들이 많이 남아있다.

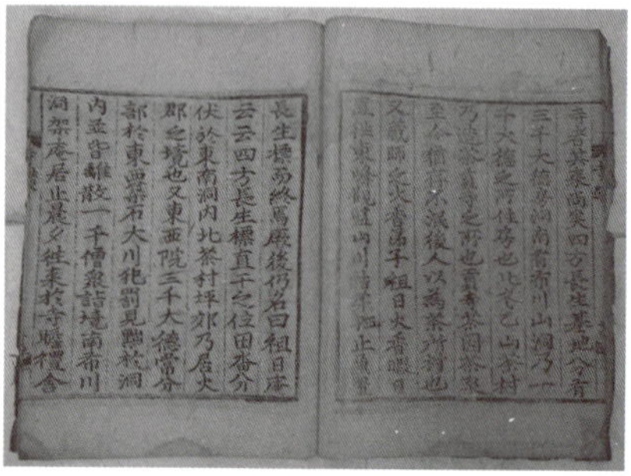

통도사 사적기(다촌, 다소촌, 다천 등의 기록이 있음)

조선시대 들어와서 상대적으로 차가 쇠퇴한 것으로 보이지만, 조선초기 차문화의 선구적인 역할을 담당하며, 다부(茶賦)라는 우리나라에서 가장 오래된 다서(茶書)를 지은 한재 이목 선생이 등장하게 된다. 그 뒤를 이어 19세기 아암 혜장(兒菴 惠藏: 1772~1811)선사와 다산 정약용(丁若鏞: 1762-1836)선생, 그리고, 초의(草衣: 1786~1866) 선사와 추사 김정희(金正喜: 1786~1856) 선생 등의 차인들이 나와 한국차를 부흥시키게 된다.

3.

한 시대를 앞서 살다간 사람들의 소중함과 진실된 가치는 오랜 시간이 지난 뒤에야 알게 되는 경우가 많다. 한국차의 영광이 서서히 사그러지는 우울한 시대에 한국차의 새로운 빛을 확연히 드러내 놓고 간 한국차의 선도자로서 한재 이목(寒齋 李穆: 1471-1498)선생의 가치 또한 그러한 것 같다. 우리나라의 차역사에서 "한국차의 아버지(茶父)"라 부르는 한재 이목선생의 굳굳한 삶과 정신은 오늘에 와서 더욱 그 빛을 더해가고 있다.

우리나라에 차가 전래된 이후 수백년간 차에 관한 제대로 된 기록이 남아있지 않은 차의 문맹기에 그래도 한국차의 선구자로서 다부(茶賦)라는 한국차의 역사를 새롭게 장식하는 우리나라에서 가장 오래된 차에 관한 전문다서(專門茶書)를 남기고 간 사람이 바로 한재 이목선생이다.

이천년의 우리나라 차의 역사에서 제대로 된 차에 관한 전문자료는 우리나라의 삼대 다서(三大 茶書)라 할 수 있는 연산군

시대 1490년대 중반경에 쓴 것으로 추정되는 한재 이목선생의 '다부(茶賦)'와 1830년대에 저술된 초의선사의 '동다송(東茶頌)'과 '다신전(茶神傳)'이 있다.

한재 이목선생(寒齋 李穆: 1471-1498)의 가치는 한국차의 중흥조라 할 수 있는 초의선사(草衣禪師: 1786-1866)보다 315년 전에 탄생하여 조선초기 차문화의 쇠퇴기에 한국차의 특성과 차정신을 체계화하고, 새롭게 정립한 한국차의 선구자라는 사실이다.

그런 면에서 초의선사와 한재 이목선생은 여러 가지로 비교가 된다. 한재선생은 28세의 젊은 나이에 생을 마감한 반면, 초의선사는 81세로 세수를 누리고 생을 마감하였다는 사실이다. 한재 선생이 다부를 24세이던 1494년 이후에 쓴 반면, 초의선사는 다신전은 45세 되던 1830년, 동다송은 52세인 1837년에 저술하였다. 결국 다신전보다 330여년, 동다송보다 340여년을 앞서는 우리나라 최고(最古)의 차 자료를 우리에게 남겨 놓고 갔다는 사실이다. 그런 의미에서 만일 한재 이목선생이 일반적인 천수를 누리고, 오랫동안 살았다면, 보다 훌륭한 저서가 오늘에 남겨졌으리라는 점에서 매우 안타까운 일이다.

한재 이목선생의 다부(茶賦)

4.

미국의 중국차전문가인 스티븐 오우영(Steven D. Owyoung)은 중국에 당나라때 쓴 육우의 다경(茶經)이 있다면, 우리나라엔 한재 이목선생의 다부(茶賦)가 있다고 할 수 있을 정도로 다경이후 최고의 다서(茶書)로서 다부의 가치에 대해 이야기하고 있다. 또한 차(茶)학자 정영선씨는 "8세기 육우(陸羽)의 '다경(茶經)'이 '세계 최초의 차(茶) 경전'이라면, 한재의 '다부'는 '세계 최초의 다도(茶道) 경전'"이라고 말하고 있다.

다부원문이 수록된 이평사집 중간본 (인조 9년(1631년) 발간)

다부(茶賦)는 우리나라 최초의 전문다서로서 조선시대 성종조의 선비인 한재 이목선생이 지은 차에 관한 글이다. 다부는 차(茶)에 대한 스스로의 깨달음의 내용을 산문형태의 시(詩)로 표현한 것이다. 이와 같이 다부는 우리나라 최초의 전문적인 내용으로 정리된 차에 관한 대서사시(大敍事詩)이자, 현존하는 우리나라 최초의 차에 관한 전문다서(專門茶書)이기도 하다.

현재 전해지고 있는 다부의 구성은 제목인 다부(茶賦)와 머리말에 해당하는 병서, 그리고, 본문으로 구성되어 있다. 오늘날 논문과 같이 서론, 본론, 결론으로 구성되어 그 형식이 매우 체계적이고, 그 내용 또한 종합적이다.
다부(茶賦)의 서문인 병서는 "범인지어물(凡人之於物)"로 시작되어 166자로 구성되어 있으며, 다부를 짓게 된 동기와 배경, 그리고, 차의 본질적 가치에 대하여 소개하고 있다.
이어 "기사왈(其辭曰)"로 시작되는 본문의 본론 부분에서는 ① 차의 종류와 이름, ② 차의 명산지, ③ 차의 생육환경 ④ 다산(茶山)의 정경(情景), ⑤ 차 달이기와 차의 삼품(三品), ⑥ 차의 일곱 가지 효능(七效能), ⑦ 차의 다섯 가지 공덕(五功), ⑧ 차의 여섯 가지 덕(六德)에 대해 이야기하고 있다.
이와 같이 본문 중 본론은 차에 대한 종합적 고찰이라고 볼 수가 있다. 그리고, 마지막으로 "희이가왈(喜而歌曰)"로 시작되는 106자로 이루어진 본문의 결론부분은 다부의 정화로서 '오심지다(吾心之茶)'라는 "내 마음의 차"로 승화된 차생활의 경지를 드러내며 끝맺음하고 있다.

이와 같이 다부는 서문과 본문으로, 그리고, 본문은 본론과 결론부분을 합쳐 모두 열 단락으로 구분되어 총 1,332자로 이루어져 있으며, 형식은 부(賦)라는 문학적 표현을 사용했지만, 오히려 실질적인 형식은 전문적인 논문체계를 갖추는 등, 매우 체계적인 구성을 이루고 있다. 또한 그 내용면에 있어서는 차에 대한 종합적인 고찰과 특성을 잘 드러냈을 뿐만이 아니라, 단순한 기호식품으로서의 차의 특성뿐만이 아니라, 정신적인 차원의 깊이 있는 문화생활로 승화시키고 있다.

그중에서도 다부에 나타난 차의 특성에 대해 구체적으로 살펴보면 다음과 같다.

①. 차의 세 가지 품질(茶三品)

한재 이목선생이 한국최고의 전문다서인 다부에서 언급한 차의 특성중 하나로서 차의 품질(品質)을 세 가지로 구분한 것으로서 ① 상품(上品)은 능히 몸을 가볍게 하고, ② 중품(中

品)은 피곤함을 가시게 해주고, ③ 차품(次品)은 고민을 달래주는 것이라고 하고 있다.

간단하게 줄여서 차의 세 가지 품질로서의 다삼품(茶三品)은 몸을 가볍게 하는 경신(輕身), 오랜 피곤을 가시게 하는 소아(掃痾), 고민을 달래주는 위민(慰悶)으로 나타낼 수 있다.

②. 차의 일곱 가지 효능(茶 七效能)

한재 이목선생이 다부에서 차가 가지고 있는 일곱가지 효능(茶 七效能)을 정리한 것으로서 ① 차의 첫 번째 효능(茶第一效能)은 마른 창자가 깨끗이 씻겨진다는 장설(腸雪), ② 차의 두 번째 효능(茶第二效能)은 신선이 된 듯 상쾌하다는 상선(爽仙), ③ 차의 세 번째 효능(茶第三效能)은 온갖 고민에서 벗어나고, 두통이 사라진다는 성두(醒頭), ④ 차의 네 번째 효능(茶第四效能)은 큰 마음이 일어나고, 우울함과 울분이 사라진다는 웅발(雄發), ⑤ 차의 다섯 번째 효능(茶第五效能)은 색정이 사라진다는 색둔(色遁), ⑥ 차의 여섯 번째 효능(茶第六效能)은 마음이 밝아지고, 편안해진다는 방촌일월(方寸日月), ⑦ 차의 일곱 번째 효능(茶第七效能)은 마음이 맑아지며, 신선이 되어 하늘나라에 들어선 듯 하다는 창합공이(閶闔孔邇)를 이야기하고 있다.

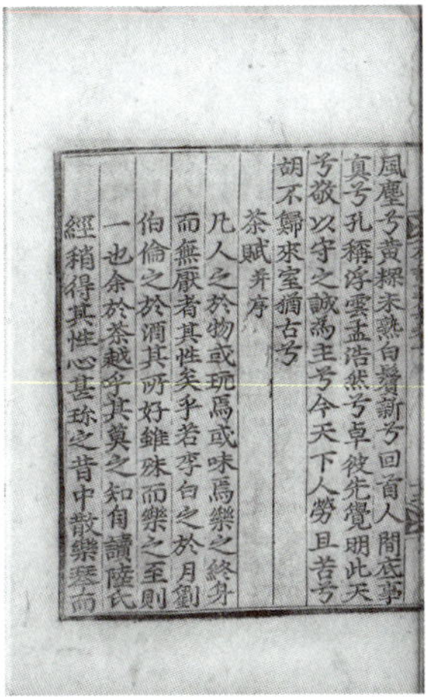

風塵兮黃粱未熟白髮新兮回首人間底事
眞兮孔稱浮雲孟浩然兮卓彼先覺明此天
兮敬以守之誠爲主兮今天下人勞且苦兮
胡不歸來室猶古兮

茶賦 幷序

凡人之於物或玩焉或味焉樂之終身
而無厭者其性矣乎若李白之於月劉
伯倫之於酒其所好雖殊而樂之至則
一也余於茶越乎其莫之知自讀陸氏
經稍得其性心甚珍之昔中散樂琴而

다부원문

③. 차의 다섯 가지 공덕(茶 五功)

한재 이목선생이 다부에서 차가 가지고 있는 다섯 가지 공(茶 五功)을 정리한 것으로서 ① 차의 첫째 공덕(茶第一功)은 목마름을 풀어준다는 해갈(解渴), ② 차의 둘째 공덕(茶第二功)은 가슴속의 울분을 풀어준다는 서울(敍鬱), ③ 차의 셋째공덕(茶第三功)은 주인의 예로서 정을 나눈다는 예정(禮情), ④ 차의 넷째 공덕(茶第四功)은 몸속의 병을 다스린다는 고정(蠱征), 그리고, ⑤ 차의 다섯째 공덕(茶第五功)은 술에서 깨어나게 한다는 철정(輟酲)이다.

④. 차의 여섯 가지 덕(茶 六德)

한재 이목선생이 다부(茶賦)에서 차가 가지고 있는 여섯 가지 덕(茶 六德)을 정리한 것으로서 ① 차의 첫째 덕(茶第一德)은 수덕(壽德)으로 사람을 장수하게 하니 요임금과 순임금[1]의 덕(壽德)이 있다는 것이고, ② 차의 둘째 덕(茶第二德)은 병덕(病德)으로 사람의 병을 낫게 하니 유부나 편작[2]의 덕(病德)이 있다는 것이고, ③ 차의 셋째 덕(茶第三德)은 기덕(氣德)으로 사람의 기를 맑게 하니, 백이나 양진[3]의 덕(氣德)이 있다는 것이고, ④ 차의 넷째 덕(茶第四德)은 심덕(心德)으로 사람의 마음을 편안하게 하니 이노와 사호[4]의 덕(心德)이 있다는 것이고, ⑤ 차의 다섯째 덕(茶第五德)은 선덕(仙德)으로 사람을 신령스럽게 하니 황제나 노자[5]의 덕(仙德)이 있다는 것이고, ⑥ 차의 여섯째 덕(茶第六德)은 예덕(禮德)으로 사람을 예의롭게 하니 희공이나 중니[6]의 덕(禮德)이 있다는 것이다.

1) 요임금과 순임금: 중국고대의 유명한 성군(聖君)인 '요(堯)임금'과 '순(舜)임금'을 이야기한다.

2) 유부와 편작: 유부(兪附)는 중국고대 황제(黃帝때)의 명의(名醫)이고, 편작(扁鵲)은 중국 전국시대의 명의(名醫)를 말한다.

3) 백이와 양진: 백이(伯夷)는 중국 상(商)나라 말기 고죽군의 아들로서 아우인 숙제(叔齊)와 함께 주 무왕(周 武王)의 반란이 성공하자, 수양산에 들어가 굶어죽었다는 일화가 전해져 온다. 양진(楊震)은 중국 후한(後漢)때의 학자로서 청빈하고 박학한 것으로 유명하다.

⑤. 내 마음의 차 -吾心之茶-

한재 이목선생이 다부(茶賦)의 결론으로 나타낸 말로서 뜻은 "내 마음의 차(吾心之茶)"이다. 이 말은 다부(茶賦)의 정화(精華)이자, 차인으로서 한재 이목선생의 다심일여(茶心一如)의 경지를 그대로 드러낸 말로서 모든 차인들이 이루어 가야 할 상태를 말하고 있다. 이것은 한재 이목선생이 제시한 진정한 차인으로서 가져야 할 기본덕성이자, 진정한 차정신이고, 차의 정화이다. 그러므로 모든 차인들은 차인으로서 이상적인 세계인 '내 마음의 차(吾心之茶)'의 경지를 드러내야 한다.

4) 이노와 사호: 이노(二老)는 순제때의 예관인 '백이(伯夷)'와 주나라 초기의 '태공망(太公望: 여상(呂尙)'을 이야기하고, 사호(四皓)는 '상산사호(商山四皓)'의 준말로서 중국 전한(前漢)의 고조때 상산(商山)에 은거했던 네 사람의 노인으로 동원공(東園公), 기리계(綺里季), 하황공(夏黃公), 녹리선생(甪里先生)을 말한다.

5) 황제와 노자: 황제(黃帝)는 중국고대 삼황(三皇)중의 한사람이다. 삼황(三皇)은 복희(伏羲)·신농(神農) 황제(黃帝) 또는 수인(燧人)을 말한다. 황제(黃帝)는 부싯돌로 불을 붙혀 익혀 먹는 법을 가르쳐 주었다고 전한다. 노자(老子)는 중국 춘추시대 주(周)나라 말기의 철학자로서 이름은 이이(李耳), 자는 백양(伯陽) 시호는 담(聃이)고, "도덕경(道德經)"의 저자로서 도교의 시조로 받들어지고 있다.

6) 희공과 중니: 희공(姬公)은 성은 희(姬)고, 이름은 단(旦)이다. 주공단(周公旦), 또는 주망(周望)이라고도 한다. 문왕의 아들이자, 무왕의 아우로서 주의 문왕과 무왕을 도와 건국초기 나라의 기틀을 다졌다. 중니(仲尼)는 유교의 교조인 춘추시대 노나라 사람인 '공자(孔子)'의 자(字)이다.

⑥ 다부에 나타난 한재 이목선생의 차정신과 가치

한재 이목선생의 차에 관한 기본적인 생각은 조선시대 대표적인 선비로서 유학사상을 바탕으로 노장사상 등을 수용하여 자신만의 사상으로 체계화하였다고 볼 수가 있다. 개인적으로 세상의 풍파가 모질더라도 수신제가(修身齊家)의 길을 가는 굳건한 선비의 기상이 잘 드러나고 있다. 어찌 보면 선비의 길을 걷는 자신과 맑고, 곧은 품성으로 험한 자연속에서 잘 생육하는 차를 대비시켜, 하나로 되어가는 구도자적 삶과도 같다. 그것은 곧 다심일여(茶心一如)의 경지로 나타나고 있다. 한재 이목선생은 비록 불우한 삶으로 젊은 나이에 생을 마무리하였지만, 최소한 차와 하나되는 자신만의 세계를 드러내 놓고 갔다는 점에서 오히려 오늘날의 차인들에게 소중한 이정표를 제시해 주고 있다. 현실은 비록 풍파에 시달리고, 모질더라도, 항시 본모습과 뜻을 잃지 않고, 굳굳하게 살아가야 한다는 사실이다.

그와 같은 구체적인 내용은 다부의 서문과 결론부문에도 잘 나타나 있다. 다부의 서문에 보면, 차에 대한 관심과 차의 성품에 대한 본질과 정신을 잘 살려가야 함을 드러내 놓고 있다. 차 자체의 본질적 가치와 차의 품성을 살려가는 정신적 가치에 대해서 오늘날의 우리들에게 기본적인 삶의 자세를 가르쳐 준다. 분명 한재 이목선생의 성품과 정신, 그리고, 삶도 차의 품성과 정신과 같이 올곧고, 맑은 특성을 기본적으로 지니고 있음을 확인할 수가 있다. 결국 한재 이목선생은 차와 자신의 처지가 하나로 되는 기나긴 여정을 구체적으로 보여준 참 선비였고, 본인의 마음과 행동도 하나가 된 참된 선비이자, 차인(茶人)이었음을 알 수가 있다. 그런 의미에서 오늘날과 같이 물질문명에 일방적으로 황폐화되는 현대사회의 정신적 혼돈상황에서 우리들에게 귀중한 가르침을 제시해 주고 있다고 볼 수가 있다.

끝으로 한재 이목선생의 차 정신을 정리하면 다음과 같다. 첫째는 차의 성품을 찬양하는 것이고, 둘째는 차의 공덕과 특성을 잘 살려 가는 것이고, 셋째는 결국 차와 차인이 하나 되어 즐기는 다심일여(茶心一如)의 경지로서 귀결되어지며, 마지막으로는 바람직한 차와 차인의 관계, 그리고, 진정한 차인정신을 잘 보여주고 있다는 점이다. 그리하여 한재 이목선생이 이끌어내는 다부의 마지막 결론은 "오심지다(吾心之茶)"라는 "내 마음의 차"로 귀결되어 진다. 내 밖의 차가 이윽고 나에게로 와 내 자신과 하나가 되는 다심일여(茶心一如)의 경지로 나아가야 한다는 사실을 알게 된다.

역사상 많은 차인들이 차를 즐기며 살다갔지만, 결국 차의 품성인 맑음과 곧음을 온전하게 드러내고 하나가 되어 살다간 사람은 드물었다. 그런 의미에서 차의 본성과 특성으로 하나되는 삶을 살다간 사람이 바로 한재 이목선생이었다고 본다.

고려 말 충신인 포은 정몽주선생이나 한재 이목선생의 절명가(絶命歌)는 한 시대 올곧은 삶을 산 절의있는 선구자가 현실에 토해내는 절규이다. 대부분의 의로운 삶을 살다가는 사람들은 현실에서의 부당한 대우와 목숨까지 바쳐야 하는 참담한 삶을 살았지만, 후대에 미치는 삶과 정신은 역사적으로 온전하게 평가되고, 영원히 빛나게 된다는 점이다.
한재 이목선생 또한 당대 최고의 지식인으로서 현실에 대한 개혁과 올바른 삶의 태도, 목숨을 초개처럼 버릴 줄 아는 용기, 그리고, 시대를 앞서가는 의식으로 오늘날 후대들의 귀감이 되고 있다.

오늘날 전해지는 한국전래의 차문화와 인도에서 전래된 가야 차문화, 그리고, 중국에서 전래된 신라시대 차문화, 고려시대 불교다례, 조선시대 초반 점필재 김종직선생으로 이어지는 선비다례를 이어서 우리나라의 차문화의 체계를 뚜렷하게 정립한 대표적인 인물이 바로 한재 이목선생이다.

결국 한재 이목선생은 우리나라 차문화의 이론체계를 최초로 정립하고 체계화하여 다산 정약용선생과 초의선사, 그리고, 추사 김정희로 이어지는 한국차의 중흥기를 전승시켜준 대표적인 차인이자, 선도자였다고 본다. 그런 의미에서 한재 이목선생은 한국차의 아버지인 "한국의 다부(茶父)"로서 재평가되고 있으며, 한국차인연합회에 의하여 "한국의 다선(茶仙)"으로 추앙되는 등 한국차의 진정한 어른으로 평가받고 있다.

김포 한재당 전경

맺는 말

5.

오늘날도 항시 세파는 변함없이 요동치고, 사회는 혼탁한 소용돌이속에 좌충우돌하고 있다고 볼 수가 있다. 그러기에 차가 시대정신을 이끌어 가고, 차인들이 이 시대의 참사람으로서 맑고 올곧은 기상을 드러낼 때, 우리가 함께 하는 사회는 훨씬 더 건강해 지리라고 판단된다.
한국의 차문화와 한재 이목선생의 삶과 사상을 오늘에 되살리고, 그분의 가르침을 오늘에 되새겨 보는 것도 이 시대의 빛이 되고, 밝은 희망이 되리라 믿기 때문이다.

아무쪼록 지금 우리는 차 한 잔을 마시며, 차 한 잔의 여유와 멋을 즐기며 심신의 건강함을 추구하면서 최종적으로는 한재 이목선생이 말하는 내 마음의 차로서 승화됨으로서 우리 주위를 맑고 밝게 전환시켜 가기를 고대하게 된다.

마지막으로 다부의 결론에 나타나 있는 싯구절 하나를 소개하며 마무리 할까 한다.

"내가 세상에 태어남에, 풍파(風波)가 모질구나.
양생(養生)에 뜻을 둠에 너(茶)를 버리고 무엇을 구하리오?
나는 너를 지니고 다니면서 마시고, 너는 나를 따라 노니,
꽃피는 아침, 달뜨는 저녁에, 즐겨서 싫어함이 없도다."

(我生世兮風波惡 如志乎養生 捨汝而何求 我携爾飮 爾從我遊 花朝月暮 樂且無斁)

임 낭 연

/

경성대학교 심리학과 교수. 연세대학교에서 성격 및 사회심리학을 전공하였으며, 행복에 관한 주제로 박사학위를 받았다. 2015년에 한국심리학회에서 수여하는 김재일 소장학자 논문상을 수상하였다. 행복 및 긍정적 정서 연구를 다양한 분야에 적용하는 데에 관심을 가지고 있다. 저서로는 범죄피해 진술조력(2018), 범죄피해 조사론(2018), 현대심리학개론(2019) 등이 있다. 현재 <내 삶의 심리학 Mind> 웹저널의 저자로 참여하고 있다.

물질주의와 행복

어느 날 전지전능한 신이 당신 앞에 나타납니다. 그리고는 당신에게 이런 제안을 합니다. 진정한 친구 한 명과 1억 원, 두 가지 중 하나를 줄 테니 지금 선택하라고 합니다. 물론 실제로는 일어날 수 없는 말도 안 되는 가정이지만 그래도 즐거운 상상을 한 번 해 봅시다. 만약 이런 상황이 지금 당신의 눈 앞에 펼쳐진다면 당신은 진정한 친구와 1억 원의 돈 중 무엇을 선택하겠습니까?

이러한 질문에 망설임 없이 돈을 택하는 사람들도, 망설임 없이 진정한 친구를 택하는 사람들도 있을 것입니다. 그리고 어떤 사람들은 진정한 친구와 1억원이라는 두 가지 매력적인 선택지를 두고 저울질을 하며 고민을 할 수도 있습니다. 똑같은 질문이 주어졌는데 사람들은 서로 다르게 반응하고 서로 다른 결정을 내립니다. 이렇게 다르게 반응하고 결정하는 사람들, 이러한 차이는 어디에서 오는 것일까요? 물론 환경, 성격 등 여러 가지 대답이 나올 수 있고 모두 어느 정도 이러한 차이에 영향을 미칠 수 있습니다. 그런데 돈이냐 친구냐의 선택의 기로에서 어떻게 행동하는지에 영향을 미치는 가장 중요한 요인 중 하나는 바로 가치관입니다.

가치관이란 '무엇이 중요한가?'의 문제입니다. 사람들이 살아가면서 중요하다고 여기는 것, 추구할 만한 값어치가 있다고 여기는 것이 무엇인지가 바로 가치관입니다. 그리고 이러한 가치관은 사람마다 모두 다릅니다. 가치관은 사람들의 삶에 아주 중요한 영향을 미칩니다. 그 이유는 한 개인이 무엇을 중요시 하는지에 따라 결국 그 사람이 행위, 사람, 사건 등을 바람직하게 여기는 정도, 더 나아가 대하는 방식이 달라지기 때문입니다. 즉, 가치관에 따라 행동과 의사결정이 영향을 받는다는 말입니다. 개인의 가치관이 무언가를 평가하고 선택하는 기준이 될 수 있는 것이죠. 예를 들어 자유라는 가치를 평등이라는 가치보다 더 중시하는 사람은 국회의원이나 대통령 선거에서 진보보다는 보수 인사를 선택할 가능성이 높습니다. 반대로 평등의 가치가 자유의 가치보다 중요하다고 생각하는 사람이라면 그 반대의 의사결정을 내릴 가능성이 높습니다.

앞에서 신이 우리에게 던진 '1억원의 돈과 진정한 친구 중 무엇을 선택하겠는가?' 라는 질문은 결국 '1억원의 현금과 진정한 친구 중에서 무엇이 더 중요할까?'라는 가치관을 묻는 질문이나 마찬가지입니다. 그리고 이 질문에 대해 서로 다른 답을 하는 사람들은 서로 다른 가치관을 가진 것입니다. 고민도 없이 친구를 선택했다면 물질적, 금전적인 가치보다 우정이라는 가치를 훨씬 중시하는 사람일 것입니다. 망설임 없이 돈을 선택한 사람은 그 반대일 것이고요. 또 1억원과 진정한 친구 한 명 중 무엇을 달라고 할까 망설였던 사람들은 우정의 가치와 물질적 가치 중에서 우선순위가 뚜렷하지 않은 사람들일 것입니다.

그런데 이 질문에 대해 1억원을 선택한 사람들, 그것도 아주 재빨리 돈을 선택한 사람일수록 물질주의적 가치관을 가지고 있을 가능성이 높습니다. 물질주의란 물질적 가치를 다른 가치들보다 우위에 두고, 물질을 추구하고 획득하려고 하는 태도입니다.[1) 2)] 물질이 다른 가치들보다 중요하고 우월한 가치라고 강하게 생각하기 때문에 진정한 친구 한 명 보다 1억원을 선택하는 결정을 재빨리 내릴 수 있습니다. '진정한 친구 한 명쯤은 1억원의 현금에 비하면 아무것도 아니야' 라고 생각하는 것이겠죠?

1) Kasser, T. (2018). Materialism and living well. In E. Diener, S. Oishi, & L. Tay (Eds.), *Handbook of well-being*. Salt Lake City, UT: DEF Publishers. DOI:nobascholar.com

2) Richins, M. L., & Dawson, S. (1992). A consumer values orientation for materialism and its measurement: Scale development and validation. *Journal of consumer research, 19*(3), 303-316.

그런데 이 물질주의는 여러 모로 해로운 가치관입니다. 일단 물질주의적 가치관을 가진 사람들은 자신의 삶에 대해서 전반적으로 불만족할 뿐 아니라 행복 수준이 낮습니다. 물질을 중시하다 보니 끊임 없이 더 많은 돈, 더 많은 물질을 추구하게 되고, 자신의 현재 상태에 대해서는 만족하지 못하죠. 인간의 물질에 대한 욕심에는 끝이 없기 때문입니다. 따라서 자신에게 가장 중요한 가치인 돈을 나보다 더 많이 가진 사람이 주위에 있다면 자신의 상태에 만족하는 것은 불가능에 가깝죠. 그런데 문제는 대부분의 사람은 언제나 자기 주변에서 자신보다 더 많은 부를 가진 사람을 찾을 수 있습니다. 자신이 세계에서 가장 돈이 많은 사람이 아닌 한 말이죠. 아마 재벌들조차도 자신의 현재 재산에 전적으로 만족하지는 못할 것입니다. 대한민국 100대 재벌은 10대 재벌의 돈을 부러워하며 자신의 재산에 불만족하겠죠. 그리고 대한민국 10대 재벌은 세계 10대 재벌의 재산을 동경하며 자신의 현 상태에 대해 불만족할 것입니다. 결국 물질주의적 가치관으로 인해 자신의 현 상태에 만족하지 못하는 사람은 행복 수준도 떨어집니다.

물질주의적 가치관을 가진 사람들은 사회적 관계에서도 어려움을 겪습니다. 앞선 예에서 친구와 돈 중 돈을 선택한 사람들, 즉 물질주의적인 사람들은 친구와의 우정이나 의리보다는 돈을 우선시 하는 사람들입니다. 대인관계가 풍성하거나 원활하기는 쉽지 않겠죠? 뿐만 아니라 물질주의적인 사람들은 다른 사람들을 잘 신뢰하지 않습니다. 다른 사람들도 자신과 마찬가지로 돈을 제일 중요하게 여길 거라고 믿으며, 따라서 돈을 위해서 기회만 되면 자신을 이용하고 속일 것이라고 생각하는 것입니다. 타인을 신뢰하지 않는 사람은 어떤 행동을 할까요? 누군가에게 자신의 속내를 털어놓거나 허심탄회하게 속 깊은 이야기를 하기는 쉽지 않을 것입니다. 자신을 이용할지도 모르는 사람에게 가드를 내리고 두 팔을 벌렸을 때, 자신의 "약점"을 드러냈을 때 상대가 자신을 신뢰를 배신하면 그만큼 더 아플 테니까요. 그래서 물질주의적인 사람은 외롭습니다. 사람들과의 마음의 거리가 생기기 때문입니다.

물질주의가 이렇게나 행복과 삶에 대한 만족감, 사회적인 관계 등, 삶의 다방면에 해로운 영향을 미친다니! 물질주의적인 가치관은 갖지 않는 것이 좋겠죠? 그런데 안타깝게도 한국은 국가 차원에서 볼 때 물질주의적인 나라입니다. 한국 사람들의 평균적인 물질주의 수준이 높다는 의미입니다. 물질주의는 돈이 많거나 적다고 해서 높거나 낮아지는 것이 아닙니다. 즉, 돈의 많고 적음과 돈을 중요시 하는 태도는 관련이 없다는 말입니다. 이것은 돈이 많은 나라와 돈이 적은 나라의 물질주의 수준을 한국의 물질주의 수준과 비교해 보면 명확하게 드러납니다.

행복 심리학 연구의 대가인 디너(Diener) 교수와 동료들은 한국의 "불행"에 대하여 분석한 논문에서 한국인의 물질주의를 한 가지 이유로 꼽았습니다.[3] 저자들의 연구 결과, 물질주의 최하점을 1, 최고점을 9로 볼 때 한국인의 물질주의는 7.24점이었습니다. 반면 세계적인 경제 대국이자 한국보다 국민 1인당 GDP가 두 배 높은 부유한 나라인 미국의 물질주의 점수는 5.45점으로 한국보다 낮습니다. 그렇다면 한국보다 경제 규모가 훨씬 작은 짐바브웨는 어떨까요? 가난한 나라일수록 돈이 더 많이 필요할 테니 물질주의 수준이 더 높을까요? 그런데 짐바브웨의 물질주의 점수는 5.77점으로 여전히 한국보다 낮습니다. 한국과 함께 동아시아 문화권이자 집합주의 문화권에 속하는 등 여러 모로 비슷한 점이 많은 국가인 일본은 어떨까요? 일본의 물질주의 수준은 또한 6.01점으로 여전히 한국보다 낮습니다.

3) Diener, E., Suh, E. M., Kim-Prieto, C., Biswas-Diener, R., & Tay, L. S. (2010). Unhappiness in South Korea: Why it is high and what might be done about it. 한국심리학회 학술대회자료집, 2010, 1-23.

한국의 물질주의가 높다는 것은 수치상으로는 나타나지만 정작 우리의 실제 삶에서는 잘 느껴지지 않는, 그런 이론적인 이야기가 아닙니다. 한국인들의 높은 물질주의는 삶의 곳곳, 구석구석에서 직접 마주하게 되며 그럴 때마다 한국은 물질주의가 높다는 사실이 피부에서 뼈로 전해집니다. 예를 들어, 제가 어렸을 때에는 출근하는 아버지에게 하는 인사는 "아빠, 안녕히 다녀오세요" 라고 유치원에서도, 부모님으로부터도 배웠습니다. 그리고 실제로 그렇게 인사했죠. 그런데 요즘 심심치 않게 "아빠, 돈 많이 벌어오세요!" 하고 인사하는 아이들을 TV에서, 주변에서 보게 됩니다. 한 번은 출근하는 아빠와 떨어지기 싫어서 아빠에게 회사 가지 말라고 떼를 쓰는 자녀를 이렇게 달래는 엄마의 이야기를 들은 적이 있습니다. "아빠가 돈 벌러 안 가면 우리는 TV도 못 보고, 물도 못 마시고, 버스도 못 타고, 놀이동산에도 못 가고, 침대에서도 못 자. 아빠가 돈 안 벌어오면 우리는 아무것도 못 해. 그래서 아빠 돈 벌러 가야 돼" 라고 말입니다. 물론 아이를 달래기 위해 재미있게 이야기한 것이기도 하고, 자본주의 사회에서 돈이 많은 것을 가능하게 하므로 돈이 실제로 중요한 것도 사실입니다. 그러나 돈이 없으면 아무것도 할 수 없고, 그렇기 때문에 부모님이 출근하는 이유는 오로지 돈을 벌기 위한 것이라고 우리의 어린 세대들이 받아들이게 된다면 우리의 자녀 세대 또한 물질주의적 가치관을 대물림 받게 됩니다.

돈의 중요성에 대한 이러한 '조기 교육'의 효과일까요? 최근 초등학생들을 대상으로 실시한 장래희망 조사에서 임대사업자, 소위 "건물주"가 당당히 1위를 차지했다고 합니다. 일 안 하고 손쉽게 돈 버는 '직업'의 대명사쯤으로 알려져 있는 건물주가 초등학생들로부터 각광받는 꿈이라는 사실이 참으로 씁쓸합니다. 아직은 대통령, 과학자, 우주인처럼 순수하고 큰 꿈을 꾸어야 할 어린이들이 쉽게 돈 버는 것으로 생각되는 직업을 꿈꾸고 있다니 말입니다.

이런 현상이 나타나게 된 데에는 미디어의 영향도 큰 것 같습니다. TV에서 연예인들 중 비싼 땅에 높은 건물을 여러 채 가지고 있는 "건물 부자"들을 바람직한 시각으로 조명하여 건물 부자를 동경하는 분위기를 조성합니다. 요즘 초등학생들이 TV보다 더 많이 본다는 유튜브(Youtube) 방송에서는 유명한 크리에이터들이 자신의 유튜브 수익을 공개하는 것이 유행처럼 번지고 있습니다. 유튜브 방송에 붙는 광고 수익으로 한 달에 몇 백 만원부터 몇 천 만원, 크게는 몇 억을 번다는 "돈 자랑"이 공공연하게 이루어집니다. 예전에는 돈 자랑 하는 사람을 부정적으로 생각하고 눈살을 찌푸렸으나 요즘은 사회적 분위기가 많이 달라졌습니다. 돈 자랑 하는 사람을 유능하다고 생각하며 그들을 동경합니다. 이렇게 유명한 유튜버들의 돈 자랑 덕분에 크리에이터가 되면 쉽게 돈을 번다는 착각을 많이 하고, 그래서인지 유튜브 크리에이터 또한 초등학생들의 장래 희망 상위에 랭크되는 직업입니다.

인터넷을 서핑하다 보면 온라인 상에서 연재되는 만화나 소설, 즉 웹툰이나 웹소설 등을 볼 때가 있습니다. 이런 웹툰이나 웹소설의 애독자들은 자신이 좋아하는 연재물의 작가를 응원하는 댓글을 남기곤 하는데, 요즘 들어 이런 댓글을 종종 보게 됩니다. "작가님 적게 일하고 돈 많이 버세요." 작가가 잘 되기를 바라는 마음에서 적은 축복과 응원의 글입니다. 역시나 마찬가지로 쉽게 돈을 벌기 바란다는 의미입니다. 이처럼 어린 세대들이 쉽게 돈을 버는 것을 바람직하게 여기는 풍조가 안타까운 이유는 비단 물질주의 수준이 높다는 점 때문만은 아닙니다. 물질주의가 높으면 무조건 돈을 많이 버는 것만이 중요하다고 여기다 보니 점차 일, 직업은 돈을 버는 수단에 불과한 것으로 그 의미가 축소됩니다. 따라서 일은 적게 할수록 좋고 돈은 많이 벌수록 좋다고 생각하게 되는 것이지요. 하지만 일은 돈을 벌기 위해서만 하는 것이 아니라 소명을 다하기 위해, 그리고 자기실현을 하기 위해 등 다양한 의미를 지니는 활동입니다. 뉴스에서 본 한 복권 1등 당첨자 인터뷰가 생각납니다. 복권 1등에 당첨되어 어마어마한 상금을 받고 백만장자가 되었지만 자신이 원래 갖고 있던 적은 연봉의 직업을 계속 유지하겠다는 사람의 이야기입니다. 평생 일하지 않아도 될 만큼의 돈이 있지만 일을 계속하겠다는 것은 직업을 통해 얻는 것이 돈 하나만은 아니라는 것을 되새기게 해 줍니다. 그런데 많은 젊은 세대들이 일은 단지 돈벌이 수단이라는, 일에 대한 뒤틀린 관점을 가지고 있다는 것이 참 안타까워지는 현장입니다.

여기에서 다시 처음으로 돌아가 볼까요? 앞선 신의 제안에 대해서 결과적으로 진정한 친구와 돈 중 무언가를 택했을 때 그들이 그러한 선택을 한 이유는 뭘까요? 대부분의 사람들은 선택의 이유로 "그것을 선택해야 더 행복해질 것 같아서"라고 답할 것입니다. 친구를 택한 사람은 1억원의 돈보다도 진정한 친구를 가진 삶이 더 행복한 삶이라고 여기기에 친구를 택하는 것입니다. 1억원을 택하는 사람들의 마음 속 깊은 곳엔 '진정한 친구가 없어도 1억원이면 많은 것을 할 수 있고, 그러면 결국 더 행복할 거야' 라는 생각이 깔려 있죠. 결국 무엇이 더 중요한가라는 가치관은 무엇을 할 때 또는 가졌을 때 더 행복할까에 대한 생각과도 관련이 있습니다.

물질주의는 조금 더 구체적으로 들어가 보면 세 가지 종류로 나뉘어집니다. 첫째, "소유중심" 물질주의는 물질의 소유와 획득 자체를 삶의 목적과 기쁨으로 여기는 것입니다. 이미 가방이 많지만 명품 브랜드의 신상 핸드백이 나왔을 때, 꼭 필요하지 않으면서도 "어머, 이건 꼭 사야 해!" 하며 사는 사람은 소유중심 물질주의 수준이 높은 것입니다. 둘째로 "성공추구" 물질주의는 좋은 물건을 얼마나 많이 소유하고 있는지를 성공을 판단하는 기준으로 삼는 것을 말합니다. 성공추구적 물질주의 수준이 높은 사람은 끊임 없이 자신과 타인을 비교하며 자신이 얼마나 성공했는지를 판단합니다. '내 친구 A는 국산 경차를 타지만 나는 중형차를 타니까 내가 더 성공한 거야'와 같이 생각하는 것입니다. 또한 이런 사람들은 값비싼 물건을 소유한 사람들을 부러워하고 닮고 싶어합니다. '직장 동료 B는 해운대 바다가 보이는 OO평 주상복합 아파트에 사네! 부럽다…… 나도 저렇게 좋은 집에 살고 싶어. 저게 성공한 삶이지!' 와 같은 생각을 하는 사람은 성공추구적 물질주의가 높은 사람입니다. 셋째는 "행복추구" 물질주의입니다. 행복추구적 물질주의는 물질적인 소유가 바로 자신의 행복 수준을 증대시켜 줄 수 있는 수단이라고 여기는 것입니다. 즉, 돈을 많이 갖고 값비싼 물건을 많이 소유하는 것이 진정한 행복으로 가는 길이라고 믿고 더 행복해지기 위해서 더 많은 돈, 더 많은 값비싼 물건을 가지려고 발버둥칩니다.

이 세 가지 종류의 물질주의는 매우 단단히 연결되어 있으므로 일반적으로 한 가지 물질주의 수준이 높으면 나머지 종류의 물질주의도 높습니다. 행복추구적 물질주의 수준만 높고 나머지, 즉 소유중심과 성공추구 물질주의 수준은 거의 바닥에 가까운 사람은 극히 드물 것입니다. 다만 세 가지 종류의 물질주의 중 무엇이 약간 더 높고 무엇이 약간 더 낮은지의 정도의 개인차가 있는 것입니다. 여기에서 주목할 점은 물질주의 안에 '물질을 소유하는 것이 행복의 왕도이다' 라는 믿음이 들어있다는 점입니다. 즉, 물질주의적인 사람들은 돈을 통해 행복을 추구한다는 것을 알 수 있는 것입니다.

그런데 돈을 통해 행복을 추구할 수 있다는 믿음을 가질수록, 돈이 다른 가치보다 중요하다고 생각할수록 사람들은 불행해집니다. 그렇다면 돈이 나쁜 것인가요? 그렇지는 않습니다. 돈은 제한적이지만 행복에 약간의 도움이 됩니다. 돈이 많을수록 행복할 가능성이 조금 더 높다는 말입니다. 결국 "돈으로 행복을 살 수 있을까?" 라는 질문에 대한 대답은 결과적으로는 "Yes" 입니다. 여기에 대해서는 뒤에 다시 이야기 하겠습니다. 돈이 실제로 사람들을 약간 더 행복하게 해 주는 것은 사실인데, 정작 돈이 있으면 행복해질 거라는 믿음을 가진 사람들은 불행하다니…… 참으로 역설적인 일입니다.

물론 돈이 많으면 돈이 없는 것보다 약간 더 행복할 수는 있지만 그 효과는 제한적입니다. 돈이 두 배 많은 사람이 두 배 행복해지는 그런 일대 일의 관계는 결코 아니죠. 행복을 연구하는 심리학자들은 돈을 포함하는 모든 "환경적 요인"을 합해도 행복의 약 10% 내외밖에 설명하지 못한다고 이야기합니다.[4)]어떤 사람이 100만큼 행복하다면 이 사람의 돈, 안정적인 직업, 결혼을 했는지 여부, 건강, 거주하는 국가와 지역, 나이와 성별과 인종 등의 환경적인 요인 때문에 행복할 수 있는 정도는 모두 합해도 겨우 10 정도라는 것입니다. 돈 한 가지만 있으면 100의 행복 중 100이 설명될 것 같다고 믿는 물질주의자들에게는 충격적인 정보일 것입니다. 돈 한 가지가 10의 행복을 설명하는 것이 아니라 돈과 함께 다른 모든 환경적 요인을 포함해서 10의 행복을 설명하다니 말입니다. 세계적으로 저명한 심리학자이자 노벨 경제학상 수상자인 대니얼 카너먼은 돈이 우리를 행복하게 만들어주는 효과는 연소득 75,000달러

4) Lyubomirsky, S., Sheldon, K. M., & Schkade, D. (2005). Pursuing happiness: The architecture of sustainable change. *Review of General Psychology, 9*(2), 111-131.

를 넘어서면 미미해진다고 합니다. 물론 일 년에 75,000달러, 즉 9천만원이라면 굉장히 돈을 많이 버는 것이긴 합니다. 그러나 억대 연봉을 받는 수많은 사람들은 더 이상 그들의 돈만으로는 지속적으로 더 행복해지기는 어렵다는 것입니다. 핵심은 '돈이 많다고 무조건 행복해지지는 않는다' 입니다.

그렇다면 돈으로 행복을 사기 위해서는 어떻게 해야 할까요? 돈을 통해 행복해지는 방법에 대하여 행복 심리학 연구의 대가들이 쓴 한 논문[5)]의 제목에서 힌트를 얻을 수 있습니다. 이 논문의 제목을 의역하면 "만약 돈이 당신을 행복하게 만들어 주지 못한다면 아마도 당신이 제대로 돈을 쓰지 못하기 때문일 것이다.(원제: If money doesn't make you happy, then you probably aren't spending it right)" 입니다. 즉, 많은 돈을 가지고 있다고 무조건 행복해지는 것이 아니라, 많지 않더라도 자신이 가진 돈을 행복해지는데 적합한 방식으로 '사용'해야 돈을 통해 행복해질 수 있다는 의미입니다. 구두쇠 스크루지 영감처럼 돈을 사용하지 않고 쌓아만 놓아서는 절대 행복해질 수 없다는 말이죠. 그럼 돈으로 행복을 사는 비결은 무엇일까요?

5) Dunn, E. W., Gilbert, D. T., & Wilson, T. D. (2011). If money doesn't make you happy, then you probably aren't spending it right. *Journal of Consumer Psychology, 21*(2), 115-125.

돈으로 행복을 사는 비결 중 한 가지는 바로 "경험 구매(experiential purchase)"입니다. 경험 구매는 물질을 사는 대신 경험을 사는 행위를 말합니다.[6] "신상 핸드백"이나 새로 나온 스타벅스 텀블러와 같이 손에 잡히고 눈에 보이는 구체적인 물건, 물질을 사는 것을 "물질 구매(material purchase)"라 합니다. 반면 영화를 보기 위해 영화표를 구매하거나 여행을 가기 위해 항공권을 사고 숙박업소 예약을 하는 등의 소비 행위가 바로 경험 구매입니다. 콘서트 티켓을 사는 사람은 콘서트를 즐기기 위해, 즉 경험을 얻기 위해 구매를 하는 것이지 콘서트 티켓이라는 그 "물건" 자체를 가지고 싶어서 구매하는 것이 아닙니다. 물론 콘서트에 다녀온 뒤에 기념으로 티켓을 보관하는 사람들도 있을 수 있겠지만... 그러나 그것은 어디까지나 콘서트에 다녀온 경험에 대한 추억을 되새기기 위한 기념품의 성격이지, 콘서트 날짜와 장소가 적혀 있는 종이 조각 자체가 구매의 목적이 되는 것은 아닙니다.

그런데 행복 심리학자들의 연구 결과, 물질을 소유하기 위한 소비가 아닌 경험을 얻기 위한 소비를 통해 사람들은 더 행

6) Carter, T. J., & Gilovich, T. (2012). I am what I do, not what I have: The differential centrality of experiential and material purchases to the self. *Journal of Personality and Social Psychology, 102*, 1304-1317.

복해집니다. 좀 신기하기도 합니다. 물질 구매, 즉 물건을 사면 그 물건은 내 것이므로 내가 계속 가지고 있을 수 있지만 경험 구매는 일정 기간 동안의 경험이 끝나면 형체도 없이 사라지는 것 같은데 과연 물질 구매보다 경험 구매가 행복에 더 도움이 될까요? 그런데 신기하게도 경험 구매의 진가는 구입의 시점으로부터 시간이 흐르며 극대화됩니다. 이후에 자신이 구입한 것(그것이 물질이든 경험이든)에 대하여 떠올려 회상할 때 물질을 산 사람보다 경험을 산 사람이 더 행복해할 뿐 아니라 더 "잘 쓴 돈"이라고 생각합니다. 자신의 소비에 대해 더 만족하고 흡족해 하는 것이죠. 왜 그럴까요?

경험 구매가 물질 구매보다 좋은 이유는 많습니다. 첫째, 물질 구매보다 경험 구매가 긍정적으로 재해석할 여지가 많기 때문입니다. 여행 다녀온 기억을 떠올려 보면 짜증났던 일도 힘들었던 일도 모두 핑크 빛으로 채색되어 아름다운 추억이 되어 있게 마련이죠. 저는 몇 년 전, 결혼 1주년을 기념하여 남편과 함께 제주도로 자전거 여행을 다녀왔습니다. 제주도 해안도로 230km를 자전거로 일주할 수 있는 제주환상자전거길을 3박4일 동안 완주하는 일정이었죠. 아름다운 제주 바다를 3박4일 내내 바라보며 바닷바람을 맞으며 자전거를 타는 기분은 참 좋았습니다. 내리막을 내달릴 때엔 신이 나서 환호성을 지르기도 하고, 반대편에서 자전거를 타고 마주 오는 다른 라이더들과 인사하며 웃기도 했습니다. 그리고 제주환상자전거길 완주 후에 종주인증 스탬프를 받을 때의 성취감 또한 대단했답니다. 참 좋은 여행이었고 잊지 못할 기억입니다. 나는 이렇게 여행한 적이 있노라고 사람들에게 뿌듯하게 이야기하곤 합니다.

하지만 여행 당시에는 굉장히 지치고 힘들었던 것도 사실입니다. 자전거로 엄청난 거리를 4일 내내 달리다 보니 하루가 지날수록 몸은 지쳐만 갔고, 허벅지는 걷기도 힘들 정도로 무거웠습니다. 여행 둘째 날에는 비를 맞으며 한참 동안 오르막을 올라야 했기에 자전거를 타다가 자전거에서 내려 축축한 신발을 신고 자전거를 밀며 올라가기를 반복하기도 했습니다. 자전거도로가 중간 중간 제대로 정비가 되어있지 않은 곳에서는 쌩쌩 달리는 자동차들 사이로 자전거를 타느라 공포감을 느끼기도 했고, 자전거 도로에 주차를 해서 자전거 통행을 방해하는 차들 때문에 짜증이 나기도 했습니다. 마지막 날인 넷째 날에는 오기로 이를 악물고 마지막 지점까지 자전거를 달렸습니다. 종주인증을 받은 직후에는 '다시는 제주도 자전거 종주는 하지 말자'고 생각할 정도였습니다. "다음에 제주도 여행 오면 차 렌트해서 편하게 여행하자" 라고 남편과 이야기했죠.

그러나 지금 그 때를 회상하면 그런 힘들었던 기억들조차도 아름다운 추억으로 느껴집니다. 고생은 무용담이 되고, 또 다른 힘들었던 일들은 잊혀지고, 머릿속엔 아름다운 제주도 바다의 빛, 파도 소리, 상쾌한 바닷바람들만 생생하게 떠오릅니다. 어느새 '아~ 또 자전거 여행 하고 싶다'라는 생각에 잠기면서 말이죠. 이처럼 경험 구매는 시간이 지날수록 점점 긍정적으로 해석되므로 여기에서 행복을 곰국처럼 우려낼 수 있습니다.

저의 부모님은 1983년에 자동차로 유럽을 횡단하며 12개국을 여행하셨습니다. 당시 세상 물정 모르는 20대 후반과 30대 초반이었던 부모님은 두 살짜리 딸(바로 저입니다)을 데리고 지도 한 장과 소형차 한 대에 의지해 프랑스, 이태리, 독일 등등 유럽의 아름다운 나라들을 돌아보셨죠. 당시 아기였던 저는 여행이 전혀 기억나지 않지만 제가 어렸을 때부터 이 여행의 수많은 에피소드들을 부모님으로부터 들으며 자란 탓에 기억이 나는 듯한 기분이 듭니다. 이 에피소드 중에는 곤란에 처했던 경험, 위험에 처했던 경험, 짜증났던 이야기, 공포스러웠던 이야기 등등 다양한 "부정적인" 상황이 포함되어 있습니다. 하지만 이 여행은 부모님이 이후 긴 세월을 살아 오는 힘이 되어 주었습니다. 때때로 이 아름다운 여행을 떠올려 회상하며 다시 머릿속에서 35년 전의 유럽으로 시간 여행을 하고 오는 것이 지친 일상으로부터의 힐링을 제공하기 때문입니다. 또한 사람들에게 여행 중의 경험들을 이야기하며 함께 웃고 즐길 수도 있고 말입니다.

그러나 물질 구매는 경험 구매처럼 긍정적으로 재해석하기 어렵습니다. 물건은 점점 낡아가고, 중고 물품의 가격은 자신이 구입할 때보다 뚝 떨어집니다. 신상품은 계속 나오고, 내 물건은 어느새 구형 제품이 되어 있습니다. 구입한 물건에 대해 사람들과 즐거운 이야기를 나누는 데에도 한계가 있습니다. 무언가를 샀다고 한 두 번 사람들에게 보여주고 자랑하는 것으로 끝납니다. 따라서 구입한 물건에서는 곰국처럼 행복을 계속 우려낼 수 없습니다.

행복을 사기 위한 경험이 거창한 경험일 필요는 없습니다. 좋아하는 영화를 보고 나서 친구들과 신나게 영화 속의 좋았던 장면에 대해 이야기하는 것도 일상 속의 행복 경험입니다. 주말에 연인과 또는 가족과 인터넷에서 봐 뒀던 바다가 보이는 예쁜 카페에 다녀오는 것도 행복에 한 스푼을 더해 주는 경험입니다. 좋아하는 재즈 음원을 구입해서 듣는 것도 소소하지만 확실한 행복입니다. 생일을 맞이한 친구를 위해 케이크를 사서 깜짝 생일파티를 열어 주는 것도 함께 행복해지는 경험입니다. 이처럼 거창하지는 않지만 소소한 행복 경험, 의미 있는 사람들과 함께 하는 경험들을 위해 돈을 사용하는 것이 행복을 사는 확실한 방법입니다.

그렇다면 마지막으로 다시 한 번 질문해 볼까요? 당신은 진정한 친구와 1억 원의 돈 중 무엇을 선택하겠습니까?

박 정 련

/

서양음악 작곡을 전공하고, 한국전통음악에 매료되어 석사와 박사를 영남대에서 받았다. 국내 최고의 한국음악학자와 양명학자인 지도교수를 스스로 선택하여 공부한 것을 보람으로 여기고, 현재 한국음악과 동양철학과의 연계를 연구하고 있다. 이와 관련하여 『왕양명의 마음의 예술, 음악 그리고 음악교육론』(민속원, 2007), 『유학자의 마음으로 부르는 노래』(바른숲, 2011), 『국역 악서고존(역주)』(민속원, 2014)을 출간하였다. 이후 함께 살아가는 이 시대의 사람들에게 국악을 통한 치유와 한국전통사상인 풍류도와 음악을 융합한 풍류도음악의 현재성을 피력하면서 이와 관련된 글들을 모아 『국악치유와 풍류도음악』(민속원, 2020)을 출간하기도 하였고, 제1회 국립국악원 국악학술논문상(우수상, 2012)을 받았다. 현재는 진주교육대학교 국악교육대학원에 출강하고 있다.

풍류도(風流道) 음악과 인문치유

국악과 풍류도

1.

국악의 연구영역에는 여러 갈래가 있겠지만 필자는 국악이 전통사상과 어떻게 연관되어 있는지, 그리고 이들을 어떻게 융합할 수 있는지, 혹은 지금 우리에게 국악이 어떤 가치성으로 설정될 수 있는지 등에 관심을 갖고 있다. 물론 국악의 형성은 고대에서부터 삼국시대(三國時代), 고려(高麗)의 영향을 자연스럽게 받았겠지만 그 시대의 음악원형을 찾는다는 것은 시대 간극의 유구함으로 인해 당연히 어렵겠고, 자연스럽게 조선(朝鮮)을 거치면서 지금의 전통음악인 국악으로 남아있다. 현재 국악형성에 큰 영향을 끼친 조선은 숭유(崇儒)의 시대였으므로 국악 또한 조선유학의 영향을 받지 않을 수 없었기에 현재 국악을 이해하기 위해서는 당연히 유가의 사상을 알아야 할 수 밖에 없다.

그런데 국악에는 유학의 흔적이 담겨있거나 혹은 유학을 공부한 지식인의 음악만 남아 있는 것이 아니라, 남루한 형색으로 저잣거리에서 북과 꽹가리를 치고 묘기를 부리는 이들의 음악도 있고, 굿판에서 기원하는 무부와 무녀가 부르는 위로의 음악도 있고, 여기서 비롯된 애잔한 시나위 기악곡도 있고, 평범한 이들의 삶의 노래인 민요도 있고, 불교음악인 범패(梵唄)도 있다. 그러기에 국악은 우리의 오래된 무속신앙과 더불어 불교와 선가(仙家)까지도 아우르는 종합적 장르를 이루고 있는 셈이다. 이를 놓고 보면 국악은 하나의 사유체계만으로 구성된 음악이 아닌 것이다.

이 즈음에 필자는 '나라의 현묘한 도(道)가 있는데, 이를 풍류(風流)라고 하며, 여기에는 유불선(儒佛仙) 삼교(三敎)의 핵심이 모두 다 포함되어 있다'[1]고 전한 신라(新羅) 최치원(崔致遠) 선생이 떠오른다. 우리의 풍류라는 것이 전문적인 음악쟝르는 물론 아니지만 지금의 국악처럼 유교·불교·선가가 지닌 사유를 모두 포함하고 있었다는 것이다. 집에 와서는 부모님을 잘 모시고 가족을 살피며, 밖으로 나가면 목숨을 다해 나라를 지키는 유교적 가르침과 비슷한 점도 있고, 때로는 시끄럽게 말하지 않아도 무위(無爲)로써 일을 처리하는 도가의 가르침과 비슷한 점도 있고, 악한 일을 하지 않고 착한 일을 행하며 사는 불가의 그것과 비슷한 점도 있다는 말이다. 최치원 선생이 전

1) 『三國史記』 卷4. 眞興王 37年條. "國有玄妙之道曰風流. 實乃包含三教, 接化群生, 入則孝於親, 出則忠於君, 魯司冠之敎也. 不言而敎, 無爲而化, 周柱史之旨也. 諸善奉行, 諸惡莫作, 竺乾太子之化也."

한 「난랑비서」의 문장에는 유교·불교·도교가 이 땅에 들어오기 이전부터 이미 삼교의 핵심이 모두 포함되는 풍류도로써 우리민족은 자연스럽게 살아왔다는 말이고, 어쩌면 지금도 우리의 생활과 문화 속에 풍류도의 그것이 유유히 흐르고 있다고 생각한다.

우리의 고유사상인 풍류도는 한국 근현대기 범부(凡父) 김정설(金鼎卨 1897~1966) [2]에 의해 중요하게 재등장하였는데, 그는 '풍류'(風流), '풍류도', '동방학'(東方學) 연구의 방법론을 정립한 인물이기도 하다. 더불어 일제 강점기와 좌우의 이념대립이 난무했던 시기에 풍류도를 통해 한국인의 정체성을 찾고자 노력했으며, 특히 풍류도적 품격을 지닌 대표적 인물들을 그의 저서속에서 재현함으로써 자신이 발견한 풍류도의 본질과 정신을 피력하기도 하였다. 이는 아마도 짧지 않았던 일제 강점기 이후 풍류도를 통해 한국인다움을 찾을 수 있고, 이념의 분리를 풍류도를 통해 하나된 민족공동체를 형성할 수 있다는 확신을 보여준 노력의 흔적이라 여겨진다.

필자는 여기서 김범부가 밝히는 풍류도와 그의 음악적 견해, 이를 '풍류도음악'이라 부르면서 그의 저서속의 인물을 통해 풍류도음악의 실상을 언급해 보고자 한다. 더불

2) 이후 '김범부', 또는 '범부'로 표기함.

어 이 시대를 살아가는 우리에게 범부가 밝히는 풍류도음악(함)이 인문치유를 위해 어떤 역할을 하는지 이야기해 보도록 하겠다.

2.

김범부의 저서로 현재 세간에 알려진 것은 3권이 있다. 『화랑외사』(花郎外史)·『범부유고』(凡父遺稿)·『풍류정신』(風流精神)이 그것이다. 『범부유고』와 『풍류정신』은 범부가 남긴 원고나 구술 등을 후학들이 정리하여 출간한 것이고, 『화랑외사』는 그의 순수 저작이라 할 수 있다. 『화랑외사』는 해방 후 신라사(新羅史) 속의 화랑들에서 우리 민족의 진로를 생각하고 저술한 소설 형태의 작품이지만, 내용면에서는 논픽션(nonfiction)을 지향하고자 한 흔적을 발견하게 된다. 그것은 범부가 특별히 '외사'(外史)라고 이름 붙힌 배경에 대해 별도로 설명하기 때문이다.

> "금일에 있어서 화랑정신, 화랑 생활의 활광경(活光景)을 묘출(描出)하려면 역시 소설의 양식을 선택해야겠고, 이러한 양식을 선택하는 이상은 얼마만한 윤색(潤色)과 연의(演義)가 필요한 것이라. 그러고 본즉 저절로 외사의 범위에 속하게 되는 것이다. 그러나 '외사'라 해서 황당무계한 것은 자초(自初)로 경계할 바이요, 외사의 의의는 오히려 정사(正史) 이상으로 활광경을 사전(寫傳)하는데 있는 것이다. 그래서 본편

의 필치는 졸렬하나 그 윤색이라 할지 연의라 할지, 실록의 진면목을 정확하게 활현(活現)하자는 데 그 본의가 있다는 것을 독자가 알아주기만 하면 저자는 그것으로써 만족할 것이다."[3]

『화랑외사』의 서술방법인 윤색(潤色)과 연의(演義)는 활광경(活光景)과 활현(活現)을 위한 것이다. 이것은 책 속의 내용을 독자의 눈에 보이듯이 사실적으로 묘사하기 위한 그의 연출기법을 말하는데, 화랑들의 비범함과 풍류도적 기백을 생생하게 드러냄으로써 범부 자신과 동시대를 살아가는 사람들의 가슴과 혈맥을 뛰게 하기위한 방법임을 발견하게 된다. 그러나 '외사'가 주는 허구적, 비현실적인 이미지를 벗어나기 위해 황당한 내용은 경계한다고 하였고, 오히려 정사(正史) 이상으로 역사적 사실을 선명하게 전달하기 위한 목적임을 밝히고 있다. 이는 오래된 신라 화랑의 풍류도를 범부시대의 버전으로 재탄생하기 위한 그의 특별한 노력으로 이해해 볼 수 있겠다.

범부의 『화랑외사』에 등장하는 인물은 사다함(斯多含)·김유신(金庾信)·비녕자(丕寧子)·취도형제(驟道兄弟)·김흠운(金歆運)·소나 부자(素那父子)·해론 부자(奚論父子)·필부(匹夫)·물계자(勿稽子)·백결선생(百結先生)이

3) 범부 김정설, 『풍류정신』, 경산: 영남대학교출판부, 2009, 16쪽.

다. 여기에 등장하는 인물들은 화랑의 명목(名目)으로 전해진 사람들뿐만 아니라, 그 정신과 활동이 화랑의 풍격에 맞는 인물들을 취합한 것이며, 오로지 그 정신과 풍격의 천명(闡明)에 본령을 두었다. 특히 인물 중에 물계자(勿稽子)와 백결선생(百結先生)이 등장하는 이유는 화랑을 이해함에 있어 화랑이 숭봉(崇奉)한 화랑도(花郎道)의 정신을 먼저 이해해야 하고, 이러한 화랑도의 정신을 이해하기 위해서는 풍류적 인물의 이해가 선행[4]되어야 하기 때문이다.

필자는 범부의 『화랑외사』에 등장하는 인물 중에서 물계자와 백결선생을 중심으로 이 글을 전개해 보려 한다. 그 이유는 우선 우리나라 음악사 중 거문고 유래와 관련하여 이들이 깊은 관련을 가지기 때문이다. 또한 앞서 언급하였듯이 물계자와 백결선생은 화랑은 아니지만 화랑도의 정신을 이해하는데 가장 중요한 인물이기도 하기에 풍류도 음악을 대표하는 인물로 손색이 없다. 특히 범부가 『화랑외사』를 읽을 때 물계자와 백결선생을 선독(先讀)하고 그 후에 나머지 인물들에 관한 내용을 읽기를 권하는 것을 보면 그에게 물계자와 백결선생은 풍류도적 인물을 가장 잘 대변하는 각별한 인물이었음을 발견할 수 있다.

4) 범부연구회, 『범부 김정설: 연구논문자료집2』, 56~57쪽.

물계자와 백결선생의 이야기는 실지로 우리나라 『삼국사기』(三國史記) 「열전」(列傳)에 전해진다. 『삼국사기』에 언급된 물계자는 출신이 어디며, 어느 소속인지 알 수 없지만 무인(武人)으로서 두어 차례 전장(戰場)에 참여하여 혁혁한 공(功)을 이룬 인물이다. 그러나 그 공로를 제대로 인정받지 못하였으나 그것을 섭섭하다고 여기지 않았고, 후일 아내와 함께 스스로 금(琴: 거문고)을 가지고 사체산(師彘山)으로 들어가 돌아오지 않았다는 것이 주요 내용이다. 여기서 물계자가 사체산으로 가지고 간 '금'(琴)은 우리나라 거문고로서 그 역사적 시기를 파악할 수 있는 중요한 단서가 되는 사료이기도 하다. 『삼국사기』에서의 물계자는 주로 무인(武人)으로서의 모습이 묘사되면서도 거문고를 연주하는 음악가의 면모도 보인다. 이러한 범상치 않는 물계자의 풍모가 김범부의 가슴에 신라 풍류도인으로서의 남다른 인물로 다가왔으리라 생각된다.

『삼국사기』에 기록된 백결선생은 물계자보다는 짧게 기록되어 있다. 백결선생은 아주 가난한 신라사람이고, 거문고의 명인(名人)으로 묘사되어 있다. 원문에는 보이지 않지만 필자가 '명인'이라 언급한 이유는 자신의 감정과 환경적 상황에 맞는 소리(음악)를 자유자재로 거문고로 표현 할 수 있는 실력자였다는 점에서 이런 용어를 사용한 것이다. 그리고 아내의 마음을 달래기 위해 거문고로 '방앗소리'를 연주하는 익살스러움도 기록되어 있다.

범부가 백결선생에 대해 어떤 면에서 풍류도인의 풍모를 지닌 인물이라 여겼을까. 아마도 백결선생과 그 아내와의 대화에서 감지하지 않았을까 한다. "무릇 사(死)와 생(生)은 명(命)이 있고 부귀(富貴)는 하늘에 달렸으니, 그 오는 것을 막을 수 없고 가는 것을 따를 수 없거늘 그대는 어째서 상심(傷心)하는가. 내가 그대를 위하여 방앗소리를 내어 위로 하겠소."[5]하는 내용이다. 즉 한 끼니 먹기도 어려운 곤궁한 가정 형편에서도 삶과 죽음, 부귀영화에 대해 초연함을 보인다는 점과 거문고를 방앗소리로 표현해 냄으로써 현실을 해학적으로 풀어나가는 백결선생의 유머러스한 행동에서 풍류도의 핵심을 발견하지 않았을까 여겨진다.

이렇듯 『삼국사기』에 전해지는 물계자와 백결선생에 대한 내용은 김범부의 시나리오 전개와 그 연출력, 내용적 디테일을 이해할 수 있으며, 나아가 그가 풍류도를 어떻게 이해하고 있는지 파악할 수 있다. 길지 않은 『삼국사기』의 사료이지만 범부는 자신의 240쪽 분량의 『화랑외사』[6]에 물계자 25쪽, 백결선생은 37쪽 분량의 소설로 담았다. 우리가 잘 알고 있

5) 『三國史記』 卷 第48, 「列傳」 第8, <百結先生>: "夫死生有命, 富貴在天, 其來也不可拒, 其往也不可追, 汝何傷乎. 吾爲汝, 作杵聲以慰之, 乃鼓琴作杵聲."

6) 金凡父 著, 『화랑외사』(대구: 이문출판사, 2011).

는 가장 한국적인 작가라고 평가받는 소설가 김동리(金東里, 1913~1995)의 큰 형이기도 한 김범부는 동생 김동리가 큰형으로부터 많은 영향을 받았다고 한 것을 인정할 수 있을 만큼 소설의 내용전개가 치밀하고 흥미롭게 구성되어 있다. 우선 김범부가 전개하는 물계자의 인물됨에 관한 내용 일부를 소개한다.

> 물계자는 신라 제10대 내해왕때 사람이다. 신라시대 많은 위인 중에서도 가장 뛰어난 사람이었으나, 사가(史家)의 기록은 너무나 초초(草草)하다. 그것은 사가의 잘못이기보다 오히려 물계자의 인물이 엄청나게 비범했기 때문이다. … 물계자는 그 힘이 천 근인지 이천 근인지, 혹은 그 이상 몇 천 근인지 알기 쉬운 인물이 아니다. … 실상 물계자는 역사의 전면(前面)에 나타난 몸보다 그 배면에 숨은 몸이 무릇 몇 배나 될는지 알 수 없는 사람이었다. … 우리 물계자의 손이나 눈은 그나마 역사의 전면에 흐릿하게 나타났을 뿐이지만, 그래도 우리들은 물계자 자손인지라 우리의 호흡과 혈맥은 이따금 물계자의 그윽한 회포를 느껴 아는 것이다. 평생에 좋아하는 것은 검술과 음악이었는데 그것 또한 별로 배운 데가 있었던 것이 아니며, 그저 타고난 천분이 이런 것을 좋아했고, 좋아하였기에 부지런히 쉬지 않고 공부하는 동안 신기한 묘리를 두고두고 혼자서 깨쳤던 것이다.[7]

7) 金凡父 著, 『화랑외사』(대구: 이문출판사, 2011). 115-116쪽.

김범부는 물계자에 대해 '삼국사기』의 내용과 동일하게 신라 내해왕(奈解王, 196~230)때의 인물로 재현하였다. 그를 신라시대의 가장 뛰어난 인물, 엄청나게 비범한 사람, 평범한 역사가는 쉽게 접근하거나 이해할 수 없는 인물이기에 문장으로는 쉬이 표현할 수도 없고, 표현하지도 못하는 인물로 그려낸다. 그럼에도 불구하고 물계자의 자손인 우리는 혈맥과 호흡으로 그의 심오함을 느낌으로 알 수 있고, 무인(武人)이면서 음악을 좋아한 예술가인데 그 스스로가 신기한 묘리를 깨친 인물이라 소개한다. 범부는 『삼국사기』의 내용에서 큰 골격은 벗어나지 않기 위해 동일한 시대, 무인이면서 예술가로서의 물계자를 범부식의 연출로 독자들이 쉽게 이해되도록 디테일을 구사하고 있다.

백결선생의 인물됨도 첫 페이지부터 소개되는데 그 일부를 소개한다.

> **백결선생은 자비왕(慈悲王) 때 사람이라고 전하지만, 그 뒤의 사람은 물론이고 그 당시 사람들도 그를 예사 사람으로 생각하는 이는 없었다. 말하자면 선류(仙流) 이인(異人)으로 알았던 것이다. 그는 물론 음악으로는 악성(樂聖)으로 추앙되었거니와 기술은 음악뿐만 아니라 모든 예술, 학문, 검술, 정치, 군사 등 어느 편으로든지 정통(精通)하지 않은 것이 없었다. 게다가 그의 품격(品格)은 지극히 청고(淸高)하여 당대 사람**

의 존경은 누구에게도 비할 데 없었다. … 그리고 자기 취미, 아니 취미라기보다는 생활은 첫째, 음악을 좋아하였었지만, 그러나 날씨가 좋고 할 때는 문을 닫고 앉아서 거문고를 타는 일은 그리 없었다. 가끔 그는 큼직한 망태를 메고 산으로 들로 다니면서 꽃씨를 따 모아 가지고, 꽃 없는 들판이나 산으로 돌아다니면서 뿌리곤 하였다. 선생은 이 일을 무엇보다도 오히려 음악 이상으로 재미스럽게 생각하였다. 혹시 누가 멋 모르고 그것이 무슨 취미냐고 물으면 그는 "이것이 치국평천하(治國平天下)야"라고 대답하는 것이었다. … 물론 악성으로 존경받는 선생인지라 궁정(宮廷) 악사장(樂師長)으로 여러번 추천을 받았다. 그때로 말하면 이것이 더 없는 청관(淸官)이었는데도 불구하고 선생은 끝끝내 승낙하지 않았다. 그래서 누가 말을 하면 "나는 내 마음대로 하고 싶어서 벼슬을 못하는 사람이야"하고 말았으나, 자기를 깊이 알아주는 사람이 "한번도 아니고 여러번 청이 있을 바엔 얼마동안 봉직을 하셔도 좋지 않겠습니까?"하고 권할 때는 좀 비통한 어조로 "물계자님이 하시지 않은 벼슬을 내가 할 수는 없어."하고 말을 잘랐다. 그러면 아는 사람은 알아듣고 그 역시 그럴 밖에 없다고 생각했다.[8]

『화랑외사』에 일부 언급된 백결선생은 음악가로서의 위상과 그의 품격에 대해 구체적으로 기록되어 있다. 백결선생

8) 金凡父 著, 『화랑외사』, 143쪽, 146~148쪽.

은 신라 자비왕(慈悲王, 458~479)때 인물이고, 악성(樂聖)으로 추앙되는 음악가, 모든 예술·학문·검술·정치·군사 등 어느 편으로든지 정통하지 않음이 없는 인물이다. 그의 취미는 거문고를 연주하는 일이지만, 꽃이 없는 들판이나 산을 다니면서 꽃씨를 뿌리며 '치국평천하'(治國平天下)를 염원하는 멋과 청고(淸高)한 성품을 지닌 인물로 사람들에게 존경까지 받는다. 또한 악성으로 존경을 받아 궁정(宮廷)의 악사장으로도 추천을 받았으나 한결같이 벼슬을 거절하는 데에는 자신이 깊이 존경하는 물계자님이 벼슬을 하지 않았다는 이유였다. 그래서 당시의 사람들은 이런 백결선생을 신선처럼 사는 사람으로 이해하였다는 것이다.

『삼국사기』와 『화랑외사』의 일부에 내재된 물계자와 백결선생의 인물됨에는 몇 가지 공통점이 나타난다. 그것은 물계자든 백결선생이든 강하게 집착하는 것이 없는 인물이라는 점이다. 물계자 경우 나라가 적으로부터 침공을 당하여 위급한 상황에서는 공적을 인정받아 출세하기 위해 전장에 나아가는 것이 아니라, 나라와 백성을 지키기 위해 싸우는 것이 사나이의 마땅한 도리이므로 그 공적에 연연하지 않았다는 점이 그렇다. 백결선생 또한 부귀영화를 누리기 위해 집착하지 않았고, 자신의 소신을 지키는 삶을 선택했다는 점이 그러하다. 또한 범부는 물계자와 백결선생을 통해 하나의 도리

(道理)에 대한 깨우침은 여럿을 정통하게 하는 도리가 됨을 언급하고 있다. 백결선생이 악성(樂聖)이지만 모든 예술, 학문, 검술, 정치, 군사 등 어느 편으로든지 정통하지 않음이 없었다는 점과, 물계자 또한 무술과 음악이 하나의 도리로 통한다고 언급[9]한 부분이 그렇다. 이러한 점들은 김범부가 이해하는 풍류도인의 풍모이고, 더불어 풍류도의 핵심을 그의 작품에 담아내었다고 볼 수 있겠다.

9) 김범부, 『화랑외사』, 122쪽에 다음과 같은 내용이 있다. "이를테면 검술을 배우러 온 사람에겐 먼저 음악을 가르치고, 음악을 배우러 온 사람에겐 먼저 검술을 가르치는데, 그것은 뭣이든지 도리(道理)란 두 가지 없다는 묘미를 깨쳐 얻은 물계자로서는 으레 그럴 수 밖에 없는 것이었다. 물계자는 제자들에게 항상 이런 말을 하였다. "검술이나 음악이나 그밖에 무엇이나 열 가지고 백 가지고 간에 그것이 틀린 것이 아니라 꼭 바른 도리이기만 하면 반드시 둘이 있을 수 없는 것이다."

김범부 버전의 풍류도음악

3.

지금까지 풍류도인으로서의 물계자와 백결선생의 인물됨에 대해 간략하나마 이해했다[10)]면 이들의 음악, 즉 풍류도음악은 과연 어떤 것인지 궁금하지 않을 수 없다. 이는 결국 김범부식의 풍류도 이해와 이를 바탕으로 하는 그의 음악적 견해가 종합된 것이다. 다행이 그의 『화랑외사』에는 범부의 풍류도음악에 관한 총체적 견해를 들여다 볼 수 있는 대목이 있다.

> "풍류도에서 제일 중시하는 과목이 음악인데, 어째서 음악이 그렇게 중시하는 과목이 되느냐 할 것 같으면, … 신라 사람들은 음악을 대단히 신비스럽게까지 알던 그런 면도 있었지만, 또 한 가지는 풍류도 정신으로서는 음악을 제일 표본적(標本的)으로 중시하지 않을 수 없게 되어 있습니다. 음악은 다른 것이 아니라 '장단'입니다. '장단(長短)'이 아니면 음악이 안되거든요. 장단은 조화요, 장단이 안 맞는 것은 조화가 깨지는 것이요, 장단이 꼭 맞는 것은 조화가 잘 이루어진 것입니다. 그러므로 무엇보담도 조화를 사랑하는 풍류도 정신으로서는 제일 조화를 표현할 수 있는 예술인 음악이라는 것을 중시하지 않을 수가 없었던 것이요. 그래서 이 모든 것을 그

런 의미에서 볼 때에 인생관(人生觀)도 음악적이요 심지어는 우주관(宇宙觀)까지도 음악적이란 말이요."[11]

풍류도에서의 음악은 조화를 표방하는 가장 이상적인 예술 형태이다. 음악에 있어 '장단'이 갖는 의미가 그러하다는 것이다. 장단이 없는 음악은 이루어 질 수 없는데, 이는 장단이 맞지 않으면 음악적 조화가 깨지므로 장단이 정확해야만 조화를 이룰 수 있다는 논리이다. 그러므로 음악에서 장단이라는 것은 곧 풍류도 정신에서 가장 중요하게 여기는 조화를 표방하는 것이므로 인생관도 우주관도 음악적인 것이라 피력한다. 이와 같은 범부의 풍류도음악에 대한 견해는 물계자와 백결선생의 스토리전개에서 보다 심도 있으면서 디테일하게 그려지는데, 우선 물계자 스토리 일부를 소개한다.

물계자는 칼을 쓸 적마다 언제든지 먼저 숨을 골랐다. 그리고 "살려지이다."라는 기도사를 몇 번이든지 수없이 되풀이하면서 정성을 다 하여 기도를 올린 다음, 으레 노래를 불렀다. 노래가 끝나면 이

10) 범부의 『화랑외사』를 모두 읽어보면 풍류도에 대한 풍부한 내용을 이해할 수 있으므로 완독해보기 권한다. 필자가 이 글에서 찾아낸 풍류도[인]의 성격은 일부분에 지나지 않는다.

11) 김범부, 『화랑외사』, 231~232쪽.

어 춤을 추었다. 그리하여 춤이 끝난 다음에 비로소 칼을 쓰는 것이 언제나 변함없는 순서였기 때문에 물계자 문인들은 으레 대선인이 하는 순서대로 따랐다. 그래서 그네들은 기도하는 마음으로 노래를 부르고, 노래하는 마음으로 춤을 추고, 기도와 노래와 춤추는 마음으로 칼을 썼던 것이다. 그러므로 그네들은 칼을 쓸 때 기도하는 경건과, 노래 부르고 춤추는 화기(和氣)를 언제든지 틈 없이 지니고 있었다. … 물계자는 이어 또 물었다. "그대들은 노래를 부를 줄 아는가?" "예" "적군을 향해서 칼을 쓸 적에 노래를 부르고 춤추는 화기를 지녔던가?" 그때 비로소 군사들은 무슨 즐거운 일이나 생긴 것처럼 기쁜 목소리로 일제히 "예"하고 아우성을 쳤다. … 그들은 돌아오는 길에 앞장선 물계자를 따라 「봄술」을 노래 부르고 춤추면서 조금도 원망하는 기색없이 고향 땅을 밟았다. … "내 공을 자랑하기 위해서 남의 허물을 말하는 것은 설멋진 일이야. 더구나 우리는 신라의 사나이요, 그 중에도 세상 사람들 말과 같이 우리 멋쟁이들은 제 빛깔, 제 멋으로 사는 속이며 그저 승전을 했으니 검님[신영(神靈)]이 고마울 뿐, 더욱더욱 수련을 쌓아 또 다시 나라를 위해 우리의 멋을 풀어보고 싶은 생각뿐이야."12)

물계자는 얼마 동안 숲을 헤치며 가다가 조망이 좋은 양지 바른 산등성이에 자리를 잡고 술상을 체모 있게 차려 놓은 다음에 먼저 두 번 싸움에서 죽은 적군들의 혼백을 부르며 "한잔 받거라" 하더니 큰 잔에 술을 부어 땅에 비우는 것이었다. 그것은 물계자가 적군들의 넋을 위로하는 것이며 그럴 때 반드시 자기 목청을 뽑아서 좋은 시나위가락으로 특별히 적군의 전망장졸의 넋을 불렀다. 또 물계자는 집안에서 할 일 없어서 어중간한 때면 거문고를 가지고 흰 구름이 감도는 가장 높은 산봉우리 반석 위에 올라가 하루해를 보냈다. 부인이 집에서 들으면 구름 위에서 물계자의 거문고 타는 소리가 내려오는데 하늬바람을 쫓아 거문고 소리는 온 사치산을 울리는 것이었다.[13)]

범부는 물계자를 통해 풍류도음악에 대한 몇 가지 실마리를 제공한다. 이 실마리에서 우리는 범부가 전하는 풍류도음악의 성격을 감지해 볼 수 있다. 첫째, 모든 것들을 살리는 정신을 포함하는 것이 풍류도음악이다. 물계자의 '살려지이다'라는 기도사는 노래를 부르기 전에도 읊조리고, 춤을 추거나 칼을 쥘 때에도 되풀이하는 주문과 같은 말이다. 이는 조화를 추구하는 범부의 풍류도음악과 함께 모든 것들을 살리는 풍류도 정신이 전파되는 것을 의미한다. 둘째, 전쟁을 이기고 돌아오는 물계자의 무리, 곧 멋쟁이들이라 일컫는 이들이 부르는 「봄 술」 노래[14)]에는 그 어디에도 그들의 공로를 인정해 주지 않는 원망함이나 부정적인 내용이 내포되어 있지 않다. 접동새와 꽃과 달을 감지하는 선량함과 어디에도 메

12) 김범부, 『화랑외사』, 125~128쪽.
13) 김범부, 『화랑외사』, 138쪽.

이지 않는 나그네로 살면서 그저 사나이로서 해야 할 일을 하는 것이라 노래할 뿐이다.

범부가 물계자를 통해 밝히는 이와 같은 풍류도음악의 특성은 위 두 번째 인용문에서 정점을 이룬다고 생각한다. 여러 번의 전장에서 죽어간 아군과 적군의 혼을 불러 한잔 술을 올리는 마음, 더불어 그들의 넋을 위로하며 부르는 시나위 한 소절에서 필자 또한 물계자와 함께 연기처럼 사라진 그들을 위해 깊이 애도하게 되는 대목이다. 범부가 의도하는 활현(活現)과 활광경(活光景)을 위한 연출기법이 필자에게 적용된 셈이다.

그렇다면 백결선생에게서는 풍류도음악이 어떻게 표현되고 있을까.

> 이 말을 듣고 노선생은 기뻐하면서 "오냐, 우리 천관이가 천관이지, 그럴줄 몰랐던 것도 아니야, 그런데 저…… 수 많은 폐병(廢兵)들이 그래도 다 풍류 가락을 아는 사나이들이야. 그리고 한갓 재주들은 다 가졌어. 거문고 타는 사람, 가야금 타는 사람, 통소·산소·피리·젓대·갖은 춤, 갖은 노래, 그 중에 다 한갖 재주들은 가졌어. 그러니 말이야, 이 사람들을 한데 뭉쳐서 풍류놀이를 꾸몄으면 첫째로 굶고 벗기지는 않겠고, 그 다음은 다 회포있는 사나이들이라 저희들 신가락도 좀 풀고 좋을 터인데…" … 이 목고지[集會]가 개시되는 날, 하루만 네가 나와서 연예를 하는데 그것도 너 중된 몸으로 다

른 것은 두고 승무(僧舞)와 어산가락[魚山調=梵唄]으로 도장(道場)만이나 밝혀 주란 말이야." 천관은 그제야 숨을 크게 쉬면서 "아이구, 난 무슨 말씀이라고, 아버지, 그런 좋은 일에 그만치 쉬운 일을, 아버지 말씀만이 어려웠습니다."하고 어리애처럼 웃었다. … 먼저 이야기와 같이 백결선생 고안으로 성립된 풍류객 목고지는 가는곳마다 환영을 받고 갈채를 받아서 길이 두고 대성황을 이루었다. 그래서 폐병들의 살림만 윤택해졌을 뿐 아니라 좇아서는 당시의 사기까지도 크게 진작된 바 있었다.15)

범부는 백결선생을 통해 풍류도음악의 역할에 대해 담아내고 있다. 백결선생은 승려가 된 천관에게 전쟁을 통해 불구가 된 병사들을 위해 그들의 음악적 기량을 발휘할 수 있는 자리를 마련하고자 제안한다. 수많은 폐병들도 나름 풍류를 아는 사내들이지만 그들의 '제 멋'을 펼칠 수 있는 자리가 없음을 안타까워 한 것이다. 그래서 그 무리들을 풍류놀이로 만들어 공연케 함으로써 생활고에 시달리지 않게 할 뿐만 아니

14) 김범부, 『화랑외사』 119~120쪽에 「봄술」 노래가사가 전한다. 그 내용은 "삼거리 주막에 나그네, 삼거리 주막에 나그네, 나그네 가는 날 나그네 오고, 나그네 오는날 나그네 가네. 달 좋은 봄철이 몇 밤이뇨, 알뜰한 이 밤이 가단 말이, 얼씨구 들씨구 놀다 가세. 접동새 비렁에 꽃이 피고, 접동새 비렁에 꽃이 지네, 꽃지는 가지에 꽃이 피고, 꽃피는 가지에 꽃이 지네."

15) 김범부, 『화랑외사』, 154~156쪽.

라, 그들이 가진 신명도 풀어주자는 의도를 내비치고 있다. 이로써 폐병들로 구성된 풍류객 목고지는 사람들에게 큰 인기를 얻었을 뿐만 아니라 생활고도 해결되는 결과를 낳았으며, 더 중요한 것은 그들도 살아가고자 하는 삶의 활력을 얻게 되었다는 내용이다. 이는 앞서 물계자가 '살려지이다'의 기도사로 모든 일을 행한 것이 백결에게는 폐병들을 살리는 행위로 전수된 셈이다. 이처럼 백결선생을 통한 풍류도음악의 역할을 좀 더 확장해서 본다면 사회적 약자들이 겪는 외로움, 스스로 낙오자임을 자책하는 사람들, 몸과 마음에 병이 든 사람들을 살리고, 나아가 그들이 가진 '제 멋'을 찾아 주는 동력이 풍류도음악임을 발견하게 된다.

> "어쨌든 잘 된 일이야. 오늘 우리 효대사도 오고 했으니, 토장(된장)국을 만드는데 관매기(乾青魚) 대가리랑 넣고, 그 북덕북덕 끓여보소." 그런데 이 북덕북덕이란 소리에 천관이가 웃으웠던지 "아이고 아버지, 냉이 국맛보다도 북덕북덕이란 말씀이 더 집진 걸요." 하니, 백결선생은 "얘, 아, 네가 가락 속을 그까지 안단 말이냐? 그래 너 북덕북덕이 무슨 장단인지 아니?"하고 뒤받아 물었다. … "얘, 어느 것이 장단 아닌게 있는줄 아니? 물소리, 새소리, 웃는소리, 울음소리가 다 제 장단 제 가락을 있는 것이야, 그런데 흔히 장국끓는 장단을 무슨 가락인줄 모르더라." "그럼, 그건 무슨 가락이에요?" "국 끓는 가락은 말 그대로 국거리 장단이지, 그러기에 국거

리 장단이란 말이 원체 끓는 장단이란 말이야." 그때까지 잠자코 앉았던 원효대사는 "할아버님, 참 그걸 늘 예사로 들어왔사온데 말씀 듣잡고 또 한가지 깨쳤습니다." … 그리고 선생은 국거리 가락으로 '북더글 북더글' 끓고 있는 화로 위에 얹힌 냉이국을 숟가락으로 가리키면서 "이거야, 이게 국거리 장단이야."하고 냉이 국물을 떠 먹는 것이었다.[16)]

더불어 백결선생은 된장국 끓는 소리를 통해 국(굿)거리 장단으로 귀결하면서 풍류도음악의 한 단면을 비유적으로 표현하고 있다. '국 끓는 가락', '국거리 장단'의 음형적 형태의 중요성 보다는 장단이 가진 내재적 속성을 익살스럽게 표현한 것이다. 그렇다면 여기서 범부가 백결선생을 통해 밝히는 풍류도음악의 핵심은 무엇인가. 그것은 된장국 끓는 소리에서 출발한 국 끓는 가락, 국거리장단은 세상 어느 것이 장단이 아닌게 없다는 것을 비유적으로 표현하는 대목이리라! 앞에서도 언급한 바와 같이 풍류도에서 음악이 중요한 것은 바로 장단이며, 이 장단은 조화를 표방하는 것이라 하였다. 그러기에 세상에 들리는 어떤 소리라도 제 장단으로 되어 있지 않음이 없으며, 하물며 물소리, 새소리, 웃는소리, 울음소리까지도 모두 '제 장단', '제 가락'을 가진다는 것이다.

16) 범부 김정설, 『화랑외사』, 156~159쪽.

필자는 앞서 물계자와 백결선생에게서 어디에도 집착함이 없는 공통성을 지녔다고 언급한 바가 있다. 이는 범부가 물계자와 백결선생을 빌어 세상에 존재하는 모든 것이 존재 그대로의 '제 장단'과 '제 가락'을 지니기에, 집착함으로 이 조화를 깨뜨릴 수 없는 것이 풍류도라는 것을 밝히는 대목이라 생각한다. 따라서 범부의 풍류도음악은 음악의 기술적 범주에 머물러 있는 것이 아니라 모든 것들과 융화(融和)하여 통하고, 제 성질을 유지하게 하고 인정하는 것임을 알 수 있다.

인문치유를 위한 풍류도음악

4.

범부의 『화랑외사』에는 풍류도의 핵심을 드러내는 중요한 용어가 여럿 등장한다. 이 용어들이 중요한 이유는 신라시대 화랑도의 용어이거나 옛 풍류도의 용어가 아니라, 범부가 살아가는 시대의 언어로 표현함으로써 풍류도를 현실에서 실현하고자 했다는 점이기 때문이다. 필자는 범부가 풍류도에 대해 얼마나 깊이 생각하고, 얼마나 큰 애정을 가졌는지 그리고 풍류도가 현실의 문화로 어떻게 계승되고 있는지를 증명하기 위해 오랫동안 애썼다는 것을 현실용어의 사용에서 발견하게 된다. 그것은 바로 '사우', '제 길수', '제 빛깔', '제 작', '멋'이라는 용어들이다. 사실 범부시대에 통용되었던 이러한 용어들 중 '제 빛깔'이나 '멋'이라는 말은 지금도 어렵지 않게 이해되지만, '사우'라든지 '제 길수'나 '제 작'은 21세기에 흔히 사용하는 용어가 아니다. 즉 범부 시대에 사용된 용어도 이젠 안타깝게도 차츰 사라져가고 있다.

"이를테면 물계자님의 교훈엔 제일 그 안목(眼目)이 화기(和氣)를 지니란 말씀인데, 몸이 화기를 잃을 때는 몸이 비틀어지고, 마음이 화기를 잃을 때엔 마음이 비틀어지고, 한 집이 화기를 잃을 때엔 한 집이 비틀어지고, 한 나라가 화기를 잃을 때엔 한 나라가 비틀어지고 … 하고 보니 모든 것이 이 화기가 안목이란 말이야, 그런데 이 화기는 '사우'[調和]로써 지니게 되는 법이요, '사우'는 '절로'[自然] 이루어지는 법이요, '절로'는 '제 빛깔'[自己本色]로써 들어가는 법이요 … 그리고는 모든 것이 '제 길수'[自然之理]를 얻어야 하는 것인데, 이 '제 길수'란 곧 '사우'를 맞게 하는 그것이야. 그래서 사람의 생각대로 완전한 '사우'가 맞을 때, 그것이 '제 작'[天人妙合]이란 거야. 이 지경에 가면 아무 거칠 것도 막힐 것도 없는 것이니 말하자면, 그냥 '터져버리는 것'이야."17)

'사우맞다'는 것은 조화롭다는 뜻이다. 그런데 조화롭기 위해서는 자신의 안목이 늘 화기(和氣)를 지녀야 한다. '제 길수'는 '사우'를 맞게 하는 그것으로 이는 조화롭도록 작동되는 조건이다. '제 작'은 완전한 '사우'가 맞을 때, 즉 모든 것이 조화롭게 이루어 질 때 아무 거칠 것도 막힘도 없이 저절로 터져 나오는 상태이다. 범부는 물계자의 입을 빌어 '사우'와 '제 길수', '제 작'의 시작은 곧 나의 마음에서 출발한다고 하였다. 자신의 마음에서 작동되는 화기의 유형들은 무수히 많다. 자신의 마음에 이러한 화기의 안목을 지니게 될 때에 비로소 저절로 조화로움[사우]이 일어나게 되는데, 화기의 안목을 지니는 것은 곧 풍류도를 현실에서 실현하는 시작이다. 오래전의 풍류도가 현재 우리에게 유전되는 것은 오직 마음의 화기를 갖는 것에서 출발하며 이는 시대를 초월한다는 의미이다. 더불어 이 풍류도의 온전한 실체는 곧 '제 작'이면서 현재 우리에게는 '참 멋'이라는 것으로 형상화된다.

> "멋! 하늘과 사람 사이에 서로 통하는 것이 멋이야, 하늘에 통하지 아니한 멋은 있을 수 없어. 만일 있다면 그야말로 '설 멋'이란 게야. 제가 멋이나 있는 체 할 때 벌써 하늘과 통하는 길이 막히는 법이거든." 멋이란 말을 할 때마다 물계자의 얼굴은 오히려 엄숙해졌었다. 그리고 가장 수련이 높은 제자들을 향해 "'참 멋'과 '제 작'은 마침내 한 지경이니 너희들이 여기까지 알는지? 사우[조화]맞지 않는 멋은 없는 것이며, 터지지 않은 멋도 없는 것이니 사우 맞지 않고 터지지 않은 '제 작'이 있는가?"하고 타이르기도 하였다.[18]

범부는 물계자를 통해 멋에 관해서 이야기 한다. '멋'에도 구분이 있는데, '참 멋'과 '설 멋'이 그것이다. '설 멋'은 하늘에 통하지 않은 멋, 한 사람에게도 맞지 않는 제 멋을 말하

17) 金凡父 著, 『화랑외사』, 160-161쪽.
18) 金凡父 著, 『화랑외사』, 125쪽.

지만, '참 멋'은 천(天)과 인(人)이 통하는 것, 곧 '천인묘합'(天人妙合)의 발현이라고 말한다. 천(天)과 인(人)이 통한다는 것, 천인(天人)이 묘하게 합하는 것이 무엇일까를 곰곰이 생각해보면, 마치 하늘을 우르러 한점 부끄럼이 없는 나일 때 스스로 당당해 지는 상태도 포함될 것이다. 공자(孔子)도 나이 50줄에 '지천명'(知天命)이라 한 것은 천(天)의 이치를 인간이 온전히 이해할 수 있음을 뜻한다. 이렇듯 하늘의 이치와 사람의 뜻이 묘하게 합치되는 지점에 '참 멋'이 있고, '참 멋'은 곧 '제 작'이면서 사우가 맞는 멋, 저절로 터져 나오는 멋이라 규정할 수 있다.

김범부는 물계자와 그 문인들이 전장에서 「봄 술」 노래를 부르며 돌아올 때 "내 공을 자랑하기 위해 남의 허물을 말하는 것은 설 멋진 일이며, 더욱 수련하여 또 다시 나라를 위해 우리의 멋을 풀어보고 싶다"는 그들을 향해 '멋쟁이'라고 명명하였다. 이는 범부가 현재 우리에게 '멋쟁이'라는 풍류도적 인간상을 제시한 것으로 받아들이고 싶다. 그러므로 풍류도음악은 '참 멋'을 지닌 멋쟁이의 음악[함]이다. 더불어 풍류도음악은 물계자가 차별없는 영혼을 위해 부르는 시나위 한 소절이며, 힘든이들에게 제 멋을 찾아주려는 백결선생의 음악함이다. 또한 세상에 존재하는 모든 것들은 제 장단과 제 가락을 이미 지녔기에 그대로 온전한 것임을 아는 것.

이러한 가슴으로 사는 사람의 음악이 풍류도음악의 실체일 것이다. 그러므로 현재 우리가 풍류도음악을 회복하는 것은 어쩌면 인간이 인간됨을 만드는 것이자 비로소 인문이 치유되어 가는 과정으로 이해할 수 있을 것이다.

송 영 일

/

대전노은고 수석교사. 한국교원대에서 한문교육을 전공하고 박사학위를 받았다. 중등학교 한문교육 방법과 평가, 교육과정, 교수ㆍ학습자료, 교과서 등에 관심을 가지고 현장 한문교육의 발전을 위해 정진하였다. 최근에는 한자 자원 및 성어 중심의 유튜브〔부자좋아 한자공부〕를 개설하여 온라인수업용 한문교육 컨텐츠 개발에 노력하고 있다. 주요 저서로는 『제7차교육과정 한문과 중학교교육과정』, 『제7차교육과정 한문과 고등학교교육과정』, 『조선시대 경연과 제왕교육』, 『한문교육론』, 『조선 후기 한문학의 교육적 이해』, 『중, 고등학교 한문 교과서』, 『자원 한자의 정석』, 『스토리텔링 1800자 한자』 등 30여권이 있음.

논어 수업 이야기

춘추시대 위나라에 공어(孔圉)라는 대부가 있었는데 사후에 문(文)이라는 시호를 받아 사람들은 그를 공문자(孔文子)라 불렀다. 이 일을 두고 공자의 제자인 자공이 어느 날 공자에게 "공문자는 왜 시호를 문이라 했습니까?"라 물었다. 자공이 질문한 까닭은 공문자의 평소 행실 등으로 볼 때 도저히 문이라는 시호를 받을 만한 위인이 못되었기 때문이다. 이에 공자는 "그가 영민하면서도 배우기를 좋아했고 아랫사람에게 묻는 것을 부끄럽게 여기지 않았기 때문에 시호를 문이라고 한 것이다(敏而好學 不恥下問 是以謂文也)."라 했다. 세간의 소문과는 관계없이 배우는 것을 즐겼기 때문에 붙여진 것이다.

요즘 평생교육이라는 말이 강조되고 있다. 사람이란 살아가면서 끊임없이 배워야 하는 존재다. 어쩌면 살아가는 것 자체가 배워가는 과정일지도 모른다. 굳이 옛 위인들의 예를 들지 않더라도 우리 주변에는 청소년 시절 불우한 환경을 딛고 인격적으로나 학문적으로 존경받는 사람들을 볼 수 있다. 이런 사람들은 대개 시간을 아껴 부지런히 배운 사람들이다. 책상에 앉아서 혼자 하는 공부, 학교에 입학해서 선생님의 지도를 받는 공부, 주변의 환경 등을 소재로 한 깨달음의 공부 등 배움은 어느 곳에서나 가능하다.

사람들은 모르는 것이 있으면 물어보는 것이 상식이나 쉽지 않은 듯하다. 물어볼 사람의 나이가 어리거나 신분이 낮으면 더욱 그렇다. 아마도 자신의 무지가 드러나는 것이 부끄러워서일 것이다. 공자가 불치하문(不恥下問)을 공문자의 미덕으로 손꼽은 것을 보면, 그때도 역시 남에게 묻기를 부끄러워하는 사람들이 많았던 모양이다. 모르면 묻는 것이 상책이다. 부끄럽거나 얕보일까 봐 묻기를 망설이다가 더 큰 낭패를 볼 수 있다. 옛 랍비문서에 다음과 같은 글귀가 있다. "나는 내 선생님으로부터 많은 것을 배웠다. 그러나 내 동료들로부터는 더 많은 것을 배웠다. 그러나 가장 많이 배운 것은 내 제자들 곧 어린 학생들로부터다."

우리는 늘 학교에서 학생들과 대화와 질문 속에 하루를 시작하고 마무리한다. 이 과정에서 랍비의 말처럼 제자들로부터 배움을 얻는 경우도 많다. 고등학교 학생들과 논어를 공부하며 함께 생각하고 이야기했던 것들을 여기에 소개하여 현장 교육의 한 장면을 공유하고자 한다.

옛것을 익혀 새로운 것을 창조하라

子曰 溫故而知新 可以爲師矣

(자왈 온고이지신 가이위사의)

공자께서 말씀하셨다. 옛것을 익혀 새것을 안다면,
남의 스승이 될 수 있다.

'溫'은 일반적으로 '찾아 궁구한다', '식은 것을 데워 따뜻하게 하다', '학습하다', '복습하다' 등 여러 의미가 있다. 수업 중 학생들에게 질문을 하면 대부분 '복습하다'로 보아, "옛것을 잊지 않고 다시 공부함으로써 그 옛것에서 새로운 것을 얻는다."로 풀이한다. 간혹 '따뜻하게 하다'로 보아서 "옛것을 따뜻하게 익혀서 새로운 것을 만들어 낼 줄 안다."로 말하는 학생도 있다. 그 이유인 즉은 "음식을 요리할 때처럼 여러 재료를 솥에 넣고 불을 지피어 익혀서 새로운 음식을 만들어 낼 줄 안다."라 생각한 것이다. 마치 요리사 출신으로 명성이 높았던 이윤(伊尹)이 탕(湯) 임금의 초빙을 받아 은(殷)나라의 기틀을 세울 때, 어려운 정사 문제를 요리 과정으로 설명했듯이 말이다.

공자는 하(夏) 은(殷) 주(周) 삼대의 사상을 계승하고 이를 토대로 새로운 영역을 개척하려 했다. 삼대의 역사를 통해 증명된 인간의 삶에 대한 반성을 토대로 한 단계 진일보한 사회를 만들고자 한 것이다. 공자가 온고지신을 통해 이루고자 했던 목적은 옛것만을 무조건 뒤돌아보는 것[溫故]이 아니라, 오히려 새로운 것을 아는데[知新] 무게 중심을 두었다. 즉 새로운 것을 알고 미래를 창조하기 위한 과정으로서의 온고다. 만일 과거로만 회귀하려 했다면 이 사상은 빛을 발하지도 못했을 것이고, 후인들이 그 이념을 추종하여 동양 사회를 지탱하는 강령으로 삼지도 않았을 것이다.

공자의 이념은 과거와 현재 그리고 미래를 이어주는 가교적 존재였다. 현재라는 다리를 통해서 과거와 미래는 연결된다. 따라서 과거가 없다면 현재도 없고, 미래도 존재할 수 없다. 그런 의미에서 공자의 사상은 현재뿐 아니라 미래를 열어가는 열쇠와도 같다. 새로움을 향한 옛것은 다시 창조될 때 더 큰 가치를 발휘한다. 옛것 그대로는 의미가 없는 옛것일 뿐이다. 옛것이 새로움으로 거듭날 때 옛것은 그 가치를 재현한다. 새로움을 전제하지 않은 옛것은 의미가 없는 개체일 뿐이다.

'온고이지신'해야만 '남의 스승이 될 수 있다'는 이 명제는 근본적으로, 옛것에 대한 존숭의 맥락이 아니라 새것을 창조하는 유의미한 삶으로 드러나 만백성을 이롭게 하는 한 실체로 작용할 때 세상 사람들은 그를 존경하고 따른다는 의미다. 현세에까지 세종대왕을 스승으로 추종하는 이유도 바로 여기에 있다. 강조점이 온고(溫故)라는 전통성에 있는 것이 아니라, 지신(知新)이라는 창조적 인간에 의미를 두고 있기 때문이다. 각종 재료를 사용하여 맛있는 김치를 연출해 내는 요리사처럼, 배추 맛이나 양념 맛이 아닌 새로운 맛깔스러운 김치를 만들 때 사람들은 그 유용함에 가치를 부여한다. 시간이 더 흐른 뒤의 발효 맛까지 말이다.

과거라는 재료로 새로운 맛을 창출해 내는 김치처럼, 학문 세계도 과거를 밑거름으로 현실의 정련 과정을 통해 새로운 영역을 구현할 때 사람들은 그 가치를 인정한다. 박지원은 『초정집』 <서문>에서, 옛것을 본받는 데 힘쓰는 사람은 그것에 구애(拘礙)되어 새로운 세계로 진출하지 못하는 폐단이 있고, 새것을 창안해 내는 데 관심이 많은 사람은 상도(常道)의 틀을 벗어나 이변(異變)에만 힘쓰는 경향이 있다고 했다. 이 모두는 김치를 만드는 흉내에 머물러 과거에 매몰되거나 중도(中道)를 벗어난 이단(異端)에 치우칠 가능성이 높다. 어찌 남의 스승이 될 수 있겠는가?

『논어』 첫 장 '학이시습지(學而時習之)'도 '온고(溫故)'에 해당한다. 바둑의 고수가 첫수를 여기에 둔 것은 진리의 터전이 바로 여기에 있음을 암시한 말이기도 하다. 우리가 옛 고전을 익히는 것은 새로운 세상에 진일보한 삶을 위해서다. 허신은 『설문해자』에 '一'자의 풀이를, "우리가 사는 세상은 태초에 태극뿐이었으나 천지음양의 조화가 각각의 원리에 따라 하나하나를 만들고 그 개체가 또 다른 세상을 만들어 거대한 우주를 탄생시킨다."라 했다. 이는 온고(溫故)와 지신(知新)을 함축한 말이기도 하다. 새로운 출발이 또 다른 신물(新物)로 거듭남은 시대적 사명이자 천명과도 같은 것이다. 학교에서 가르치는 사람이나 배우는 사람 모두 유의미한 새 창조적 삶을 위해 끊임없이 노력해야 한다. 이럴 때 우리가 사는 세상은 그토록 꿈꾸던 무릉도원의 세상을 열 수 있지 않을까?

인격을 두루 갖춘 위대한 군자가 되자

子曰 君子不器

(자왈 군자불기)

공자께서 말씀하셨다.
군자는 그릇이 아니다.

군자불기(君子不器)에서 '기(器)'는 명사로 그릇, 도구라는 의미와 동사로 '그릇으로 쓰다, 그릇으로 여기다'는 의미가 있다. "군자는 그릇이 아니다."와 "군자는 그릇으로 쓰이지 않는다."의 두 가지 해석이 가능하며 그 의미에는 큰 차이가 없다. 학생들에게 이 문장을 질문해 보면 기상천외한 다양한 의견들이 나온다. 군자는 그릇이 아니다(사람은 물건이 아니다). 군자는 한 그릇으로 밥 먹지 않는다(군자는 능력이 많아서 사회 활동을 많이 하므로 정해진 그릇이 따로 없다). 군자는 그릇을 만드는 사람이 아니다(군자는 그릇 만드는 기술자가 아니다). 군자는 그릇처럼 한 가지 일만 하는 사람이 아니다(군자는 한 목적의 그릇이 아니라 다방면에 두루 통하는 무한적 존재이다).

도구나 그릇은 그 고유의 쓰임새가 있다. 배는 물을 건널 때, 차는 육지를 다닐 때 쓰이며, 주전자는 물을 담는데, 컵은 물을 마시는데 쓰인다. 각기 그 쓰임의 용도가 있다. 혹 대용이 가능하다지만 그 가치는 현저히 떨어진다. 물건은 각기 그 용도로 제한될 뿐이다. 그러나 군자는 이러한 한정된 용도를 가진 그릇이나 도구처럼 한 가지 쓰임에 국한된 삶의 존재가 아니다. 일의 조짐을 보고 행동하며, 기능과 용도에 따라 쓰이는 피동적 존재가 아닌, 언제 어디서라도 능동적이고 창조적으로 그 존재 가치를 보여 준다.

그릇(器)이라 함은 각각 그 용도에 적합하게 만들어진 도구이므로 다양하게 통용될 수 없는 한계성을 지니고 있다. 밥을 담는 밥그릇, 국을 담는 국그릇 등 그릇을 만들 때는 그 목적에 맞게 만들기 마련이다. 즉 그 쓰임(用)에 따라 모양(體)이 정해지거나 그 모양체에 따라 그 쓰임의 용도 또한 한정적이다. 인간의 경우도 기국(器局)이 작은 사람은 자기의 그릇(器)을 정하고 그 일정한 모양(體)의 범주 안에서 한정적인 재주와 기예(技藝)로 자족한다.

독일의 사회과학자 막스 베버는 유학의 '군자불기'를 잘못 이해하여 '프로테스탄티즘의 윤리'로 비판하며 장인(匠人)문화를 무시한 결과 경제적 낙후를 면치 못하는 빈민국의 원인이 되었다고 호도(糊塗)했다. 미래 사회는 초융합·초연결·초지능의 융·복합시대로 지식의 대폭발과 함께 지식 수명의 급격한 단축 등 이전에는 상상조차 할 수 없는 일들이 벌어지고 있다. 하나의 그릇만을 고집하는 유한적 존재로는 살아남기 어려운 세상이 된 것이다. 군자불기의 정신이 아니면 하루아침에 사라질지도 모를 최첨단 시대를 살고 있는 것이다.

『예기』 <학기편>에 "북 그 자체는 궁·상·각·치·우 다섯 가지 소리에 해당되는 바가 없다. 그러나 다섯 가지 소리는 북이 없이는 조화로운 소리를 낼 길이 없다. 물 그 자체는 청·적·황·백·흑의 다섯 가지 색깔에 해당되는 바가 없다. 그러나 다섯 가지 색깔은 물이 없이는 그 찬란한 색깔을 드러낼 길이 없다." 또 "위대한 덕성은 하나의 관직에 구애됨이 없고, 위대한 도는 하나의 그릇에 구애됨이 없으며, 위대한 신의는 하나의 약속에 구애됨이 없으며, 위대한 시간은 하나의 절기에 구애됨이 없다."라 하여 이 네 가지를 살필 줄 아는 사람이라야 참으로 학문의 근본에 뜻을 둔 자라고 정의했다. 이 또한 '군자불기'의 정신인 것이다.

현대 국가는 법치를 지향한다. 모든 국민은 법 앞에 평등하다고 믿으며, 사회질서 유지와 개인의 생명과 재산을 보장해 주는 안전판이라 여긴다. 또 법의 존엄과 법치의 이념을 구현하는 데 최선의 노력을 다하며, 법이 무너지면 개인의 안녕은 물론이요 국가공동체의 존립마저 위태롭다고 선언한다. 이 같은 법 지상주의를 군자불기의 정신으로 관조해 보면, 법은 인간사회의 현상적 사태에 직면하여 대증 치료적 기능은 가능하나, 인간 본성의 심층적 치유는 불가능하다. 즉 법은 유한성을 간직한다. 모든 죄악이란 근본적으로 인간의 심성에 기인한다. 이렇게 볼 때, 법은 인간 심성의 변화를 가져오게 하는 데는 한계를 갖는다. 군자불기의 정신에서 볼 때 법 만능적 사고 또한 재고되어야 한다.

주자는 "그릇이란 각기 쓰임이 있는 것이요, 서로 통할 수 없다. 덕을 이루는 선비는 그 몸이 갖추지 않은 것이 없다. 그러므로 그 기능이 통달하지 아니함이 없으며, 특별히 한 재능, 한 기예에 국한되지 않는다."라 했다. 이 같은 군자불기(君子不器)의 정신은 현대 정치·경제·외교 등 전 분야에 적용이 가능하며, 여기서의 군자는 단순한 그릇 수준이 아닌 무한정(無限定)의 범위와 용도를 함유하는 지덕을 겸비한 변혁적 리더십의 위인이다.

우리가 사는 세상에는 평범하게 딱 자기 그릇만큼의 역량을 발휘하려는 사람이 있는가 하면, 그 그릇의 크기를 가늠할 수 없을 정도의 무한 역량을 펼치는 사람이 있다. 미래 융·복합시대를 선도할 우리는 어떤 삶을 살아야 할까? 지선(至善)의 세상을 활보하며 마음껏 뜻을 펼치는 무극(無極)의 군자가 되어야 하지 않을까?

늘 배우고 또 생각하라

子曰 學而不思則罔 思而不學則殆

(자왈 학이불사즉망 사이불학즉태)

공자께서 말씀하셨다. 배우되 생각하지 않으면 얻어지는 것이 없고, 생각만 하고 배우지 않으면 위태롭다.

학생들에게 이 문장을 질문해 보면 대부분 배운 것을 잊지 않으려 복습하는 정도나 미래의 성과를 위한 걱정 정도로 여긴다. 공자가 말하는 '학(學)'이란 무엇일까? 그것은 나의 의식의 창으로 '새로움'이 유입되는 통로이다. 곧 배움이란 물음이요, 탐구요, 독서이다. 그것은 미지의 세계로의 모험이다. 따라서 새로움의 유입이 없는 단순 독서는 앵무새의 수준에 비할 수 있다. 똑같은 소리를 반복하는 신문이나 삼류소설을 아무리 열심히 읽어도 우리는 그것을 독서라 부르지는 않는다. 인식의 지평 확대가 일어나지 않기 때문이다.

학(學)은 사(思)를 전제로 살찌어진다. 즉 이는 동전의 앞뒤와 같아서 함께 수행할 때 그 폭과 깊이를 더할 수 있다. 사(思)는 새로운 경험적 사실의 유입은 없지만, 그러한 사실들을 반추

하고 서로의 관계를 정연하게 심화시키는 과정을 한다. 사(思)는 나 홀로 스스로를 반추하는 과정이다. 학(學)만 있고 사(思)가 없으면 아무 것도 얻어지는 것이 없다〔罔〕. 배움만 있고 사유가 없으면 맹목적 혼란에 빠지기 쉽다. 그러나 반대로 사유만 있고 배움이 없으면 어떤 일도 이루지 못하고 위태함〔殆〕만 남게 된다.

『중용』에 "널리 배워나가며, 상세하게 물으며, 신중하게 생각하고, 분명하게 변별하며, 확고하게 실천해야 한다(博學之 審問之 愼思之 明辨之 篤行之)."고 했다. 이는 우리가 삶의 과정에서 수반되는 학문(學問)과 사변(思辨)의 문제로 반드시 준수해야 할 무언의 규칙이다. 혹 이를 무시하고 일을 추진할 경우 뭔가 매끄럽지 못할 뿐 아니라 그 일이 망가져 중도 포기하거나, 처음부터 다시 시작해야 하는 번거로움이 뒤따른다. 이는 서로 떨어질 수 없는 하나의 관계이면서도 또한 결코 하나라고 말할 수도 없는 존재이다.

우리가 일을 성공적으로 수행하기 위해서는 해당 영역의 학문 탐구뿐 아니라 사유 과정을 거쳐 그 일의 추기(樞機)를 알아내는 일 또한 매우 중요하다. 추(樞)는 문을 여닫는 지도리요, 기(機)는 쇠뇌의 발사 뭉치다〔門之闔闢在於樞, 弩之張弛在於機〕. 추기는 '중추(中樞)가 되는 아주 중요한 것이나 자리, 또는 기관'이라 했는데, 명변과 사유로 얻어진 추기의 발견은 우리가 해결할 당면 과

제의 강령(綱領)을 알아 운용하는 것으로 그 일의 성패(成敗)를 가늠하는 관문이자 단서가 된다.

올 초 라디오 '시선집중'에서 예전 4대강 사업이 예비타당성조사를 면제해서 22조 원이 넘는 국세를 낭비한 대표적 사례라 소개했다. 4대강 사업은 당시 일자리 창출과 경제 성장의 논리로 추진된 것으로 세월이 지난 지금 그 성과에 대해 자문해 보지 않을 수 없다. 과연 이 일을 추진함에 있어 박학(博學)과 심문(審問) 그리고 명변(明辯)과 사유(思惟)의 과정을 거쳤는지 말이다. 특히 사유를 통한 추기(樞機)의 흐름과 혜안의 미숙은 혈세를 낭비한 대표적 사례로 언급된다.

우리가 백년지대계로서 교육을 강조하는 이유 중 하나는 국민의 지식수준을 높여 선진 문화국가를 구축하기 위함이다. 향학열이 세계 최고임을 자처하는 우리나라의 도덕 수준은 세대를 거듭할수록 이와 반대로 가고 있다는 비평이 많다. 특히 가장 도덕적 삶을 요구하는 정치 지도자들의 도덕성 부재 현상은 정치권의 타락과 기업의 부패, 나아가 우리 사회 전반의 부정부패를 선도하고 있다는 느낌마저 든다. 이 또한 학(學)은 있으나 사(思)가 없는 결과물은 아닐까?

우리의 이 같은 총체적 문제는 인간의 심성 수양을 전제로 한 학문적 부재와 사유(思惟)의 반추 과정을 도외시한 무지에서 비롯되었다. 정부 수립 이후 역대 정권마다 매스컴을 통해 그럴듯한 구호로 정책을 미화하며 그 정당성을 강조했지만 결국 불명예로 추락함은 모두 자기 성숙을 위한 배움의 부재와 사유의 해태(懈怠)에서 연유되었다. 현대인에게 주는 공자의 배움과 사유의 정신은 만유(萬有)의 뿌리이자 토대로 우리의 삶을 보다 풍요롭고 행복하게 만드는 근원임을 잊어서는 안 된다.

사람으로 태어나 군자답게 살라

子曰 君子 喩於義 小人 喩於利

(자왈 군자 유어의 소인 유어리)

공자께서 말씀하셨다. 군자는 의리에 밝고,
소인은 이익에 밝다.

유학에서는 의리지변(義利之辨)이라 하여 의(義)와 이(利)의 변별을 중요시하였다. 군자와 소인과 관련지어 이 문장을 학생들에게 질문해 보면, "군자는 의에서 깨닫고, 소인은 이익에서 깨닫는다(군자는 의리에 관련된 공부를 많이 하여 군자의 도리를 깨닫고, 소인은 이익에 관련되는 일을 많이 배워 소인의 행세를 한다).", "군자는 의를 깨우쳐 주고, 소인은 이익을 깨우쳐 준다(군자는 사람들에게 의리의 좋은 면을 알려 주고, 소인은 이익과 관련된 일을 말해준다)."로 풀이하는 경우가 많았다. 본문의 글을 쉽게 설명해 보자면, 군자는 의리와 관련되는 일에 항상 관심이 많아 이 분야의 일만 보면 귀를 쫑긋 세우고 배우고 익혀 의리가 잘 발달되어 있고, 소인은 이익되는 일에만 관심이 많아 이 분야가 잘 발달되어 있다는 말이다.

군자(君子)와 소인(小人)의 의미는 문맥에 따라 다르게 풀이된다. 이글의 군자는 어떤 일을 판단하고 결정할 때 그것이 옳은지 그른지를 기준으로 삼는다. 손해가 생겨도, 옳지 않으면 행하지 않고, 억만금의 이익이 생긴다고 해도 옳지 않으면 하지 않는다. 그러나 소인은 아무리 옳은 일이라도 손해가 나면 행하지 않는다. 그리고 그것이 설령 불의한 일이라 해도 이익만 된다면 행한다. 오로지 자기의 일에 이익이 되는지 아닌지에만 관심을 둔다. 이것이 군자와 소인의 차이다.

남송의 육상산(陸象山)은 사람이 의(義)에 뜻을 두면 의(義)를 깨치고 이(利)에 뜻을 두면 이(利)를 깨친다고 했다. 어떤 마음을 먹느냐에 따라 다르다는 것이다. 정약용은 의(義)를 깨친 뒤 의(義)에 뜻을 두고 이(利)를 깨친 뒤 이(利)에 뜻을 둔다고 반박했다. 다만 의(義)는 천리(天理)이고 이(利)는 사사로운 인욕(人欲)으로, 둘 사이를 빙탄(氷炭) 관계로 본 점은 같다. 천리(天理)와 인욕(人欲)의 간극은 당초 머리카락 하나 정도로 작지만 궁극의 결과는 현격히 멀어진다. 그렇기에 유학에서는 인욕을 뿌리째 뽑고 근원을 막는 발본색원(拔本塞源)의 공부를 강조했다.

의(義)의 문제를 논의할 때 자주 거론되는 말이 척구폐요(跖狗吠堯)다. 이는 유방이 한신의 책사 괴통을 잡아들여 문초할 때 나온 말이다. 유방이 괴통을 팽형(烹刑)에 처하려 하자 그는 마지막 항변을 했다. "사람의 간까지 먹는 포악한 도적인 도척의 개도 요임금을 보면 짖는 법입니다. 이는 요임금이 인덕이 없기 때문이 아니라 개의 주인이 아니기 때문입니다. 개는 자기 주인이 아니면 선인이든 악인이든 가리지 않고 무조건 짖어 댑니다. 당시에는 한신만이 저의 유일한 주인이었고 저는 폐하를 모르고 있었습니다(跖之狗吠堯 堯非不仁 狗固吠非其主 當是時 臣唯獨知韓信 非知陛下也)." 밉다고 모조리 죽일 수는 없는 일, 유방은 괴통을 살려주었다.

도척의 개가 어진 요임금을 보고 짖는 것을 과연 의(義)라 할 수 있는가? 의에는 소인의 의와 군자의 의가 있다. 소인은 친소관계를 따지지만 군자는 옳고 그름을 따질 뿐이다. 선악을 떠나 보스 1인을 위해 목숨을 바치는 척구(跖狗)의 의를 소인의 의라 한다면, 보스 1인보다는 민(民)을 위해 목숨을 바치는 충신의 의는 군자의 의라 말할 수 있다.

논어에서 "군자다운 선비가 될지언정 소인 같은 선비는 되지 말라(爲君子儒 無爲小人儒)."고 했다. 정약용은 여기의 '선비(儒)'를 도를 배우고, 시, 서, 예악, 법도 등을 익혀 개인의 완성과 함께 현실정치에 의미 있는 기여를 위해 참여하는 지식인이라 했다. 군자유(君子儒)는 위기지학(爲己之學)을 통해서 인간의 본성을 완성하고 세상을 위해 이를 실천하는 사람이며, 소인유(小人儒)는 철저히 위인지학(爲人之學)에 젖어 개인의 영달과 사익에 급급한 사람들이다.

일제가 1905년 을사늑약을 강제 체결하려 하자 이를 동조한 을사오적의 대신들이 있었으니, 이 중 이완용은 젊은 시절부터 주위 사람들에게 명석하다는 평판을 들은 자이다. 그러나 자신의 똑똑한 머리로 나라를 팔아먹는 씻을 수 없는 매국행위를 자행했다. 많은 세월이 흘렀음에도 아직도 남녀노소 세대고하를 막론하고 그의 악명을 모르는 사람이 없다.

반면 당시 나라의 운명이 다하자 삼한 최고 갑족(甲族)이었던 우당 이회영 6형제는 명동 일대의 시가 600억 재산을 처분하고 함께 만주로 건너가 독립운동과 후학 양성에 전념한다. 특히, 신흥무관학교를 설립해서 훗날 독립운동을 이끄는 수많은 인재를 배출시켰다.

역사의 수레바퀴는 돌고 돌아 이제 110여년을 넘어 21세기를 달리고 있다. 전자를 소인유라 한다면 후자는 군자유라 감히 말할 수 있다. 채근담에 "도덕을 지키며 사는 사람은 일시적으로 적막하지만, 권세를 믿고 아부하며 사는 사람은 영구히 처량하다. 도리에 통달한 사람은 사후의 명예를 생각하며, 차라리 일시적 적막함을 받을지언정, 영구히 처량함을 선택하지 않는다."라 했다. 이 짧은 경구는 우리가 '사람으로 태어나 왜 군자답게 살아야 하는지'를 역사적 교훈으로 답해 준다.

정 우 락

/

경상북도 성주에서 태어나 경북대학교 인문대학 국어국문학과를 졸업하고 같은 대학의 대학원에서 문학박사학위를 받았다. 중국 북경대학교 방문학자를 지낸 바 있으며, 현재 경북대학교 국어국문학과 교수로 재직 하고 있다. 주로 한국문학사상에 대하여 공부하고 있으며, 최근 문화공간으로서의 영남이 갖는 의미에 주목하며 관련 글을 발표하고 있다. 저역서로는 『영남의 큰집, 안동 퇴계 이황 종가』, 『조선의 서정시인 퇴계 이황』, 『남명과 퇴계사이』, 『남명문학의 철학적 접근』, 『남명학파의 문학적 상상력』, 『삼국유사 원시와 문명 사이』, 『문화공간 팔공산과 대구』, 『모순의 힘, 한국문학과 물에 관한 사상력』, 『국역 흑산일록』, 『후산졸언 시문선집』 등이 있다.

어느 시골 선비의 무흘 여행과 치유

'무흘'은 어떤 곳인가

무흘(武屹)은 지금의 경상북도 김천시 증산면 일대를 가리킨다. 조선시대에는 성주군 지역에 속하였다. 무흘이라는 명칭은 조선 심학의 조종(祖宗)이라 일컬어지는 한강(寒岡) 정구(鄭逑, 1543-1620)가 주자의 무이(武夷)를 염두에 두면서 수도산 서쪽 일대를 가리켜 명명한 것이다. 여기에 그의 무흘정사(武屹精舍)가 있었다. 조선시대의 선비들이 대체로 그러했듯이, 그 역시 주자를 지극히 사모했다. 이 때문에 그는 이러한 존주(尊朱) 의식을 기반으로 하여, 지금의 무흘로 들어가 은거하였다. 시끄러운 세상사와 단절하고 독서 양성(養性)을 통해 훼손된 본성을 회복하고자 한 것이다. 요즘말로 심성 치유라 할 수 있겠다. 당시의 사정을 한강은 이렇게 노래했다.

내 스스로 궁벽한 산속에 숨어	自竄窮山
세상과 길이 하직하였네	與世長辭
그림자를 지우고 자취도 끊고	滅影絶迹
남은 세월 여기서 보내 볼거나	以盡餘年

- 정구, <무흘정사 벽에 쓰다[武屹題壁]>

산봉우리 지는 달 시냇물에 어리는데 峯頭殘月點寒溪
나 홀로 앉아있노라니 밤기운만 싸늘하네 獨坐無人夜氣凄
벗들을 사양하노니 찾아올 생각일랑 말게 爲謝親朋休理屐
어지러운 구름, 쌓인 눈에 오솔길 묻혔나니 亂雲層雪逕全迷

- 정구, <무흘정사에서 한밤에 읊조리다[武屹夜詠]>

앞의 작품에서 한강은 '멸영(滅影)'과 '절적(絶迹)'이라 했다. 그림자를 지우고 자취마저 끊는다는 것이니, 세상과 단절하는 데서 오는 그의 강한 고독감을 감지할 수 있다. 이러한 생각은 뒤의 작품에서도 그대로 이어진다. 싸늘한 밤기운을 홀로 느끼면서 자아를 온전히 회복하고자 했기 때문이다. 인간의 본성은 이렇게 조용한 자연 속에서 내 마음속에 존재하는 우주성을 회복하는 것인지도 모른다. 인욕에 의해 훼손된 천리가 치유되는 것이니 말이다. 그리하여 한강은 친한 벗까지 사양하며 찾아올 생각은 아예 하지 말라고 했다. 이 시가 사빈시(辭賓詩)라 불리는 이유가 바로 여기에 있다.

한강은 무흘에 있으면서, 주자의 무이구곡(武夷九曲)을 모방하여 무흘구곡(武屹九曲)을 설정하고, <주부자의 무이구곡 시를 운자로 하여 우러러 화답함[仰和朱夫子武夷九曲詩韻]>이라는 10수의 시를 짓는다. 무흘구곡의 구체적인 명칭은 제1곡 봉비암(鳳飛巖), 제2곡 한강대(寒岡臺), 제3곡 무학정(舞鶴亭), 제4곡 입암(立

巖), 제5곡 사인암(捨印巖), 제6곡 옥류동(玉流洞), 제7곡 만월담(滿月潭), 제8곡 와룡암(臥龍巖), 제9곡 용추(龍湫)다. 한강이 지은 무흘정사는 제7곡 만월담 기슭에 있었고, 여기에 서운암(棲雲庵)이라는 서재를 두어 도서를 보관하기도 했다.

한강이 세상을 떠난 후 무흘은 계곡 전체가 그를 존모하는 후인들에 의해 기념되는 중요한 심성공간이자 치유공간으로 성장하였다. 이에 대한 추모 사업은 더하고 덜한 차이가 있기는 하지만, 한말을 거쳐 오늘날까지 지속되고 있다. 특히 한강에게서 직접 배운 직전제자들은 스승의 만년강학지인 이곳을 특별하게 생각했다. 배상룡(裵尙龍, 1574-1655)은 무흘정사의 산장(山長)이 되어 관리에 힘썼고, 최린(崔轔, 1597-1644)은 무흘정사 주위의 아름다운 경치 8곳을 정하여 <무흘정사팔영(武屹精舍八詠)>을 노래하며 스승을 기렸다. 그리고 우리가 이 글을 통해 만나고자 하는 이주(李紬, 1599-1669)는 무흘을 여행하며 스승의 자취를 더듬고, 그 역시 스승처럼 심성을 기르고자 했다.

이 글의 제목에서 나는 '어느 시골 선비'라 했다. 물론 이주를 가리킨다. '시골 선비'라고 한 것은 그가 벼슬을 하지 않고 평생 처사로 살았기 때문이다. 이주는 한강의 고을 성주에 살면서 스승의 유적인 무흘 자연을 특별히 좋아했다. 가을 어느 날이었던가. 정홍석(鄭弘錫, 1607-1691) 등과 함께 무흘 여행을 나섰다. 당시 그는 무흘 골짜기에 살고 있었던 성주 선비 여효사(呂孝思, 1612-1686)의 은거지를 찾기도 했다. 노래할 만한 경물을 만나면 그 경물에 대하여 시를 지어 찬미하였고, 이 과정에서 자연과의 대화가 절실했다. 그에게 무흘은 훌륭한 문학생성공간이자 마음을 닦는 장소였으며, 또한 치유의 공간이었다.

'이주'는 누구인가

이주의 본관은 경산(京山), 자는 신언(愼彦), 호는 학가재(學稼齋) 혹은 별묵(別墨)이다. 한강의 제자이자 장현광(張顯光, 1554-1637)의 제자이기도 하다. 그는 글을 잘 써서 능문(能文)이라 칭송받았으며, 자연 속에 살면서 성리학적 진리를 구하며 심성을 기르는 것을 커다란 기쁨으로 삼았다. <가장(家狀)>에서, "한가롭게 집에 있을 때 가슴을 활짝 펴고 안목을 높여 마음은 우주에 노닐고 천고(千古)의 어진 이를 벗으로 삼았다. 달빛어린 오동나무, 바람 맑은 버들 숲의 쇄락한 풍경을 즐겼으며, 안개 낀 산수의 너그럽고 조용한 경치를 거닐며 편안하고 한가로움을 사랑하였다."라고 한 것을 통해 자연과 함께 하는 그의 아취(雅趣)를 분명히 읽을 수 있다.

한강의 제자 이천배(李天培, 1558-1604)와 이천봉(李天封, 1567-1634)이 그의 족숙(族叔)이었고, 한강의 형인 정괄(鄭适, 1530-1564)의 둘째 딸과 성변규(成辨奎, 1556-?) 사이에서 난 딸에게 장가들었다. 이처럼 학연과 혈연이 중첩적으로 이어지면서, 향안(鄉案)을 새로 다듬어 한강이 남긴 규범으로 향촌의 질서를 잡고자 했고, 한강의 묘를 이장할 때는 <한강 정선생의 이장시 제문[祭寒岡鄭先生改葬時文]>을 지어 스승의 덕을 다시 기렸다. 이러한 사실을 염두에 둔다면, 그가 무흘구곡 가운데 제1곡 '봉비암'과 제4곡 '입암'에 대해서 특별한 관심을 갖고 다음과 같이 노래한 것은 전혀 이상한 일이 아니다.

채색 날개 날아간 뒤 천년 동안 오지 않고　彩羽千年去莫回
지금은 찬 그림자만 높은 언덕에 남아 있네　秪今寒影秘崔嵬
누구라 알리오, 시냇가의 한 개 바위가　誰知一片溪邊石
하늘의 동쪽 반쪽 벽을 지탱하고 있는 줄을　撑得天東半壁來

단구(丹丘)의 좋은 풍치 어느 때나 돌아올까　丹丘風日幾時回
공연히 서생에게 안목을 높이게 하였네　空使書生眼目嵬
높은 곳에 기이한 풍치 있는 줄을 알기에　高處要知奇賞在
우거진 풀 헤치고서 나 홀로 올라왔네　手披蓁莽獨登來

- 이주, <봉비암에 올라[登鳳飛巖]>

이곳에 와서 무슨 일로 감히 자랑할까　此來何事最敢誇
백척으로 솟은 바위 물가에 서 있구나　百尺危巖在水涯
오랜 세월 우뚝 서서 조금도 요동하지 않나니　卓立多年不前却
성난 물결 부딪힌들 어찌 그를 간섭하리　怒濤衝突豈關他

- 이주, <입암을 지나며[過立巖]>

정선의 <회연서원도>

김상진의 <봉비암도>

앞의 두 수는 한강의 회연초당이 성장해 설립된 회연서원의 뒷봉우리에 올라가 지은 것이다. 봉우리 이름이 봉비암이다. 회연서원과 봉비암은 조선후기 진경산수화의 선구자 정선(鄭敾, 1676-1759)이 주목하고 그의 화폭에 담은 곳이기도 하다. 이주는 여기서 한강을 봉이라 생각했다. 찬 그림자로만 남아 돌아오지 않는 봉황은 바로 한강을 연상시키기 때문이다. 그리고 하늘 동쪽의 반쪽 벽을 지탱한다고 하면서 한강의 학문을 높였다. 동방심학의 조종 한강이 자연스럽게 오버랩되었기 때문이다. 마지막 작품은 입암을 노래한 것이다. 봉비암이 그렇듯이 입암도 우뚝하다. 그러나 이 입암은 봉황의 기상과 달리, 거센 물결 속에서 버티고 있는 불굴의 의지로 표상되었다.

이주는 봉비암에서 "공연히 서생에게 안목을 높이게 하였네."라고 하였다. 그리고 입암에서는 급류 속에 버티고 서서 거센 물결을 혼자 감당하는 지주중류(砥柱中流)를 생각했다. 우리는 여기서 이주가 지향한 학문의 표적(標的)과 그것을 실천하고자 하는 강한 의지를 엿볼 수 있다. 봉이 상징하는 유학의 신성한 이미지와 높은 바위가 상징하는 굳건한 실천 의지가 상생하면서 새로운 길을 제시하고 있기 때문이다. 자연 경물을 통해 이것을 나타내고 있어 평소 그가 무엇을 생각하고 있었던가 하는 부분도 바로 알 수 있다.

이주가 무흘동천에서 본 경관들

이주가 무흘 깊은 곳까지 언제 들어갔는지는 정확히 알 수 없다. 그러나 가을 어느 날, 정홍석(鄭弘錫) 등과 함께 이곳을 여행한 적이 있었다. 그와 친하게 지낸 벗들은 정홍석을 비롯해서 이도장(李道長), 장응일(張應一), 채무(蔡楙) 등이다. 모두 한강학파에 속하는 인물들이다. 이 가운데 정홍석은, 1642년 식년시(式年試)에 2등으로 합격하였으며, 병자호란이 일어났을 때는 이천봉을 따라 창의를 한 인물이기도 하다. 이제, 그가 무흘에 들어가면서 지은 시를 구체적으로 감상해보자. 먼저 무흘의 동문(洞門) 역할을 했던 입암이다. 이곳은 앞서 살핀 바 있듯이, 이주가 부동심을 길렀던 곳이다. 한강은 일찍이, "사곡이라 백 척 바위 구름 걷히니, 바위 머리의 화초들 바람에 살랑이네.[四曲雲收百尺巖, 巖頭花草帶風鬖.]"라며 노래한 곳이기도 하다.

서리 맞은 단풍잎이 저녁놀과 함께하니 霜楓政與晩霞俱
일을 아는 조물주는 나를 즐겁게 하는구나 解事天公欲餉吾
수많은 골짜기와 바위에 붉은 비단을 쳤으니 萬壑千巖紅錦障
이번 행차는 석숭에게도 자랑할 만하여라 此行堪可詑齊奴

- 이주, <입암에 노닐며[遊立巖]>

김상진의 <입암도>

입암 실경

이 시는 앞서 제시한 <입암을 지나며[過立巖]>와 다르다. 이 일대를 '유람'하고자 하는 생각 때문이었을 것이다. 이주가 이곳을 여행하였을 때는 단풍이 한창이었나 보다. 단풍이 저녁놀과 함께 비단으로 장막을 친 듯하다고 한 데서 이러한 사실을 알 수 있다. 이때 그는 자연스럽게 진(晋) 나라의 부자 석숭(石崇)이 떠올랐다. 석숭의 자(字)는 제노(齊奴)인데, 그는 너무나 부유하여 금보장(錦步障)을 40리나 쳤다고 한다. 이를 생각하며 이주는 입암의 단풍이 석숭의 금보장보다 낫다고 생각했던 것이다. 이러한 경관을 보고 함께 간 정홍석도 시가 없을 수 없었다. 그리고 여기에 이주는 다시 차운을 했다.

산촌의 저녁놀은 아름다운 나그네 부르고　山村晩色噪街賓
시내 건너 중을 만나 자진을 물어보네　隔水逢僧問子眞
지팡이 짚고 읊조리며 어느 곳에서 신선을 따를까　吟笻何處追仙侶
쌍계사에 있지 않으면 사신암에 있겠지　不在雙溪在舍身

서리 맞은 단풍 가지 온통 비단인데　霜着楓林綺萬枝
늦게 옴이 반드시 기약 어김은 아니라네　後來非必是愆期
좋은 경치를 나누어 둔 파릉길에서　分留物色巴陵路
시인의 안목이 크게 열린 두보의 시　開大吟眸老杜詩
구월 깊은 가을, 때는 이미 늦었는데　九月深秋時旣暮
백년 인생의 오늘, 나는 누구이던가　百年今日我爲誰
밝은 등불 아래 한밤까지 산수를 논하니　明燈半夜談山水
서창의 달그림자 옮겨감도 알지 못했네　不覺西窓月影移

- 이주, <정계응의 시운에 차운하다[次鄭季膺韻]>

기세는 먼 하늘을 찌를 듯 솟아올라　勢逼層霄逈
이름은 오악과 함께 높다네　名齊五岳尊
가파른 바위에서 기상을 보였고　巉巖看氣象
충만하게 드넓어도 상흔조차 없네　磅礴沒瘢痕
바야흐로 물 길 물리치니 뜻은 확고하고　意確方排水
대지를 안정시키니 그 공은 높다네　功高欲奠坤
먼지 같은 만겁의 시간이 흘러도　永論塵劫換
천지와 함께 영원히 존재하리라　天壤與俱存

- 이주, <정계응의 입암 시운에 차운하다[次鄭季膺立巖韻]>

무흘로 들어가는 계곡 사이에 이러저러한 마을과 절이 있다. 정홍석이 이에 대하여 어떤 시를 지은 듯한데, 여기에 감발하여 차운한 것이 앞의 시 두 수다. 입암 안으로 들어가면 사인암(捨印巖; 舍人巖), 쌍계사(雙溪寺) 등이 나온다. 여기서 그는 자연스럽게 중국 서한의 고사(高士) 정자진(鄭子眞)을 떠올렸다. 그의 이름은 박(璞)이고 자가 자진(子眞)인데, 임금의 초빙에 응하지 않고 곡구(谷口)에 은거했던 인물이다. 이주는 이러한 신선경 속에서 스스로에게 근본적인 질문을 던지기도 했다. 둘째 시에서 보듯이 "백년 인생의 오늘, 나는 누구이던가"라고 한 것이 그것이다. 산수를 담론하는 곳에서 만난 인간에 대한 존재론적 자각, 깊은 성찰이 동반된 것이 아닐 수 없다.

마지막 시는 정홍석이 지은 입암 시를 차운한 것이다. 여기서 말하고자 하는 것은 앞서 본 입암 시의 의상(意象)과 대동소이하다. 높은 기상으로 솟아 어떤 거센 물살에도 움직이지 않는 지주중류의 이미지, 바로 그것이다. 이러한 의지는 항구성(恒久性)을 동반한다. 이 때문에 먼지와 같은 만겁의 시간이 흘러도 입암은 천지와 더불어 영원하리라고 했다. 우리는 여기서 산수담론을 통해 존재를 자각했던 이들의 무흘 여행이, 입암을 바라보면서 인간이 가야할 바른 길이 무엇인가를 따져 묻는 데로 옮겨가고 있다는 것을 알게 된다. 입암에서 조금 오르면 사인암이 있다. 이를 사신암(捨身巖)이라 부르기도 했다.

바위 이름을 어찌 '사신'이라 불렀을까　　　巖號何爲喚捨身
속세의 몸이 여기 오면 그 몸을 바꾼다네　　凡身來必換前身
신령스런 바위 고요한 골짜기는 신선의 집　靈巖靜壑神仙宅
마음을 씻어주고 또 몸을 씻어준다네　　　湔得心胸又湔身

- 이주, <사신암(捨身巖)>

사신암에 대하여 한강은, "'옛날에 일찍이 사인(舍人) 벼슬을 한 어떤 사람이 이곳의 아름다운 수석을 사랑하여 이 바위 아래에 자리를 잡고 살았기 때문에 그렇게 이름하였다'고 하는데, 어떤 사람은 말하기를, '이곳이 바로 몸을 놓아 버린다는 사신암(捨身巖)이다. 이곳에 온 사람은 자신도 모르게 자기의 몸과 마음을 다 잊어 인간 세상의 몸을 놓아 버리고 이곳과의 인연을 영원히 맺기를 원한다.'라고 하였다. 이런 설은 다 시골 마을의 속된 말로, 믿을 것이 못 된다."(<유가야산록>)라고 한 바 있다. 이주 역시 무엇 때문에 이름을 '사신'이라 하였을까 라고 하면서, 인욕의 척결이라는 수양론적 의미로 '사신'을 읽었다. 결국 심성 치유로 해석된다. 자연에 대한 성리학적 감식안이 없으면 불가능한 것이다.

파괴되기 전의 사인암

사인암 주위에 여효사가 은거하는 집이 있었다. 가은정사(可隱精舍)가 바로 그곳이다. 여효사는 본관이 성산, 자는 술이(述而), 호는 월담(月潭)이다. 1654년 식년시(式年試) 3등으로 진사에 합격하였지만, 사인암 근처의 가은(可隱)으로 은거한 인물이다. 이곳을 그는 가은동천(可隱洞天)이라 명명하고, 8경을 설정해 노래한 바 있다. <은학대청람(隱鶴臺晴嵐)>, <봉비암수석(鳳飛巖水石)>, <세심탄활수(洗心灘活水)>, <옥류정청파(玉流亭淸波)>, <완월정월석(玩月亭月夕)>, <영귀정춘경(咏歸亭春景)>, <환선도귀운(喚仙島歸雲)>, <은적대숙무(隱跡臺宿霧)>가 그것이다. 이처럼 무흘을 특별히 사랑하여 이곳에 집을 짓고 은거하였던 여효사, 이주와 정홍석은 그를 찾아 다음과 같이 노래했다.

맑은 경계에는 삼소가 이어져 있고 淨界連三素
아름다운 시절 구월이 되었도다 佳辰値九秋
높고 낮은 바위들은 마땅히 놓여 있고 高低巖妥帖
종횡으로 뻗은 시내는 다투어 흐르네 經緯水爭流
회로 같은 은사의 풍치는 기약하기가 멀지만 回老風期逈
노니는 사람의 도는 흥취가 그윽하네 遊人道興幽
쇠잔한 듯 조는 눈길로 바라보는 곳 頹然睡望處
처마 끝에 흰 구름이 머물러 있네 簷際白雲留

- 이주, <여술이의 산장[呂述而山庄]>

시제에서 제시한 술이(述而)는 바로 여효사다. 이주는 먼저 '삼소(三素)'를 제시했다. 이는 원래 수·화·토 세 가지 물질을 의미하는데, 수련을 통해 지극히 맑고 깨끗한 경지에 이르면 원소(元素)가 되며 합하여 하나로 만들 수 있다고 한다. 삼소와 정계(淨界)의 결합을 여기서 만나게 된다. 5구에서 이주는 여효사를 회로(回老)에 견주었다. 회로는 당(唐)나라의 도사(道士)로서 팔선(八仙)의 한 사람으로 일컬어진 여동빈(呂洞賓)을 말한다. 이주는 여효사와 같이 신선처럼 살지는 못하지만 스스로는 유인(遊人)으로 흥취가 깊다고 했다. 맑은 선계에서 노니는 흥취, 이주 일행의 무흘 여행이 정점에 도달하고 있음을 의미한다. 급기야 그는 스승 한강이 은거하였던 무흘에 이르렀다.

만 겹의 구름 쌓인 골짜기 속세를 가렸는데　萬重雲壑隔塵寰
옛 시내의 맑은 물결 옥소리로 울리네　古澗淸冷響玦環
우주 속의 명산 서른여섯 봉우리　宇宙名山三十六
지금 사람들은 무이산이라 말하네　祇今人道武夷山

- 이주, <무흘(武屹)>

일찍이 한강은 무흘에 정사를 짓고 산신제를 지낸 적이 있다. 그 제문에서 한강은, "무엇보다도 세속 일의 속박을 받지 않고 곤궁한 처지를 달게 여겨 꼿꼿이 앉아서 학업에 더욱 힘써 미묘한 의리에 밝고 인(仁)에 친숙해지며, 선왕(先王)의 정풍(正風)을 노래하고 읊조림으로써 옛사람이 했던 것처럼 도를 즐겨 죽음조차 잊어버리고픈 소원을 이루게 하소서." 라고 하였다. 도의에 살다가 죽게 해달라는 간절한 소원이다. 한강이 그러했듯이 이주도 주자를 떠올렸다. 무이산 서른여섯 봉우리가 바로 그것이다. 우리는 여기서 이들의 흥취가 결국 단순한 산수흥(山水興)이 아니라 진리와 결부된 인지흥(仁智興)이라는 것을 알게 된다. 결국 선비에게서 '인지'는 심성 치유의 명약과 같은 것이었다. 이 같은 흥취를 동반한 여행 치유가 있었으므로, 돌아오는 길은 몹시 애석하지 않을 수 없었다.

만월담(무흘) 실경

김상진의 <만월담도>

산을 나서는 마음 미인과 헤어지는 듯 出山情緖別佳人
말을 모래머리에 세우고 몇 번이나 돌아보네 立馬沙頭顧望頻
집에 돌아가 어느 곳이 기이하다며 자랑하리 何物到家堪詑異
산 빛만이 옷 위를 어지럽게 비추노매 嵐光衣上亂紛繽

- 이주, <산을 나서며(出山)>

산을 나서면서 지은 무흘 여행의 마지막 한 수이다. 이주는 미인과 이별하는 듯 아쉽다고 하며, 말을 모래머리에 세워두고 몇 번이나 돌아본다고 했다. 입암을 거쳐 사인암, 그 주변에 있는 여효사의 산장 가은정사, 그리고 한강의 은거지 무흘정사를 배방하였으니 무한한 느낌이 없을 수 없었다. 사람들은 "무흘 여행이 어떠하였소."라며 물었을 것이다. 이때 이주는 "산 빛만 옷 위를 어지럽게 비추노매."라며 무흘의 흥취를 직서(直敍)하지 않았다. 어지럽게 비추는 산 빛 사이로 보았던 선현들, 가깝게는 한강이 있었고 멀리는 주자가 있었다. 이주는 산수 속에서 가야 할 인간의 길도 그들과 같은 것임을 자각하였던 것이다.

다시 무흘을 생각하며

무흘구곡은 제1곡 봉비암에서 제9곡 용추까지, 그 길이가 35.7km이다. 9.5km인 주자 무이구곡의 3.7배에 해당한다. 세계에서 가장 길다. 주자학이 우리나라에 유입되어 다양하게 한국화 되어 갔듯이, 무이구곡 역시 다양한 한국화 과정을 거치면서 150여 곳의 구곡이 설정되었다. 무흘구곡의 경우는 물을 거슬러 오르고, 아홉 곳의 경관에 곡을 설정하고, 각 곡마다 차운시를 짓고, 그 가운데 정사도 있으니, 정격형에 해당한다. 여기에다 1784년(정조 8)에 그린 김상진(金尙眞, 1705-?)의 그림까지 있으니 구곡문화의 한 정수를 보여준다고 하겠다.

한강이 세상을 떠난 후 많은 후인들이 무흘을 찾았다. 이주도 그 가운데 한 사람이었다. 단풍이 끝없이 펼쳐진 가을 어느 날, 벗들과 함께 올랐다. 무흘의 동문(洞門) 입암에서는 어떤 고난에도 흔들리지 않는 지주중류의 부동심을 느꼈다. 사신암을 거치면서 신선의 맑은 경계를 떠올리고, 또 무한한 흥취를 감지했다. 그러나 자연을 통해 본 맑은 경계와 무한한 흥취가 한강과 주자라는 대학자의 학문으로 수렴된다는 것을 자각하게 된다. 한강이 제문에서 밝히고 있듯이,

그 학문은 '미묘한 의리에 밝고 인(仁)에 친숙해지는 것'이었다. 그리하여 '도를 즐겨 죽음조차 잊어버리는 것', 바로 그것이었다. 우리는 여기서 비로소 인의(仁義)에 의한 시간의 무화(無化)를 감지하게 된다. 자연의 영원성 속에 편입되는 인간을 발견하게 되는 것이다.

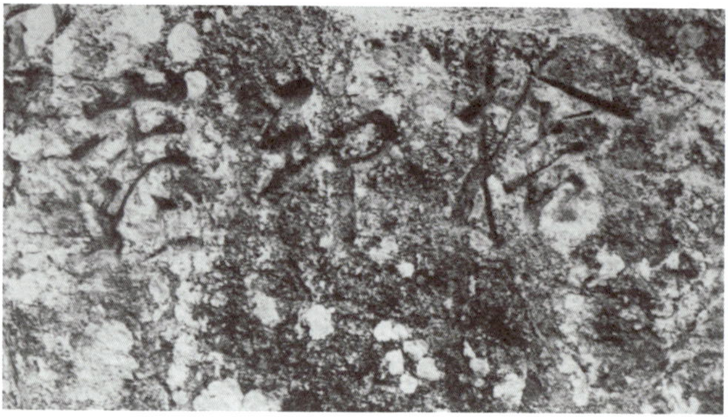

유실된 '사인암' 각자

2013년 정부에서는 무흘구곡 일대를 영남제일승지(嶺南第一勝地)라며 무흘구곡경관가도 사업을 벌였다. 이로써 무흘구곡은 새롭게 정비될 수 있었다. 나는 이 사업에 참여하여 한강이 최초로 들어갔던 무흘정사의 위치를 정확하게 비정하였다. 사인암, 만월담, 와룡암의 자리도 수정하여 그동안의 오류를 바로잡았다. 특히 사인암은 1992년 성주댐을 건설한 후 도로를 확장하면서 파괴되어 안타까움을 자아냈다. 당시 '捨印巖'이라는 암각자를 맞은편에 가져다 두게 되었는데, 이로 인해 맞은편이 사인암으로 오인되었던 사정도 알게 되었다. 지금은 그 각자마저 유실된 상태다. 자연은 이렇게 문명 앞에서 훼손되었고, 문화유산 역시 속절없이 파괴되고 말았다.

무흘, 아픈 사연을 지니고 있지만 우리나라 최고의 구곡문화가 살아 있는 곳이다. 주자가 무이구곡을 설정하여 자연을 노래하며 본성을 찾아갔던 자리, 조선 선비들은 이에 찬사를 보내며 수많은 구곡문화를 만들어 자연에 대한 심성론적 접근을 시도하고자 했다. 한강의 무흘구곡과 이곳을 여행하며 자연과 대화를 나누고자 했던 이주, 이들에게 자연은 단순한 경물이 아니었다. 자연 속에서 선계를 넘나들었으며, 거센 시련에 조금도 움직이지 않는 입암처럼 부동심을 찾아내기도 했다. 그리고 이를 학문으로 실천하고자 했다. 자연과 인간이 함께 병든 오늘날, 어느 햇볕 좋은 날을 잡아 선한 벗들과 함께 무흘 여행을 나서야겠다. 천리를 획득하는 심성 치유는 이로써 가능할지도 모르니 말이다.

강 정 화

/

경상대학교 한문학과 조교수. 동 대학교에서 한문학을 전공하고 박사학위를 받았다. 석사학위를 받고 조선시대 지식인이 지리산을 오르고 남긴 유람록 번역을 진행하면서 '산&사람&문학'에 대해 관심을 갖게 되었고, 2007년부터 인문한국(HK)지원사업에 참여하여 10년 동안 지리산을 연구하였다. 이후 국내 각 명산에 은거하여 자신만의 학문적 정체성을 확립한 역대 지식인의 삶을 연구하고, 특히 지리산권역에서 나고 자란 경험치를 활용해 지역문화를 소개하고 대중화하는 작업에 힘쓰고 있다. 저서로는 『지리산, 인문학으로 유람하다』(2010,공저)를 비롯해 『지리산과 유람문학』(2013,공저), 『남명과 지리산 유람』(2013), 『지리산 역사문화 사전』(2014,공저), 『거문고에 새긴 외금내고, 탁영 김일손 종가』(2015), 『유일문학의 이해』(2017) 등이 있고, 지리산 관련 역서로는 『선인들의 지리산 유람록 1~6』(2000-2013,공역), 『선인들의 지리산 기행시 1~3』(2015-2016,공역) 등이 있으며, 기타 역서로는 『섬진강 누정 산책』(2013,공역), 『청향당집/죽각집』(2015,공역), 『금강산 유람록 1~10』(2017-2019,공역) 등이 있다.

산의 인문학:
지리산에서 찾은 언저리문화

책상에서 오르는 지리산

1.

필자는 지리산권역 산청에서 태어나 공부했고, 운이 좋아 모교에서 학생들을 가르치고 있다. 지역에서 배우고 연구하고 가르치는 위치에 서게 되면서 자연스레 지역의 역사와 문화에 관심을 갖게 되었고, 그중 하나가 민족의 영산(靈山)이자 내 고장의 명산(名山)인 '지리산'이다. 지리산과의 인연은 얼추 20년 전으로 거슬러 올라간다.

1999년 어느 봄날, 모교의 지도교수님으로부터 연락이 왔다. 주말마다 모여 조선시대 지식인이 지리산을 오르고 남긴 기행록을 번역하여 출간하는 작업을 시작하려는데 동참해 달라는 것이었다. 지역의 자료를 발굴해서 소개하고 연구하는 것이 지역에 소재하는 대학의 역할이자 지역연구자의 책무라고 늘 말씀하시던 분이었다. 석사학위를 마친 몇몇 동학이 함께 하였다.

우리는 1백여 편의 지리산유람록을 찾아냈고, 매주 주말과 휴일에 모여 스터디를 통해 번역과 윤문 작업을 병행하였다. 각자에게 할당된 분량이 끝날 때까지 밤늦도록 계속되는 날이 많았다. 방안에서 글만 읽어 백면서생(白面書生)이라 일컫던 조선시대 지식인이 맨몸으로 지리산을 오른 생생한 기록들을 통해 우리는 주말마다 책상에서 지리산을 오르고 있었다. 앞에서 이끌어주던 분이 워낙 지리산 마니아였는지라, 행간에 숨은 지리산 곳곳의 공간적 시간적 지점을 찾아내는 것이 그리 어렵지 않았다. 그렇게 주말과 휴일을 반납한 채 책상에서 지리산을 오른 지 1년 남짓 만에 우리는 조선중기까지의 작품을 모두 번역하였다. 그러나 당시 출판 사정이 여의치 않았고, 그중 가장 명작(名作)이라 일컬을 만한 9편만을 선별해 출간하였다. 바로 『선인들의 지리산 유람록』(돌베개, 2000)이다.

그렇게 시작된 지리산과의 인연은 지금도 이어지고 있다. 도중에 공백기가 있었지만, 그 사이 찾아낸 지리산유람록을 모두 번역하여 6책으로 출간하였고, 현재는 그들의 기행시 번역 출간을 진행하고 있다. 첫 번역서가 출간된 이후 수많은 연구논문이 쏟아졌고, 경쟁이라도 하듯 여타 국내 명산의 유람록 번역서가 출간되기에 이르렀다. 번역 주체는 달랐으나 청량산·주왕산·소백산 유람록이 완역되었고, 가장 많은 분량을 차지하는 금강산유람록도 현재 절반 이상이 출간되었다.

그 뿐인가. 그 사이 국내 각 명산의 국립공원사무소를 중심으로 '산의 인문학'을 알리는 대중강좌가 폭발적으로 행해졌다. 등산 인구의 천만 시대가 도래하면서 배움의 장(場)으로서의 산이 각광을 받게 되자, 이들 국립공원사무소는 비로소 해당 명산의 인문학적 자산(資産)을 찾아내고, 이를 사회에 환원하는 각종 강좌를 개최하고 저서를 출간하는 등 예년에 없던 다양한 활동을 행하였다. 그 중에서도 지리산은 번역과 전문연구 및 대중화가 동시에 진행된 유일한 명산이었다.

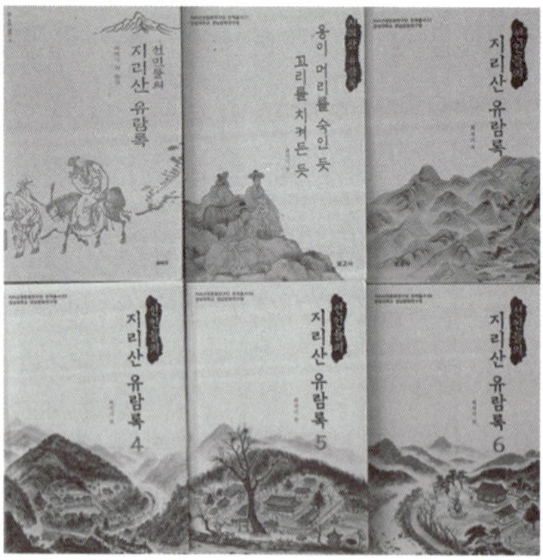

지리산유람록 번역서 6책

인복이 많은 산, 지리산

'유산록(遊山錄)'은 작자가 산을 오르는 과정을 '동기→여정→총평' 형식에 따라 시간별로 기록한 산문이다. 일종의 산행 기록인데, 우리나라에서는 고려시대에 문헌상 처음 나타나고, 조선시대에 들어와 국토인식이 고조되고 지리에 대한 감식안이 높아지면서 지식인의 산행이 성행하였다. 이는 조선시대 지식인의 산에 대한 역사적·문화적·종교적 의미가 함축된 종합적 자료이다. 따라서 이의 연구는 궁극적으로 '산의 인문학'이 가진 가치와 의미를 탐색하는 작업이라 할 수 있다.

우리나라의 명산 가운데 문학적 상상력의 대상이 된 산은 백두산·금강산·지리산이 대표적이다. 금강산은 빼어난 경관으로 인해 조선초기부터 빈번하게 올랐고, 작품도 가장 많이 산출되었다. 백두산은 오래 전부터 우리 국토의 조종(祖宗)으로 인식되었지만, 18세기에 이르러서야 유산이 나타난다. 이 시기에 청(淸)나라와 국경분쟁이 제기되면서 올라보지 않을 수 없었기 때문이다.

그에 비해 지리산은 조선초기부터 기록이 나타난다. 특히 우리가 사는 인근에 위치하고 있어, 두 산에 비해 인간의 삶과 보다 밀착된 우리 고장의 산으로 인식되어 왔다. 게다가 지리산을 중심에 둔 동쪽의 산청·덕산·진주를 비롯해 남쪽 권역인 하동, 북쪽 권역인 함양과 남원 일대에는 역대로 수많은 지식인이 살았다. 이들에게 있어 지리산은 끊임없는 관심의 대상이었다. 무엇보다 16세기 중엽 남명(南冥) 조식(曺植 1501-1572)이 지리산 자락 덕산(德山)에 은거하면서 '남명의 산'으로 인식되었고, 이후 지리산권역 지식인이 지리산으로 대거 찾아들어왔다.

덕산에서 본 지리산 천왕봉

이들은 지리산권역에 살고 있어 한 번 오르는 것으로 만족하지 않았다. 지금도 주말마다 천왕봉을 찾는 이들이 얼마나 많은가. 가까이 사는 자의 특권이랄까. 기록에 의하면 남명도 12차례나 지리산을 올랐고, 남원 사람 청계(淸溪) 양대박(梁大樸 1544-1592)도 네 번이나 올랐다. 진주사람 부사(浮査) 성여신(成汝信 1546-1632)은 지리산을 포함해 인근의 명산을 두루 찾아다녔고, 조선팔도의 방랑자 명암(明庵) 정식(鄭栻 1683-1746)은 지리산 골짜기마다 그의 발길이 닿지 않은 곳이 없다고 할 만큼 지독한 산꾼이었다. 문학이 인간 삶의 다양한 측면을 특별한 장치를 이용해 형상화하는 작업이라면, 이렇듯 천 년 이상 '산과 인간의 삶'이 어우러진 지리산만큼 적절한 문학적 소재도 없을 것이다. 대표적인 것이 유산록이다.

어찌 정상만을 오르랴!

2.

"지리산 천왕봉에 몇 번이나 올라가 봤어요?"

근년에 필자가 많이 받은 질문 중 하나이다. 지리산을 연구한다고 하면 으레 이렇게 물어온다. 심지어 엄격하고 진지한 학술대회 토론장에서도 똑같은 질문을 받은 적이 있다. 그럴 때면 연구실을 찾아 온 대개의 학생들이 서재에 꽂힌 많은 책을 보고 머뭇거리다가 '교수님은 이 책을 다 읽으신 거예요?' 라고 묻는 것과 비슷한 느낌을 받는다. 논지에서 벗어난 허탈감이라고나 할까. 그러면서 깨닫게 되었다. 아! 예나 지금이나 산을 오른다는 건 최종 목적지가 반드시 '정상'이었구나.
옛 선현들의 지리산행도 최종 목적지는 천왕봉이었다. 지금이야 신발 끈을 동여매고 새벽녘에 집을 나서면 어두워지기 전에 귀가하는 것이 일상이 되었지만, 한 번 나선 걸음에 많은 것을 보려 했던 선현들의 산행은 기본적으로 대여섯 날이 소요되었다. 그 일정 중 백미(白眉)는 단연 '천왕봉 일출'이었다.

지리산 천왕봉 일출

조선시대 지리산행은 어느 코스로 오르든 천왕봉에 오른 후 정상 주변에서 노숙하거나, 법계사나 향적사(香積寺)까지 하산해서 자고 이튿날 동틀 무렵 일출을 보기 위해 다시 천왕봉으로 오르는 것이 일반적이었다. 행여 일출의 그 장엄함을 놓칠까 노심초사한 선현들은 천왕봉에서의 험난한 노숙을 기꺼이 감내하기도 하였다. 일출에 대한 열망은 뼛속까지 사무치는 돌바닥의 냉기도, 하늘이 울부짖는 듯 음산하기 그지없는 그 매서운 바람소리도, 온 세상을 집어삼킬 듯 세찬 비바람도 거뜬히 견뎌내게 하였다. 천왕봉 일출은 그들이 지리산 정상을 반드시 올라야 하는 이유였다.

필자는 2010년 10월 마지막 날 3일간의 지리산 종주를 마무리했다. 구례 성삼재에서 시작해 노고단→연하천→벽소령→세석평→장터목→천왕봉을 돌아 법계사를 거쳐 중산리로 하산하는 생애 첫 종주였다. 그 동안 숱한 유람록을 읽으며 수없이 상상했던 것들, 예컨대 천왕봉에서의 성출(星出)과 월출(月出), 그리고 그 찬란한 일출을 첫 종주에서 모두 경험하였다. 결코 잊을 수 없는 시간이었고, 노년에 와유(臥遊)를 위한 좋은 추억이 될 것임에 분명하다.

그리고는 천왕봉을 찾지 않았다. 그 경험은 한번으로 충분했기 때문에 앞으로도 찾을 생각이 없다. 대신 그때 이후로 지리산 정상이 아닌 그 '언저리'를 찾아다녔다. 지리산권역에서 살다간 사람의 흔적을 찾아 나서기 시작한 것이다. 인문학이 인간 삶의 흔적을 찾아가는 학문이라면, 그 흔적은 정상이 아니라 언저리에 있음을 절감했기 때문이다.

지리산 언저리에는 그 권역에서 살다간 수많은 지식인의 치열한 삶의 흔적이 아직도 많이 남아 있다. 그 중에는 험난한 시대를 견뎌오면서 너덜너덜해진 모습도 있고, 그마저도 감내하지 못해 결국 흔적 없이 사라지고 기록만 남은 것도 있고, 때로는 '변화'라는 새로움을 뒤집어 쓴 채 낯선 모습으로 존재하기도 한다. 그럼에도 불구하고 그것이 어떤 모습이든 모두 지리산권역 언저리에서 수백 년 동안 살아 숨 쉬고 있는 우리의 모습임에 분명하다. 그래서 지나치지 못하고 자꾸만 뒤돌아보게 된다. 필자가 지금도 자주 찾아가고, 언제 찾아가도 치유와 위안이 되는 두어 장소를 소개해 본다.

인간 삶의 흔적은 언저리에 있다

3.

자기 긴장의 공간, 덕산 산천재

덕산 산천재 남명은 61세 때 이곳에 들어와 72세로 세상을 떠날 때까지 살았다

필자의 고향인 산청은 예로부터 산수가 빼어난 곳으로 이름났다. 옛 이름은 산음(山陰)이다. 『대동지지(大東地志)』에 의하면 조선 영조 때 일곱 살 여자아이가 아들을 낳는 초유의 사

건이 발생했는데, 음기(淫氣)가 강하기 때문이라는 이유로 이름을 산청으로 바꾸었다. 그 남쪽에 덕산이 있다.

남명은 백발이 성성한 환갑의 나이에 고향인 합천 삼가(三嘉)를 떠나 이곳 덕산으로 들어왔다. 그 시대에 환갑의 나이를 지금으로 환산하면 얼추 아흔 살에 가깝지 않을까 싶다. 그런 노인네가 지리산 천왕봉이 빤히 올려다 보이는 이 깊숙한 골짜기로 들어온 것이다.

그는 젊어서 자신의 학문을 완성시킬 곳으로 지리산을 정하고, 그 속에서 삶을 보낼 장소를 찾기 시작하였다. 몇 년 동안 지리산 구석구석을 다 뒤지고 다녔으며, 그렇게 수차례의 탐문 끝에 만년에야 이곳 덕산으로 들어오게 되었다. 굳이 '덕산'이어야 했던 것은 오직 저 '천왕봉' 때문이었다. 남명은 자신이 완성하려는 학문의 목표치를 저 지리산 천왕봉으로 정하고, 그래서 천왕봉이 훤히 올려다 보이는 곳, 그런 장소로 이 '덕산'을 선택했다. 산천재(山天齋)는 남명이 덕산에 들어와 살았던 집이다.

'산천'이란 이름은 『주역』 대축괘(大畜卦)에서 취한 것으로, 그 괘사(卦辭)에서 말한 "강건하고 독실하고 환히 빛나, 날마다 그 덕을 새롭게 한다.[剛健篤實輝光, 日新其德]"라는 뜻을 담고 있다. 대축괘는 산위에 하늘이 있는 형상이다. 산천재에 걸린 남명의 시를 읽어본다.

봄 산 어느 곳엔들 향기로운 풀 없으랴만
春山底處無芳草 (춘산저처무방초)
천왕봉이 상제에 가까움을 사랑할 뿐이네
只愛天王近帝居 (지애천왕근제거)
빈손으로 들어와 무엇을 먹고 살 것인가
白手歸來何物食 (백수귀래하물식)
은하 같은 십 리의 물은 먹고도 남는다네
銀河十里喫有餘 (은하십리끽유여)

「덕산에 살 터를 잡으며(德山卜居)」

큰 기둥과 같은 높은 산이 高山如大柱 (고산여대주)
하늘 한 쪽을 버티고 섰네 撑却一邊天 (탱각일변천)
잠시도 내려놓은 적 없는데 頃刻未嘗下 (경각미상하)
자연스럽지 않음이 없구나 亦非不自然 (역비불자연)

「우연히 읊다(偶吟)」

위의 것은 남명이 덕산에 들어오면서 지었고, 아래 것은 그 산천재에서 지은 것으로 추정된다. 「덕산복거」에서 남명은 천왕봉이 하늘에 가까이 다가가 있는 것을 사랑하기 때문에 이곳에 터를 잡았다고 하였다. '하늘에 가까이 다가갔다'는 말은 하늘과 하나가 되고자 한다는 의미이니, 유학에서 이른바 '천인합일(天人合一)'이다. 산천재에서 바라보는 지리산 천왕봉은 인간이 오를 수 있는 가장 높은 꼭대기 위에 바로 하늘이 있는 모습이다. 곧 자신이 인도(人道)를 닦아서 궁극적으로 천도(天道)에 합치되고자 노력했던 남명의 염원이 그대로 투영된 공간이었다.

주지하듯 남명학(南冥學)의 핵심은 경(敬)과 의(義)를 중심으로 한 실천에 있다. 그래서 경의학(敬義學)이라 일컬었고, 그를 제향하는 덕천서원(德川書院) 강당도 경의당(敬義堂)이라 이름하였다. '경'은 '자기 긴장'이다. 특히 남들은 모르고 자신만 알고 있다고 여길 때 사욕이 이끄는 데로 빠지기 쉬운 자신의 마음을 확고하게 붙잡는 그 긴장을 일컫는다. 이는 남을 의식하지 않는 자기와의 약속이며, 이를 통해서만 하늘을 우러러 한 점 부끄럼이 없는 삶이 가능해진다. '의'는 외물과 마주하거나 어떤 일을 결정할 때의 기준이다. 그 결정은 반드시 '의로워야' 하며, 이는 해야 할 일과 하지 않아야 할 일을 구분하는 행위의 척도가 된다. 결국 한순간도 그 긴장을 풀어놓지 않아야 한다는 말인데, 그 긴장을 내려놓는 순간 유혹에 흔들리고 옳지 않는 길로 빠져 들기 때문이다. 덕산 산천재는 남명이 세상을 떠날 때까지 '그 긴장'의 끈을 놓지 않았던 바로 그곳이다.

나는 산천재에 가면 온몸이 바짝 경직됨을 느낀다. 발을 들여놓는 순간 그 노인네의 간절한 염원과 긴장이 온몸으로 전달되어 온다. 얼마나 간절했으면 그 나이에 연고도 전혀 없

산천재에서 천왕봉을 올려다보다

는 이런 깊숙한 골짜기로 들어오려고 했을까. 그리고 동재(東齋)의 툇마루에 앉아 맞은편의 천왕봉을 올려다본다. 행여 지붕에 가려 천왕봉이 보이지 않을까 염려하여, 천왕봉이 보이는 쪽으로는 서재(西齋)조차 짓지 않았던 남명의 그 마음을 헤아려 본다. 온몸에 긴장이 감돌아 경직되지 않을 수가 없다. 그는 날마다 이곳에 앉아 천왕봉을 올려다보며 무슨 생각을 했을까. 비바람과 천둥번개에도 꿈쩍 않고 온몸으로 견뎌내는 저 천왕봉을 보며 어떤 다짐을 하였을까.

남명은 천왕봉처럼 끄떡도 않는 그 의연함을 배우고, 나아가 이 세상의 커다란 울림이 되고 싶었다. 어떤 어려움에도 큰 선비로서의 책임과 지조를 내려놓지 않는 삶을 살고자 하였다. 남이 보든 보지 않던, 세상이 알아주든 알아주지 않던 전혀 개의치 않았다. 저 천왕봉은 누가 알아준다고 저렇게 온몸으로 감내하고 있던가. 우뚝하니 솟아 한 순간도 이고 있는 하늘을 내려놓지 않는 저 천왕봉의 강인함과 변함없는 자세를 닮고자 노력하였다. 남명에게 있어 저 천왕봉은 자신이 추구해야 할 학문적 목표였던 것이다.

남명기념관의 통계에 의하면, 지금도 매년 10만여 명의 방문객이 산천재를 찾아와 남명을 만난다고 한다. 아마도 그 수치는 점점 더 늘어날 것이다. 그저 옛 유적으로만 보지 말고 남명의 '그 긴장'을 자기화하는 이들이 한 명이라도 더 많아지기를 염원해 본다.

물에 잠긴 달은 하늘의 이치라네, 하동 함월정

함월정(涵月亭)!

필자에겐 이름만 떠올려도 치유가 되는 공간이다. 이는 '달빛을 머금고 있는 정자'라는 의미이다. 더 정확히 말하면 정자 앞 시냇물에 달빛이 잠긴다는 뜻이다.

지리산권역 하동군의 대표적 반촌(班村)은 옥종(玉宗)이다. 그 면소재지 중앙에 위치한 옥종중학교에서 1005번 지방도를 따라 단성 방면으로 가다가 2㎞ 지점에서 월횡천을 끼고 좌측으로 꺾어서 들어가면 산기슭에 마을이 보인다. 바로 월횡리 월횡마을이다. 월횡천은 마을로 들어가는 어귀에 가로로 흘러가는 하천인데, 시골마을에 있는 것치고는 꽤나 널찍한 편이다. 그 위에 가로놓인 월횡교에서 우측을 바라보면 월횡천 가에 함월정이 있다.

함월정

함월정은 이 마을에 세거하는 함안조씨 문중의 횡구(橫溝) 조성택(趙性宅, 1827-1890)이 만년에 거처하던 정자이다. 그는 월고(月皐) 조성가(趙成家, 1824-1904)를 비롯한 4형제의 둘째인데, 함월정은 그들 형제의 공부 공간이었다. 월고가 쓴 조성택의 행장에 의하면 '월횡마을의 안산(案山)이 가사산(佳士山)이고 그 아래로 도덕천(道德川)이 마을을 감싸며 흐르는데, 시냇물이 흘러와 함월정 앞에 모여 못이 되었다. 밤이 되면 그 못에 달이 잠기고, 그 맑은 달빛이 정자를 가득 비춘다고 하여 함월정이라 이름했다'고 한다.

사실 공부하는 장소로는 조용하고 그윽한 곳을 선호하기 마련이다. 그래서 선현들은 대개 깊은 산속에 공부방을 두었고, 강이나 물가는 시끄러운 물소리로 인해 꺼려하는 입지였다. 월횡천은 강폭이 넓을 뿐만 아니라 사시사철 물이 마르지 않아 늘 물소리가 시끄럽고, 같은 이유로 공부 공간으로는 적합하지 않은 곳이다. 조용한 장소를 원했다면 마을 뒤편에 있는 월봉산(月峰山) 기슭이 더 안성맞춤이다. 그런데 이를 마다하고 굳이 물소리가 시끄러운 월횡천 가에 정자를 마련하였다. 나는 처음 이곳을 찾았을 때 공간적 의미로 보아 누정 주인의 의도를 전혀 이해할 수 없었다. 그런데 조성가의 글과 함월정 기문을 읽고서야 굳이 이곳이어야 했음을 알게 되었다. 대개 성리학적 세계관 속에서 이기(理氣)는 달[月]과 물[水]로 비유되어 왔다. 이때의 리는 달이고, 기는 물이 된다. 리는 다시 '하늘의 달[上天之月]과 '물속의 달[水中之月]'로 나뉜다. '하늘의 달'은 만물에 깃들어 있는 절대 선(善)인 천리(天理)이다. '하늘의 달'이 비친 '물속의 달'은 물의 상태에 따라 변한다. 얕은 여울이나 급류에 비친 달빛은 달의 전체 모양을 갖추지 못한다. 반드시 고요하고 맑은 물에 비추어야만 달의 온전한 모습을 갖출 수 있다. 그러나 물에 비친 달이 어떤 모습이든, 하늘의 달은 여전히 절대 불변하는 하나이다.

인간의 수양과 학문도 마찬가지이다. 고요하고 맑은 물이 온전한 달의 모습을 담아내듯, 인간 또한 마음을 고요한 상태로 유지하고 수양해야만 하늘로부터 품부받은 본성을 온전히 회복할 수 있다. 정시(靜時)의 함양과 성찰을 통해서만 천리의 세계에 도달할 수 있다. 이러한 정시의 수양은 지극히 고요한 물속에 달이 비치는 것과 같은 이치이다. 온전한 달의 모습을 담는 물처럼, 마음도 지극히 맑고 고요한 상태를 유지해야만 사람의 생각이 환해져서 천리와 합치되는 것이다.

함월정은 바로 이러한 천리를 구현하는 공간이었다. 만물이 이치를 포함하고 있듯, 그러한 이치의 상징인 달을 품는 곳이었다. 그 달[理]이 함월정 앞의 도덕천에 비치는 형상은 천리가 도덕천에 잠기는 것과 같다. 그러므로 '함월'은 '함리(涵理)'가 되며, 함월정은 이러한 천리 운행의 이치가 투영된 공간이 되는 것이다.

생각해 보라. '아름다운 선비의 산'이라는 뜻을 지닌 가사산에서 발원한 물이 흘러내려와 함월정 앞 움푹한 웅덩이에 모인다. 누정 주인은 그 웅덩이의 물을 선비의 덕목인 '도덕'을 붙여 도덕천이라 이름하였고, 마을 뒷산을 월봉산이라 불렀다. 월봉산에서 떠오른 달이 이곳 도덕천에 와서 잠긴다. 이 얼마나 아름다운 공간인가.

도덕천에 비친 달은 언뜻 보기엔 하늘의 달과 하나인 듯하나 아주 미세한 일렁임으로도 하나가 아님을 알게 되고, 때로는 흙탕물이 쏟아져 물속의 달을 전혀 볼 수 없기도 한다. 우리는 누구나 경험한다. 남들은 제대로 알지 못한 채 자신을 일러 훌륭하다고 칭송하지만, 자신만은 마음속에 내재한 보이지 않는 거짓이 있음을 알게 된다. 누정 주인은 함월정 앞의 물속에 잠긴 달을 보며 끊임없이 스스로를 단속했던 것이다. 우리는 누구나 '바람 한 점 없이 맑고 고요한 밤 잔물결조차 일렁이지 않아 하늘과 물속의 두 달이 온전히 하나로 합치되는 상태'를 염원한다. 이는 자신의 마음에 조금의 사욕도 없이 하늘이 부여한 천성(天性)을 온전히 회복한 상태를 말한다.

함월정

함월정 앞에 서면 자신과의 싸움에 치열했던 누정 주인의 그 긴장이 온몸으로 전해온다. 나는 그 순간이 참 좋다. 그래서 마음이 심란하거나, 무언가를 결정해야 하거나, 또는 털어버려야 할 미련이 있을 때면 이곳을 찾아간다. 그리고 건너편 강둑에서 도덕천에 비친 함월정을 바라보며 한참을 서성인다. 그러면 희한하게도 마음이 가벼워진다. 함월정은 그런 곳이다.

언저리에서 찾은 낡고도 새로운 미래

4.

지리산권역 언저리를 찾아다니면서 나에겐 특별한 버릇이 생겼다. 어디를 가더라도 그동안 내가 보아온 그것들이 여전히 그 자리를 지키고 있는지를 확인하는 습관이 생겨난 것이다. 오며가며 곁눈질로라도 그 자리를 지키고 있는 모습을 확인하면 나도 모르게 안도하게 된다. 그리고는 속으로 되뇌곤 한다. 고맙고, 또 잘 견뎌달라고.

2011년 겨울, 나는 지리산권역 하동지역의 누정 조사에 한창이었다. 하동 일대는 옥종 외에도 섬진강을 끼고 있어 역대로 그 주변에 누정문화가 발달하였다. 그 중 역사와 문화를 지닌 대표적 누정으로 악양루(岳陽樓)가 있다. 악양루는 하동읍에서 하동포구 70리 벚꽃 길을 따라 화개(花開) 방면으로 19번 국도를 따라 가다 보면 악양삼거리에 즈음하여 오른쪽 개치마을 입구 큰 대로변에 위치하고 있었다.

주지하듯 악양은 중국 호북성의 한 지명인데, 그곳에는 동정호(洞庭湖) 가에 악양루가 있고, 호수 안에는 군산(君山)이라는 섬이 있다. 중국 악양루는 북송 때 범중엄(范仲淹)의 「악양루기(岳陽

樓記)」를 비롯해 당나라 때 시인 두보(杜甫)나 이백(李白)의 시를 통해 널리 알려졌다.

하동 악양에도 중국 악양과 마찬가지로 악양루가 있으며, 동정호와 군산이 있다. 악양루의 창건연대 및 변천과정에 대해서는 정확하지 않다. 다만 조선초기 뇌계(㵢溪) 유호인(兪好仁, 1445-1494)의 「등악양루(登岳陽樓)」를 비롯해 수백 년 동안 관련 한시가 현전하고 있으니, 지리산 유람에서 빠지지 않는 주요 유적이었음을 알 수 있다. 당시 내가 조사한 하동누정 중 가장 전통미를 갖춘 건축물이었다.

그런데 2012년 어느 날, 출장을 다녀오던 나는 악양루를 지나며 습관적으로 고개를 들어 올려다보았다. 평소대로라면 고풍스런 담장 너머로 악양루의 근사한 기와지붕이 보여야 하는데, 담장 위로 파란 하늘뿐이었다. 너무 놀라 뛰어올라 가보았더니 악양루는 흔적도 없이 사라지고 텅 빈 공터만 덩그러니 있었다. 가슴이 철렁 내려앉았다.

사실 악양루는 독특한 역사와 문화에도 불구하고 문화재로 지정되지 않아 체계적인 관리의 손길이 닿지 못했다. 게다가 19번 국도에 바짝 붙어있어 차량 이동으로 인한 지반의 흔들림이 심하고 먼지도 많이 쌓였다. 특히 소홀한 관리를 틈타 노숙자의 숙식처로 이용되면서 그 마루에서 부탄가스로 음식을 해먹는 일을 종종 목격하기도 했는데, 목조건축

물에 불이라도 나면 어쩌나 하는 불안감이 늘 있었다. 그래서 순간 '올 것이 왔구나!'라는 생각뿐이었다.

악양루

급한 마음에 악양면사무에 연락해 물었더니, 다행히도 악양루는 인근의 동정호 가에 새로 세웠다고 하였다. 근년에 하동군은 악양들판에 동정호를 새로이 조성했는데, 악양루를 그 가로 옮긴 것이다. 조선초기 일두(一蠹) 정여창(鄭汝昌, 1450-1504)과 탁영(濯纓) 김일손(金馹孫, 1464-1498)의 한시에도 등장하는 동정호인데, 근대에 들어와 폐허로 존재하다가 다시 제자리를 찾게 되었다. 그런 동정호 가에 악양루를 세운 것은 그야말로 명실상부(名實相符)한 처사라 할 수 있다.

다만 그 장소에 대한 전통적 의미를 제대로 이해하지 못해서 해마다 많은 예산을 들이고도 그곳을 지나는 이들의 발길을 잡지 못하고 있으니, 안타까울 뿐이다. 악양루 주변에는 입간판도 변변찮고, 마땅한 주차공간도 화장실도 없다. 악양들판에는 한산사(寒山寺)·고소산(姑蘇山)·고소산성 등 역사와 문화와 문학작품을 갖춘 훌륭한 콘텐츠가 즐비하다. 그 주변경관으로는 한유한(韓惟漢)의 유적지 삽암(鈒巖)을 비롯해 정여창의 공간이었던 악양정(岳陽亭)이 있고, 쌍계사·청학동(靑鶴洞) 등 열거하기조차 버거울 정도로 역사 속 많은 인물의 삶의 흔적이 현전하고 있다. 이들과 연계한 보다 체계적인 계획과 관리가 절실하다. 이는 과거의 낡은 역사가 아니라 분명 후세대에게 미래의 새로운 문화가치를 창출해 줄 것으로 믿는다. 낡은 과거가 열어주는 새로운 미래이다.

박 순 철

/

전북대학교 중문과 교수. 전남대학교에서 중국문학을 전공하여 박사학위를 받았다. 시가의 원류 『시경』을 전공하여 '시언지(詩言志)', '사무사(思無邪)' 등에 관심을 갖고 정서함양과 도야를 위한 방법을 고민하고 있다. 나아가 중국고전문학과 경서를 통한 '윤집궐중(允執闕中)'의 평온하고 균형 잡힌 군자의 삶을 실천하고 정립하는데 노력하고 있다. 주요 연구 논문으로는 『시경』 관련 논문이 많고 번역서로는 『이재난고』에 관련 역서가 많다. 전북대학교 전라문화연구소장과 코아사업부단장을 지냈다.

마음, 시로 꽃피다

마음 다스리기

1.

선현들은 마음은 무엇이며 어떻게 다스려야 하는가에 대하여 관심이 많았다. 적지 않은 학자가 저마다 정의를 하면서 그 의미는 점점 정교해져 왔다. 문자학 관련 학자들은 사람의 마음을 심장에서 나오는 것으로 다소 간단하게 파악하였다. 허신(許愼)은 『설문해자(說文解字)』에서 '심(心)'을 '사람의 마음〔人心〕'으로, 왕균(王筠)은 『설문석례(說文釋例)』에서 '심'을 '심장의 모양을 본떠 만든 글자〔象心形〕'로 정의하였다. 이러한 '심'에 대한 정의를 한 차원 높게 끌어올린 이는 성리학자 주희이다. 주희는 성리학적 관점에서 '심'을 '허령지각(虛靈知覺)'한 것, 즉 "마음의 형체는 비어 신령하고, 그 기능은 알아서 인지하는 것"이라고 정의하고, 그 마음을 인심(人心)과 도심(道心)으로 나누어 설명하였다. 인심은 형기(形氣)의 사사로움에서 생기고 도심은 성명(性命)의 바름에 근원하며 인심은 형질(形質)과 기(氣)의 사사로운 이기심으로부터 생기기에 위험하고 도심은 하늘이 명한 바른 성(性)에 근원하기에 미묘하다고 본 것이다.

그렇다면 이러한 마음은 어떻게 다스려야 하는가? 유가

적 관점에서 서너 가지 방법을 살펴볼 수 있다. 우선 주희는 『중용장구(中庸章句)』 서문에서 "진실로 그 중도를 잡으라(允執厥中)"라는 심결(心訣)을 인용하며, 그 중도를 잡는 방법으로 '유정유일(惟精惟一)'을 언급하였다. 이 인용구는 요 임금이 순 임금에게, 순 임금이 우 임금에게 전한 말로 중도, 즉 마음의 중심을 잡는 일이 중요하다는 것을 강조한 것이다. 이에 더해 주희는 오직 정밀하고 오직 한결같이 마음을 다스릴 때 중도를 잡을 수 있다고 덧붙여 설명하였다. 따라서 마음을 다스리기 위해서는 그 중심을 잡고 어느 곳으로도 치우치거나 기울지 않게 한결같이 유지해야 하는 것이다.

두 번째 방법으로는 도심을 잡아 길러 배양하는 것이다. 인심과 도심은 마음 안에 뒤섞여 있어서 잘 다스리지 않는다면 인심은 더욱 위험해지고 도심은 더욱 미묘해진다. 그러므로 도심이 한 몸의 주재자가 되게 하여 인심을 다스릴 수 있게 해야 한다. 도심이 우리 몸의 주체가 되어 뒤섞여 있는 인심을 위험하지 않게 유지할 때에야 마음을 바르게 다스릴 수 있다. 비슷한 내용으로 '정심(正心)'이 있다. '정심'은 "이치에 맞게 마음을 쓴다"는 뜻이다. 『설문해자』의 설명에 의하면 '정(正)'은 '옳은 것(是也)'으로, 이 글자는 '한 일(一)' 자와 '그칠 지(止)' 자로 구성되어 있다. 두 자를 더하여 보면 하늘과 진리를 상징하는 '일(一)' 자에 멈춘다는 뜻으로, 마음이 진리의 자리에 멈추는 것이 옳음이 됨을 의미한다. 그러므로 마음을 바르게 쓴다는 것은 진리대로 순리에 따라 자연스럽게 하는 것이고 마음이 순리에 따르는 것이 마음이 다스려지는 것이다.

가장 중요한 마지막 방법은 '화이중절(和而中節)'이다. 마음에는 외부 사물과 접촉하기 이전의 칠정(七情)이 미발(未發)한 '중(中)'의 상태와 외부사물과 접촉한 이후 칠정이 이발(已發)한 중절(中節)의 '화(和)'의 상태가 있다. 이 중 사람이 일상생활에서 직접 경험하게 되는 감정은 이발의 상태로, 마음의 다스림은 '이발의 화'가 중요하다. 화의 상태는 칠정이 그 상황에 알맞게 작동하여 상황에 알맞은 만큼만 기뻐하고 정확히 그 만큼만을 슬퍼하는 것이다. 만약 희노애락의 감정이 조금이라도 지나치면 '화'의 경지를 벗어나 마음의 평정을 잃어버리게 된다. 자하(子夏)는 자식이 죽었을 때 너무 울어서 두 눈이 멀었고, 장자(莊子)는 부인이 죽었을 때 노래를 불렀는데 모두 화의 경지에서 보면 화를 잃은 처사라고 볼 수 있다. 슬프면 그 만큼만 슬퍼하다가 잊고 기쁘면 그만큼만 기뻐하다가 깨끗이 잊어야 한다. 이를 실천한 사람으로는 명도(明道) 정호(程顥)를 들 수 있다. 정호는 즐겁게 가무를 즐기다가도 그 가무 자리가 끝나면 마음에서 완전히 잊었다고 한다. 마음에 동요를 일으키는 사건이 끝난 이후에도 즐거움, 흥분감, 화, 두려움, 걱정 등의 감정이 남아있다면 마음의 평정에 도달할 수 없다. 마음의 평정은 감정을 그때 그만큼 표현하고 이치에 맞게 멈추고 잊음에 따라서만 유지될 수 있다. 결국 유가의 사상에서 마음을 다스린다는 것은 중도를 잡고 도심을 기르며 정심을 행하여 화이중절의 상태, 즉 화의 경지에 다다르는 끝없는 여정인 것이다.

중화(中和)의 경지, 시로 표현되다

2.

다스려진 마음의 모습인 화의 경지는 여러 가지 상황에서 엿볼 수 있다. 그 중의 하나가 시이다. 시를 쓰는 행위와 시를 읽는 행위 모두에서 우리는 화의 경지를 느낄 수 있다. 먼저 우리는 시를 씀으로써 화의 상태를 느낄 수 있다. 시는 마음에서 느낀 것을 쓰는 것이다. 마음이 외부사물과 접촉하여 감동이 있을 때 시로 표현된다. 처음에는 우선 영탄을 하게 되지만 영탄으로는 부족하다면 시로 표현하게 된다. 「모시서(毛詩序)」에서 "시란 뜻이 가는 것이다(詩者, 志之所之也.)"라고 하였는데, '지(志)' 자의 문자적 의미는 "마음이 가는 것(心之)"으로 시는 결국 마음이 쏠려서 느낀 바를 표현하는 것이다. 주희는 시를 짓는 이유에 대하여 『시경(詩經)』 서문에서 "사람이 태어나서 고요한 것은 천성이고 만물에 느낌을 받아 감동하는 것은 정이다(人生而靜, 天之性也; 感於物而動, 性之欲也.)"라고 하였다. 주희의 말처럼 느껴서 감동이 일어나면 시를 쓰게 되는데 그 상황에 알맞은 만큼의 감정을 정확하게 시로 표현하는 과정에서 우리는 화의 상태에 다다르게 된다. 이때 시인은 고요한 마음의 평정을 체험하게 된다.

시를 읽고 감상하는 행위에서도 화의 경지를 느낄 수 있다. 대부분의 시에는 박자와 리듬이 있게 마련이다. '시(詩)' 자는 '언(言)'과 '지(之)'와 '촌(寸)' 자로 구성된 회의자(會意字)로, 그 의미는 "말을 촌 단위로 끊어서 한다"는 것이다. 길이의 단위인 촌은 시간 단위로 환산할 수 있는데, 대략 사람의 맥박이 한번 정도 뛰는 시간이라고 할 수 있다. 따라서 시의 음조(音調)인 박자와 리듬은 심장의 맥박 길이에 따라 만들어진 음보(音步)라고 할 수 있고, 이러한 음보는 심장의 쿵짝쿵짝 하는 박동에 따라 하나 둘, 하나 둘 또는 강약, 강약으로 만들어진다. 시를 읽는 행위는 심장의 음율에 귀를 기울이는 행위이자 마음의 소리에 귀를 기울이는 행위인 것이다.

중국 최초의 시가총집인 『시경』에는 다양한 감정을 심장의 리듬에 따라 엮어낸 많은 시들이 수록되어 있다. 흔히 『시경』에는 온유돈후(溫柔敦厚)한 풍격이 담겨있다고들 얘기하는데, 이는 『시경』에 사람의 마음이 표현되어 나타난 특색인 것이다. 또한 『시경』 시의 기본 정형은 4언 4구 3장으로 4언을 주조(主調)로 하는데, 이는 한자의 단음절어와 고립어적인 특성으로 인하여 생긴 표현상의 특색임과 동시에 심장의 리듬에 따라 음보가 만들어진 결과인 것이다. 그렇기 때문에 『시경』의 시를 읽으면 마음이 편안하고 안정된 느낌을 받을 수 있다. 하나의 예시로 『시경』의 첫머리에 수록되어 있는 「관저(關雎)」 시를 감상해 보기로 하자.

關關雎鳩　　저구새 한쌍이 꾸욱꾸욱 노래하며
在河之州　　황하의 모래밭에 노닐고 있네
窈窕淑女　　얌전하고 어여쁜 아가씨는
君子好逑　　훌륭하고 멋진 군자의 좋은 짝이라네

參差行菜　　올망졸망한 행채를
左右流之　　이리저리 물결 따라 따고 있네
窈窕淑女　　얌전하고 어여쁜 아가씨를
寤寐求之　　자나깨나 이리저리 구하네
求之不得　　구하여도 사귈 수 없으니
寤寐思服　　자나깨나 그리워하고 생각하네
悠哉悠哉　　오래도록 애타고 애가 타서
輾轉反側　　엎치락뒤치락하며 잠들지 못하네

參差行菜　　올망졸망한 행채를
左右采之　　이러저리 캐고 있네
窈窕淑女　　얌전하고 어여쁜 아가씨와
琴瑟友之　　거문고와 비파를 타며 사귀네
參差行菜　　올망졸망한 행채를
左右芼之　　이러저리 고르고 있네
窈窕淑女　　얌전하고 어여쁜 아가씨와
鐘鼓樂之　　종치고 북치며 즐겁게 지내네

「관저」는 4언을 기본 음보로 하여 3장에 걸쳐 마음으로 느낀 감정을 진솔하게 표현하고 있다. 시의 내용은 청춘남녀 간의 사랑을 읊은 것으로 『춘향전』의 사랑가를 떠오르게 한다. 제1장에서는 황하 물가에서 행채를 캐고 있는 요조숙녀를 보고 군자가 첫 눈에 반하여 자신의 배필이 되었으면 하는 바람을 읊었고, 제2장에서는 이러한 아가씨가 자나 깨나 그리워서 애태우며 잠 못 이루는 정경을 묘사하였으며, 제3장에서는 드디어 꿈에 그리던 아름다운 아가씨를 만나 여섯 줄의 거문고와 스물 네 줄의 비파를 타며 사랑을 속삭이고 징과 북을 치며 즐겁게 노는 모습을 표현하였다. 시를 읽으면 한 쌍의 아름다운 청춘남녀가 파릇한 행채가 황하의 물결을 따라 파랗게 펼쳐진 사이에서 황하가의 새소리에 맞춰 거문고와 비파를 연주하고 징과 북을 치며 아름답고 즐거운 사랑노래를 부르는 장면이 눈앞에 생생하게 떠오른다. 이렇게 「관저」 시는 청각과 시각의 절묘한 조화를 통하여 사랑의 감정을 가장 편안한 심장의 리듬에 맞춰 노래하였다.

공자는 『논어(論語)』「팔일(八佾)」에서 「관저」 시에 대해 "즐겁지만 지나치지 않고 슬프지만 화기를 상하지 않는다(樂而不淫, 哀而不傷.)"라고 평하였다. 공자가 이처럼 평한 것은 제2장을 '입어예(立於禮)'의 관점에서 해석하고 제3장을 '성어악(成於樂)'의 입장에서 해석하여, 이 시가 사랑을 갈구하며 즐긴 모습이 지나치지도 않고 부족하지도 않은 화의 경지를 표현하고 있다고 판단했기 때문이다. 아름다운 사랑의 마음이 넘치거나 부족함 없이 인간의 마음에 가장 가까운 리듬을 통해 표현되고 있는 것이다.

이제 "관관저구, 재하지주로다. 요조숙녀, 군자호구로다."라고 한 번 읊조려 보자. 자신도 모르게 4언의 형식이 자아내는 리듬에 따라 잔잔히 피어나는 사랑의 편안한 감정을 느낄 수 있을 것이다. 중화의 경계를 자신도 모르게 살포시 체득하게 될 것이다.

그러나 이러한 중화의 마음도 지키지 않으면 사라진다. 그렇다면 사라진 중화의 마음은 도대체 어디로 갔으며 지금 우리는 어떤 마음가짐으로 살고 있는가? 이런 마음에 대한 재미있는 일화가 있다. 덕산화상(德山和尙)은 항상 『금강경(金剛經)』을 강론하여 한때 주금강(周金剛)이라고 불렸다. 어느 날 그는 『금강경』을 짊어지고 풍주(澧州) 용담(龍潭)의 숭신선사(崇信禪師)를 찾아 불법을 다투고자 길을 나섰다. 긴 여정 끝에 숭신선사가 있는 절 입구 떡집에 들어가 점심(點心)을 먹으려고 할 때 떡집 노파가 덕산화상에게 말을 건넸다.

노파: 짊어지고 있는 것이 무엇이요?

덕산: 『금강경』이요.

노파: 그렇다면 제 말에 잘 대답하면 떡 공양을 올리겠습니다.

덕산: 좋습니다.

노파: 『금강경』에 말하기를, "과거 마음도 얻을 수 없고, 현재 마음도 얻을 수 없으며, 미래의 마음도 얻을 수 없다.〔過去心不得, 現在心不得, 未來心不得〕"라고 하였는데, 스님은 어떤 마음에 점을 찍겠습니까?

이런 질문에 덕산화상은 『금강경』을 많이 강론하여 '주금강'이라고까지 불렸으나 답을 시원하게 하지 못하고 진땀을 흘렸다고 한다. 지금 우리는 어느 마음에 점을 찍고 살고 있는가. 과거에 얽매어 현재가 불행하고 미래를 위하여 현재를 유보하고 있지는 않는가. 이러한 까닭은 눈앞의 평범한 일상의 행복을 모르고 심원한 것에 집착하여 그 가치를 모르고 있기 때문일 것이다. 사실 일상의 행복은 항상 그대로 있는데 우리 마음이 멋대로 만들고 부수고 하면서 만상(萬象)을 만들 뿐이다. 모두가 알고 있듯이 속리산(俗離山)이라는 산이 있습니다. 이 산 이름의 뜻에 대하여 "산은 속세를 떠나 있지 않은데 속세가 산을 떠나있다.〔山不離俗, 俗離山.〕"라고 설명하기도 한다. 산은 항상 그대로 있는데 속세 사람들이 왔다 갔다 할 뿐이라는 뜻이다. 더 나아가 우리는 헛된 노력을 하여 평상의 평범한 진리를 저버린 채 심오한 진리를 찾아 떠난다. 어떤 스님이 지었다는 시를 보면 이러한 모습을 생생하게 엿볼 수 있다.

盡日尋春不見春　　진종일 찾아도 봄을 볼 수 없어서
芒鞋踏遍隴頭雲　　농산의 구름 속을 두루 밟고 다녔네
歸來笑拈梅花嗅　　돌아와서 웃으며 매화 향기 맡아보니
春在枝頭已十分　　가지 위에 봄이 이미 무르익었네

이 시는 당나라 때 여승 무진장(無盡藏)의 오도시(悟道詩)로 일명 「후매(嗅梅)」시라고도 하는데, 바로 눈앞의 아름다운 광경을 알아보지 못하고 방황하며 헤매다가 우여곡절 끝에 도의 실체를 찾았음을 비유한다. 이는 공자가 말한 '도는 사람과 멀리 있지 않다.(道不遠人)'이라는 말을 시적으로 잘 표현한 것이라고 할 수 있다.

그런데 사람은 참 이상하게도 매화꽃처럼 아름다운 것을 보면 소유하고 싶은 욕심이 생긴다. 이 때문에 또 다시 탐착(貪著)의 마음이 일어서 엉뚱한 짓을 하게 되는데, 이규보(李奎報)의 「영정주월(詠井中月)」이라는 시를 보면 탐욕으로 인한 어리석은 행동을 엿볼 수 있다.

山僧貪月色　　산승이 달빛을 탐하여
幷汲一甁中　　물 길어 달을 담노라
到寺方應覺　　절에 들어가면 깨달으리
甁傾月亦空　　병 기울자 달 또한 사라진다는 것을

스님이 달빛에 취하여 자신도 모르게 그만 달을 병에 담아 들고 절집으로 들어갔다. 달을 다시 볼 생각으로 병을 기울여 따라보니 달은 오간 데 없고 물만 쏟아진다. 그 때서야 스님은 비로소 "색즉시공, 공즉시색(色卽是空, 空卽是色)"의 진리를 절실히 깨닫고, 삼라만상이 결국 영원불변하는 실체가 아닌 무상(無常)하고 무법(無法)한 존재임을 뼈저리게 깨우친다. 불교의 추상적 진리를 구체적 정경으로 잘 표현한 시라고 할 수 있다.

한편 율곡(栗谷) 또한 일찍이 「풍악에서 소암 노승에게 준다〔楓嶽贈小菴老僧〕」라는 시에서 색(色)과 공(空)의 실체를 다음과 같이 읊었다.

魚躍鳶飛上下同	물고기 뛰고 솔개 나니 아래 위가 한가지라
這般非色亦非空	이 모습은 정녕 색도 아니고 공도 아니로세
等閒一笑看身世	한가히 웃음 짓고 신세를 돌아보니
獨立斜陽萬木中	해 비낀 숲 속에 나 홀로 서있네

'어약연비(魚躍鳶飛)'는 『시경(詩經)』·「대아(大雅)」의 「한록(旱麓)」에 나오는 "솔개는 하늘에서 날고, 물고기는 못 속에서 뛰노누나.〔鳶飛戾天 魚躍于淵〕"라는 시구를 줄이고 그 순서를 바꾸어 만든 시어이다. 일반적으로 「연비어약(鳶飛魚躍)」이라고 하는데 평측을 맞추기 위하여 순서를 바꾸었을 뿐이다. 물고기는 물이 깊고 넓

어 한바탕 힘껏 뛰고 솔개는 공활한 하늘에서 마음대로 나니 본성에 따라 노는 그 모습이 바로 색(色)과 공(空)을 넘나드는 경계라는 것이다.

"색즉시공, 공즉시색"을 인지하는 것도 결국은 마음이다. 이러한 마음을 잡기 위해서는 원효가 「발심수행장(發心修行章)」에서 "소리가 울리는 바위 동굴로 염불당을 삼고 슬피 우는 새로 마음을 기쁘게 하는 벗으로 삼으라. 절하는 무릎이 얼음처럼 차가워도 불을 그리워하는 마음을 없애고 배고픈 창자가 끊어지더라도 밥을 구할 생각을 마라.〔助響巖穴爲念佛堂, 哀鳴鴨鳥爲歡心友, 拜膝如氷無戀火心, 餓腸如切無求食念.〕"라고 말한 것처럼 굳세게 수행을 하여 마음을 잡지 않으면 안 된다. 이리하여 마음을 비워 허정(虛靜)한 상태가 되면 만물과 내가 일체가 되어 내가 만물이고 만물이 나인 호접몽(胡蝶夢)의 상태를 체험할 수 있다. 이렇게 되면 피차간의 구별이 사라진 경계에서 노닐어 우주만물과 조화를 이루어 영원히 마음 편히 살 수 있을 것이다.

최송현

/

부산대학교 조경학과 교수. 서울시립대학교 학사, 석사, 박사학위를 받았다. "조경식물학", "환경생태학", "지리정보체계(GIS)", "식재설계" 등을 가르치고 있으며, "용용생태연구실"을 운영하며 후학을 양성하고 있다. 산림생태를 연구하기 위해 우리나라 주요 산야는 물론 전 세계의 숲과 들을 누비며 숲과 나무를 연구하고 있다. 최근에는 생태학에 스며 있는 '평등'과 '공존 및 공생'의 가치를 대중의 눈높이에서 전달하고자 노력하고 있다. 인류의 마지막 보고라고 할 수 있는 보호지역으로 국립, 도립, 군립공원, 백두대간보호지역, 산림유전자원보호구역 등 보호지역의 자원, 이용, 관리에 많은 관심을 가지고 있다. 특히, 식물사회의 네트워크를 시각적으로 구현하는 작업 등 최신 융합학문에도 많은 관심을 가지고 있다. ㈔한국환경생태학회 교육부회장직을 수행하며 보호지역의 교육적 확산에도 기여하고 있다. <최신조경식물학>(공저 2018), <공원에서 정원을 보다>(공저 2014), <한국의 전통사찰>(공저 2012) 등의 저서가 있다.

숲! 그들도 우리처럼

숲에 들어가기 전에 준비 운동

우리나라는 국토의 2/3가 산지이다. 그래서 우리나라 어디에 서 있든 산이 보이는 것이 당연하다. 어려서부터 그런 경관만 봐서 그런지 나중에 커서 미국에 처음 갔을 때 보았던 지평선은 경이 그 자체였다. 나도 모르게 입 밖으로 외마디가 흘러나왔다. “산이 없다.”

숲에 대해 공부하면서 우리나라뿐만 아니라 전 세계 다양한 숲을 만나면서 나의 지식의 지평이 넓어지고 유연함이 생겼지만 그럼에도 불구하고 여행 중에 가끔 마주치는 지평선은 여전히 경이롭다. 몇 년전에 미국 옐로스톤국가공원(Yellowstone National Park)을 방문했을 때 국가공원의 북쪽으로 빠져나오면서 몬타나(Montana)주로 접어 들었다. 그런데 차를 몰고 가면 갈수록 경관이 단조로워지면서 마침내 대평원과 하늘만 보이는 경치가 나타났다. 마침 여름이라 사방으로 초록의 평원이 펼쳐졌고 그 위로 참으로 큰 하늘이 놓여 있었다. 마음속으로는 하늘이 이렇게 컸던가, 왜 우리나라에서는 이렇게 하늘이 크다는 것을 생각하지 못했을까 하는 생각이 들었다. 잠시 차를 세우고 하늘과 땅으로 나뉘어진 경관을 보면서 이 동네는 무엇으로 유명할까 하는 궁금증이 생겼다. 조금 더 가서 마침내 동네 이름을 알아내고 이내 고개를 끄덕였다. 그 동네이름은 빅스카이(Big Sky)였다.

어쨌든 하늘이 조금 작아보여도 살짝 복잡하게 산이 보이는 우리 경관이 더욱 친근하다. 그래서 우리나라 사람 누구에게나 산에 대한 기억이 인생사 한 편에 자리잡고 있다. 누구에게든 산을 주제로 이야기를 나눌 수 있고 그 얘기를 한동안 이어갈 수 있다. 산에 오르면 곧바로 숲을 만날 수 있다. 숲을 영어로 "forest"라고 하는데, 이는 산림(山林)이라고 해석된다. 그런데 심심치 않게 "forest"를 삼림(森林)으로 부르는 경우도 있다. 이 둘의 차이는 무엇일까? 사실 forest는 나무가 많은 곳을 일컫는 곳이므로 문자 그대로라면 삼림이라고 해야할 것이다. 나무 목(木)가 무려 5개나 된다. 그러나 우리나라 고문헌 어디를 보아도 "삼림"이라는 용어가 없다. 대신 모두 "산림"이라고 표현하고 있다. 그 이유는 우리나라의 지형 특성을 고스란히 반영한 것이다. 즉, 우리나라는 산이 있고 산에는 항상 숲이 있었기 때문에 "산림"이라고 한 것이다. 삼림이라는 용어는 일제가 식민지 산림정책을 목적으로 1908년에 "삼림법"을 제정하면서 사용되었다. 따라서 우리나라에서는 여전히 숲을 산림으로 표현하고 있는 것이다. 그래서 우리나라 산림을 관리하는 곳이 "산림청"이다.

숲에서 쓰는 말

숲을 이해하는 좋은 방법 중 하나는 다소 어렵기는 하나 전문분야에서 쓰는 기본용어를 익히는 것이다. 전문적이라는 말에 너무 걱정할 필요는 없다. 전문용어라고 하지만 그 정의가 매우 손쉽고 자주 쓰다보면 익숙해 진다. 우선 첫 번째로 익혀볼 용어는 "개체(個體)"이다. 개체는 말 그대로 개개의 몸체라는 뜻으로 모든 생물의 기본 단위이다. 예를 들면, 나 자신도 생태학에서는 한 몸둥이로 개체, 주변을 나는 새 한 마리도 개체가 되는 것이다. 그러니 우리가 산에서 가서 소나무를 만나면 소나무개체를 만나는 것이고, 신갈나무를 만나면 신갈나무개체를 만나는 것이다.

그럼 소나무숲을 만나면 우리는 뭐라고 지칭해야 할까? 소나무 개체가 여럿 모였으니 무리를 지칭하는 용어 "군(群)"를 개체 뒤에 붙인 "개체군(個體群)"이라고 부르면 된다. 두 번째 배우는 용어이다. 개체군은 개체들의 무리가 되는 셈이다. 그 개체가 소나무이면 소나무개체군이 되는 것이고, 사람이면 사람개체군이 되는 것이다. 그러나 사람개체군의 경우 우리는 특별히 "인구(人口)"라고 부른다. 사람들을 특별히 부르는 것을 제외하면 나머지는 대부분 우리가 부르는 개체이름에 "군"만 붙이면 된다. 즉, 참새개체군, 졸참나무개체군 등.

이제 세 번째 용어를 배워보자. 자연상태에서 이런 개체군들은 서로 뒤섞여 있는 경우가 다반사이다. 당장 집 뒷산의 소나무숲만 가도 소나무만 있는 것이 아니라 소나무 사이에 진달래, 철쭉, 싸리나무, 국수나무 등 다양한 식물들이 혼재되어 있다. 어디 그뿐이랴! 다람쥐, 박새 등 동물들도 보인다. 동물, 식물을 포함하는 다양한 생물 개체군이 한꺼번에 다 모여 있는 것이다. 이 경우 우리는 "군집(群集)"이라고 부른다. 생물들이 총 집합인 것이다. 특정 시간, 특정 공간에 모여 있는 생물들의 모임에 대한 명칭이 필요하다. 어떻게 이름을 붙일까? 아무래도 눈에 많이 띄거나 세력이 큰 것의 이름을 붙이면 좋겠다. 다시 뒷산의 소나무숲으로 가보자. 여러 생물들이 총체적으로 모여 있지만 소나무가 가장 많이 보인다. 집단에서 압도적으로 우위를 차지하는 것을 "우점종(dominant species)"라고 부른다. 우점종인 소나무의 이름을 빌리고 모임의 정체성인 군집을 접합시키면 "소나무군집"이라는 용어가 만들어진다. 만약 우위를 점하는 생물을 파악하기 곤란한 경우 즉, 갯벌과 같은 경우에는 어떻게 이름을 붙일까? 이때는 물리적 환경을 따서 군집이름을 붙이기도 한다. 갯벌의 경우에는 갯벌군집이라고 부르면 된다.

만약 내가 뒷산 소나무숲을 보러갔는데, 소나무만 관찰하려고 갔다면 우리는 그것을 "소나무개체군"이라고 부를 수 있고, 소나무 숲에 어울려 있는 다양한 생물들을 더불어 보러 갔다면 "소나무군집"이라고 구분해서 부를 수 있다.

개체 → 개체군 → 군집 → 생태계

숲을 이해하기 위한 용어체계

양산 통도사 소나무 숲

이제 우리가 숲에 가면 개체, 개체군, 군집을 구분할 수 있고 이름을 부를 수 있게 되었다. 그런데 가만히 보니 개체에서 군집까지 모두 생물이다. 우리 주변의 환경은 생물만 있는 것은 아니다. 계곡을 흘러내리는 물도 있고, 바위도 있다. 자연에서는 이런 무생물적인 것들도 모두 만날 수 있다. 생물과 무생물을 모두 합쳐서 부를 수 있는 명칭이 필요하다. 마지막으로 용어를 배워보자. "생태계(ecosystem)". 생태계는 삼라만상을 포함하는 큰 용어이다.

숲의 변화를 읽는다.

우리 속담에 “십년이면 강산도 변한다”라는 말이 있다. 10년은 결코 짧은 시간이 아니다. 늘 변하지 않을 것 같은 강산도 긴 시간이 흐르면 변하는 것이다. 다만, 변화의 속도가 느려서 매일 매일 관찰하면 변하지 않는 것 같으나 시점을 10년 간격으로, 물론 실제 뜻은 충분히 긴 시간을 말하지만, 끊어보면 변화를 실감할 수 있다는 뜻이다.

어떤 생태계 혹은 군집이 오랜 시간에 걸쳐 그 곳에 있는 생물의 종류와 수가 변해가는 것을 “천이(遷移, succession)”라고 한다. 숲에 대해 이해를 하려다 보니 용어하나가 더 추가되었다. 변화는 잠시도 멈춤이 없다. 천이는 모든 생태계에서 일반적인 현상이다. 예를 들면, 주변 논이나 밭에서 농사를 짓다가 그만두면 논, 밭이 그대로 있는 것이 아니라 다음해에 심지도 않은 온갖 종류의 풀들로 뒤덮힌 것을 볼 수 있다. 만약 어떤 이유로 맨땅이 노출되었다면 이곳은 어떤 생물들에게 기회의 공간이 될 수 있다. 빈 땅을 차지할 수 있는 식물은 종자가 작고 수가 많고 널리 퍼질 수 있어야 한다. 예를 들면, 민들레, 질경이, 망초, 개망초 등 일년생초본류가 이에 해당한다. 늦은 봄 민들레 홀씨가 탐스럽게 매달린 것을 보게 되면 우리는 누구나 줄기를 꺾어 홀씨를 불어 날릴 것이다. 어찌보면 우리가 민들레의 번식 전략에 이용된 것이라고 볼 수 있다. 미쳐 몰랐지만 민들레는 똑똑하다. 맨땅을 차지한 식물들은 그곳에서 뿌리를 내리고 몸체를 만들고 꽃을 피우고 열매를 맺어 또 널리 퍼트린다. 그 사이 땅은 점점 유기물이 쌓이고 썩어가면서 점차 비옥해 진다. 어느 정도 시간이 흘러 처음의 맨땅과는 다른 환경조건이 갖춰지면 이는 경쟁력 있는 다른 생물들에게 기회로 다가온다. 시간이 흘러 그 자리에 다년생초본류가 들어오고 이들의 활동으로 인해 다시 환경이 달라지고, 이어 키작은 나무가 들어오고 또 환경이 변하고 나중에는 키가 크게 클 수 있는 나무가 들어온다. 소나무가 대표적이다. 소나무는 큰 키 나무이지만 씨앗은 불과 2-3㎜로 작고 날개를 달고 있어 널리 퍼질 수 있다. 솔방울 비늘 사이사이에 씨앗이 숨어 있다. 이렇게 퍼진 씨앗은 햇볕을 받으며 점차 소나무 숲을 만든다.

양지 바른 곳에 떨어진 소나무 씨앗이 일제히 발아하고 있다.

소나무숲은 한동안 세력을 유지하며 멋진 소나무 경관을 형성한다. 이렇게만 봐도 당초 맨땅이었던 곳이 끊임없는 변화를 통해 소나무숲으로 바뀐 것이다. 그렇지만 여기가 끝은 아니다. 한동안 소나무숲이 유지되지만 소나무숲은 다시 오랜 세월에 걸쳐 참나무류숲으로 바뀐다. 참나무류숲은 다시 서어나무, 까치박달 등의 숲으로 변화해 간다. 이렇게 변해간 숲은 다른 나무들의 이렇다 할 도전 없이 최고조에 이르게 되는데 이런 숲을 극상숲(climax forest)이라고 한다. 처음 맨 땅에서 이렇게 울창한 숲이 되기까지 약 150-200년의 시간이 걸린다. 긴 시간에 걸쳐서 서서히 변화하는 것을 우리가 직감하기 쉽지 않은 이유가 여기에 있다.하지만 세상은 시간이 흐르면서 어김없이 변화하고 있는 것이다.

산림생태 연구결과에 따르면 앞서 소개한 변화는 주로 우리나라 온대중부기후대에서 일어나고 다른 기후나 환경에서는 그곳에 맞는 다른 변화의 양상이 나타난다. 우리나라는 국토가 남북으로 길게 늘어져 있어 북에서 남으로 한대, 온대, 난온대 기후대를 갖고 있고 온대기후대는 다시 북부, 중부, 남부로 나눌 수 있어 크게 다섯 개의 기후대로 나뉜다. 숲의 변화에는 기후가 중요한 역할을 한다. 그래서 기후에 따라 다른 경관의 변화가 나타나는 것이다. 연중 기후가 상대적으로 온난한 남쪽지방에서는 늘푸른 넓은잎나무 즉, 상록활엽수가 분포하고 있어 우리가 남부 및 제주도 지역으로 여행을 하면 전혀 다른 숲경관을 보게되고, 강원도 등 북쪽으로 가게 되면 또 다른 경관을 보게 되는 것이다.

숲의 역사를 보면 사람의 역사가 보인다.

시간의 흐름은 역사를 만들어 낸다. 아무것도 없는 맨 땅에서 시작된 변화는 숲을 만들고 숲의 역사를 만든 것이다. 역사는 반복된다고 하지 않던가? 절정기에 오른 숲은 자연발화에 의한 산불 등 자연재해로 소멸되고 그렇게 숲의 일대기가 마무리 되지만 그 자리에서 다시 숲이 시작된다.

사람의 역사도 마찬가지이다. 태어나서 유년기, 청년기, 중년기, 노년기를 거치는 과정은 사람의 역사이다. 사람의 역사를 무리로 확대하면 개개인이 명멸하는 우리 사회의 역사가 된다. 우리는 사회의 구성원이 되어 삶을 살아간다. 그렇다면 숲의 역사처럼 사람의 역사도 숲과 닮은 점이 있지 않을까? 그렇다! 사람의 역사도 숲의 역사와 매우 흡사하다. 뒤집어 보면 숲, 그들도 우리처럼.

앞서 숲의 천이과정을 머릿속에 염두해 두고 우리의 근대사를 잠깐 뒤돌아보자. 1950년대초 국토가 한국전쟁으로 초토화 되었다. 폐허 속에서 희망이 없던 그 시절은 천이 초기의 맨땅과 닮아있다. 힘들고 앞날을 예측할 수 없는 상황에서 우리가 구사한 전략은 후손을 많이 남기는 것이다. 이른바 베이비붐세대. 전후 가난과 기아속에서 기적처럼 삶을 이어갔고 지금은 세계 10위권의 경제력을 자랑하는 국가가 되었다. 숲에 비유하면 극상단계로 나아가고 있는 것이다. 맨땅에서 숲이 만들어 진 것이다. 오늘의 숲은 그냥 만들어지지 않았다. 1960대부터 이어져 온 군부독재는 시간이 지나면서 문민정부로 바뀌었고, 중간에 잠시 혼란스러운 시기가 있었으나 촛불의 힘으로 오늘에 이르렀다. 같은 공간에서 정권의 변화는 숲의 역사에서 공간은 같지만 점유하고 있는 우점종이 달라지는 것과 같다. 이러한 것을 숲에서는 종의 치환(species replacement)이라고 부른다. 물론 지나간 일에 대한 표현은 간단하지만 긴 변화의 시간이 있었음은 물론이다.

앞서 설명한 천이에서 소나무군집은 그들 끼리 단결하고 외부에는 저항하는 기작을 갖고 있다. 이를 종간경쟁이라고 하는데, 소나무는 솔잎을 떨구고 낙엽진 솔잎은 부식되면서 다른 식물의 종자가 발아하지 못하도록 화학물질을 분비하는 타감작용(allelopathy)을 한다. 움직일 수 없는 식물이 화학물질로 저항하는 것을 항생기작이라고 하는데, 이는 그들만의 세력을 유지하기 위함이다. 마치 정권을 유지하려고 노력하는 것과 같다. 그러나 세월이 흐르면서 조금씩 환경이 변하여 결국에는 소나무의 저항을 이겨내고 도토리가 발아하여 참나무류가 자리를 잡는다. 정권이 바뀐 것이다. 처음에는 미미하였으나 그렇게 성장한 참나무류는 햇볕을 좋아하는 이웃 소나무보다 크게 자라 소나무를 도태시켜 나간다.

한 그루, 한 그루. 고사한 소나무 사이로 다른 수목들이 자리를 잡아가면서 소나무숲은 어느덧 사라지고 새로운 세력이 자리를 차지한 것이다. 새로운 세력은 대체로 소위 참나무라 부르는 참나무류의 식물들이다. 도토리를 맺는 참나무류는 낙엽이 지는 목본으로 신갈나무, 갈참나무, 졸참나무, 떡갈나무, 굴참나무, 상수리나무의 6종류가 있다. 옛사람들은 모두 도토리를 맺으니 참나무라고 부른 것이다. 한동안 참나무류가 세상을 지배하는 듯 보이지만 이들도 어느덧 사라지고 새로운 세력이 또 자리를 잡는다. 혹은 주변 환경탓에 참나무류 단계에서 지속성을 유지할 수도 있다.

한국전쟁 이후를 천이초기에 비유하면 오늘날 큰나무들이 자리잡는 것을 극상기라고 볼 수 있다. 극상단계는 몸집이 커야 생존에 유리하고 예측 가능한 삶이 가능하다. 사회적으로 보면 안정기라고 할 수 있으므로 우리는 현 상황에서 급격한 변화가 적을 것으로 보고 미래를 설계하고 미래를 위한 준비와 투자를 한다. 또한 변화가 있다해도 예측가능한 범위에 들어오므로 경제성장을 예측하기도 하고, 변화에 대한 대응도 준비한다. 다만, 성장한 사회를 유지하기 위한 비용을 많이 지불하기 때문에 생산성은 낮아지는 경향을 띤다. 숲의 에너지 원천은 태양에너지를 광합성을 통해 탄수화물로 전환하면서 비롯되는 것인데, 나무가 큰 만큼 많은 생산을 하지만 역시 큰 덩치를 유지하기 위해 소비도 많이 하게 되는 이치와 같다. 이처럼 숲을 보면 우리 사회가 보인다.

숲! 그들도 우리처럼.

휴대전화를 열어보자. 요즘은 스마트폰이라고 해서 기존 음성통화, 문자메세지는 물론 사회적관계망서비스, 금융, 쇼핑 등을 지원해 주는 프로그램들이 탑재되어 있다. 정말 똑똑하다. 그런데 음성통화도 그렇고 SNS도 그렇고 사용하는 대상과 빈도를 살펴보면 재미있는 그림이 그려진다. 비록 내 휴대전화기에 지인들이 수천명이 있어도 자주 통화하고 메시지를 주고 받는 사람은 한정되어 그리 많지 않다. 통신기록을 중심으로 빈도가 높은 사람을 가까이에 그리고 굵은 선으로 표현하고 빈도가 낮은 사람은 얇은 선으로 멀리 배치해 보자. 이렇게 하면 사회적 관계망도(sociogram)가 그려진다. 이렇게 관계망도를 그리면 우리가 피상적으로 알고 있는 사회적 관계를 시각적으로 수월하게 볼 수 있다.

그렇다면 다양한 식물들이 더불어 살고 있는 숲은 어떨까? 그들도 우리처럼 사회를 이루고 관계를 맺으면서 살고 있지 않을까? 생태학은 생물들이 그들을 둘러싼 환경과 관계를 맺으며 살고 있으므로 그 관계를 밝히는 학문이다. 그러므로 숲도 각 개체는 물론, 개체군, 군집 그리고 생태계 단위에서 상호작용을 하는데 이를 연구하는 분야를 식물사회학(plant sociology)이라고 한다.

기존 식물사회학에서는 숲을 이루는 구성종간의 친소관계를 종(種)간 상관관계라는 통계적 방식으로 종들간의 관계를 밝히는 시도를 해왔다. 예를 들면 소나무숲에 가면 늘 동반해서 나타나는 식물은 정(+)의 상관관계를 갖고, 드물게 나타나거나 아예 나타나지 않으면 부(-)의 상관관계를 갖고 있다고 표현하는 것이다. 그렇지만 이러한 연구는 연구자들의 전유물로 이해되고 대중들이 이해하기에는 다소 어려운 측면이 있다.

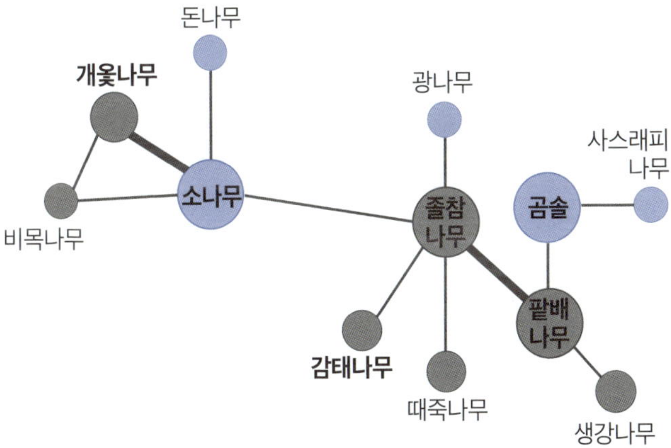

식물사회 네트워크 시각화 개념도

그래서 필자는 연구진과 함께 식물들의 친소관계를 알기 쉽게 표현할 수 있는 방법을 찾아보았다. 대상지는 부산이다. 부산은 바다와 인접해 있는 해안도시로써 해안가 식물은 물론 내륙의 식물들도 볼 수 있는 곳이다. 부산을 대상으로 많은 지점을 조사를 하고 각 지점에서 어떤 식물들이 생육분포하고 있는지를 조사하였다. 방대한 조사 결과를 바탕으로 식물들의 친소관계를 사회적 관계도로 표현하였다. 식물의 사회적 관계를 시각적으로 표현하니 어떤 식물들이 어떤 식물들과 가깝게 지내는지 알 수 있었다. 그렇다. 숲! 그들도 우리처럼.

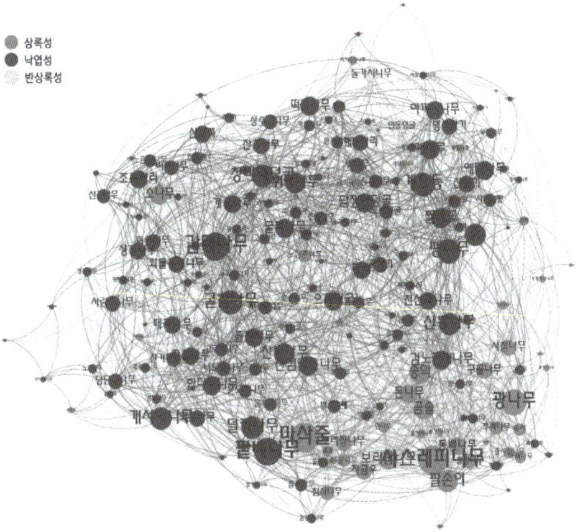

부산지역 식물의 사회적 관계를 시각적으로 구현한 사례

(출처: 이상철(2018) 도시숲의 식생구조와 식물사회네트워크 분석을 활용한 생태적 식재모델 연구. 부산대학교 조경학과 박사학위논문)

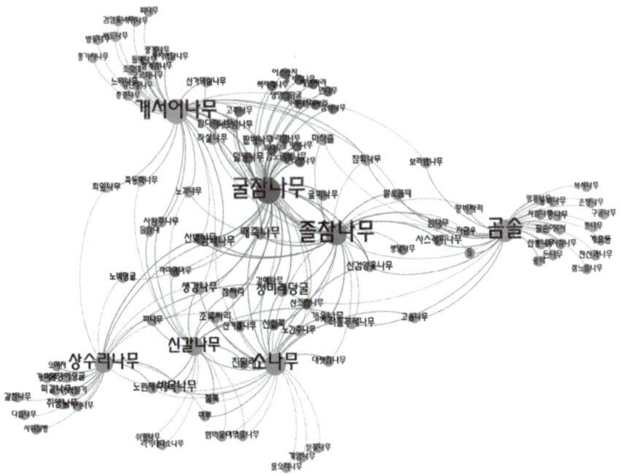

부산지역 주요 식물의 사회적 관계를 시각적으로 구현한 사례

(출처: 이상철(2018) 도시숲의 식생구조와 식물사회네트워크 분석을 활용한 생태적 식재모델 연구. 부산대학교 조경학과 박사학위논문)

너의 이름을 부르마.

숲은 늘 우리 주변에 있었다. 숲을 대하는 우리의 자세는 늘 달랐다. 사람마다 다르고 시대마다 다랐고 지금도 여전히 그럴 것이다. 가까이 있어서 너무 소홀했던가? 사실 숲은 우리에게 말없이 아낌없이 주고 있었다. 환경적으로, 경제적으로 그리고 문화적으로 숲은 공익이라는 이름으로 필수불가결한 존재이다. 그렇지만 우리는 숲을 사물이상의 객체로 보지 않았다. 그렇지만 어떤가? 숲은 인간의 역사처럼 그들의 역사가 있고, 삶이 있고 그들 간의 관계도 있다. 우리의 지혜가 부족할 때는 숲의 역사를 통해 우리를 이해할 수 있고, 숲과 더불어야만 우리의 미래가 있는 것이다. 그러한 숲을 우리는 우리와 동등하게 대하려고 노력할 필요가 있고 숲은 그럴 자격이 있다고 생각한다. 그러기 위해서는 숲의 존재감을 표현해 주어야 한다. 숲에게 이름을 붙여주면서! 그리고 그 이름을 불러주면서.

이 수 진

/

경성대 심리학과 교수. 연세대학교에서 임상심리를 전공하고 박사학위를 받았다. 서울시 교육청 청소년상담센터에서 전문상담원으로 일했으며 한양대학병원 및 신촌세브란스병원 신경정신과에서 임상심리전문가 수련과정을 마쳤다. 보건복지부 정신건강 임상심리사이며 한국심리학회 임상심리전문가 및 학교심리전문가이다. 미국 워싱턴대학교 의과대학 정신과 웰빙센터에서 방문교수로 있으면서 클로닌저(Cloninger) 박사의 기질 및 성격 검사(TCI)를 본격적으로 접한 후, 인성이 개인 적응과 웰빙에 미치는 영향을 다방면으로 연구하고 있다. 또한 우리나라의 사상의학과 심리학을 접목해 인간을 과학적이면서도 통합적으로 이해하려는 연구를 진행 중이다. 2018년에 이어 세계인명사전인 [마르퀴즈 후스후(Marquis Who's Who)]에 3년 연속 등재되었다.

대인관계의 내로남불:
어떻게 해결할 것인가

일에서 만나는 대인관계의 어려움이든, 일반적인 대인관계에서 겪게 되는 어려움이든 우리를 가장 심란하게 하는 것은 대인관계에서 오는 어려움일 것이다. 일선 상담센터에 찾아오는 사람들의 대부분이 대인관계 어려움 때문에 찾아오며, 심지어 일 문제로 찾아오는 사람들도 그들의 고민을 자세히 들어보면 일 문제라기 보다는 대인관계 문제로 고민하고 있음을 깨닫게 된다. 과연 어떻게 해결해야 할까? 무엇보다도 우리는 이러한 대인관계의 갈등이나 이로 인해 화가 나는 상황에 직면하면 마법의 알약처럼 한번에 이 복잡한 상황을 해결해 줄 무언가를 기대한다. 심리학 전공자인 저자도 그런 방법이 없는 것을 알면서도 혹시나 하는 마음에 전공과 관련된 대중서적을 뒤적이다 보면 피식 웃음이 나온다. '전공자인 나도 이런데 비전공자인 일반인들은 대인갈등이나 분통이 터지는 상황에서 오죽할까' 하는 생각이 절로 든다.

그렇다면 이러한 대인관계의 어려움의 원인이 무엇이고, 이러한 갈등해소의 방법은 무엇이 있는지 등등 궁금한 질문들이 주마등처럼 떠오를 것이다. 우선 모든 학문의 기본이 분류에서 출발하듯이 우리는 갈등을 나름대로 정리해 볼 것이다. 이러한 대인관계 갈등은 갈등의 주체에 따라 그리고 갈등의 심각성에 따라 구분할 수 있다. 즉 개인 대 개인 차원에서 발생하는 것인지, 개인 대 집단, 또는 집단 대 집단 사이에서 발생하는 것인지 또는 갈등의 심각성에 따라 상중하로 나눌 수도 있다. 이런 분류를 통해 우리는 마주한 갈등을 이해하고 해결하려고 노력한다. 갈등의 시작인 사소한 오해를 풀고 그동안 쌓였던 묶은 감정을 풀어내면 비온 뒤에 땅이 더 굳어진다는 속담처럼 더 든든한 관계가 된다고 믿으면서.

그런데 모든 갈등이 다 해결가능한 것은 아니다. 사소한 오해는 쉽게 풀릴 수 있지만, 노력을 기울이더라도 상당한 시간을 필요로 하는 상황들이 존재한다. 예를 들면, 여자와 남자의 성차별적 다툼이라든지, 기성세대와 젊은세대의 세대차이에서 오는 다툼이라든지 하는 것들이 여기에 해당할 것이다. 이러한 갈등의 경우 사회적 이슈를 다루는 단체의 구성원 중에서 '대화의 힘'을 믿는 개인 및 집단의 부단한 노력이 필요할 것이다. 지성인들의 집합체인 대학교에서도 교수협의회 대 본부의 갈등이라는 유사한 일이 있는데, 그 갈등을 가만히 들여다 보면, **서로 혹은 한쪽이 상대방에 대한 오해를 가지게 되어 서로 믿지 못하게 되고, 상대방이 틀렸다고 생각되어 그 상대방을 바꾸기 위해 노력하고, 상대방을 변화시키려는 방법이 효과가 없다고 생각되면 극단적인 방법을 찾아 자기가 원하는 것을 이루려고 한다.** 이러한 상호작용을 통해 갈등이 해결되지 않는다면 결국 관계는 상당히 틀어지게 될 것이다. 그렇게 된다면 집단이든 개인이든 간에 갈등의 정도가 심각해지면서 이런 순서를 밟아나가지 않을까 싶다. 물론 갈등 자체를 직면하기 싫어서 갈등의 여지가 느껴지는 초기에 무조건 관계를 중단하는 사람도 있겠지만 말이다. 여하튼 여기에서 중요한 것은 모든 갈등을 지금 당장 다 해결할 수는 없다는 점이다.

모든 갈등을 다 해결할 수 있지는 않다는 말에 적잖이 실망하는 독자들이 있을 것이다. 그렇지만 우리는 **현실적인 수준에서, 그리고 내가 할 수 있는 정도에서** 무언가를 풀어나갈 수 있다. 우리는 전지전능한 신이 아닌 인간이라는 점을 잊으면 안 된다. 내가 할 수 있는 만큼만, 현실적인 수준에서 갈등 해결을 위해 노력할 수 있다는 말이다. 그리고 또 다른 바람은 이러한 갈등의 악순환 구조에 빠져들지 않도록 미리 예방하는 것도 중요하다는 것을 하나쯤 더 덧붙일 수 있겠다. 자 그러면 갈등이 생기기 전에 혹은 심각해지기 전에 갈등을 해결하고 예방할 수 있는 방법은 무엇일까?

첫 번째 단계: 인지행동적 접근

모든 갈등 상황에 모두 적용되는 만능의 방법은 없지만 요즘 상담이나 심리치료에서 유용하게 사용하는 방법인 인지행동적 접근을 사용해 볼 수 있겠다. 인지행동적 접근은 우리의 인지(cognition) 즉 생각(thought)이 감정과 행동 및 대인관계에 중요한 영향을 미치며, 이것들이 서로 밀접하게 연결되어 있다고 가정한다. 즉 인지에 초점을 맞추어 심리적인 문제를 이해하고 설명하며, 역기능적 자동적 사고 찾기, 인지적 오류 명명하기, 소크라테스식 질문법 등의 다양한 기법을 사용하여 인지의 변화를 촉진함으로써 개인의 문제를 해결하고 대인갈등을 극복할 수 있는 방법이다.

인지행동적 접근을 쉬운 말로 풀어 쓰자면 '꿈보다 해몽'이라는 우리 속담을 떠올리면 된다. 예를 들어보자. 중요한 면접에 늦어 헐레벌떡 노심초사 뛰어가고 있는데, 누군가 뒤통수를 때린다면 십중팔구 대부분의 사람들은 '이게 뭐지? 아 참나~~ 오늘 풀리는 일 정말 없다... 나를 무시한 너, 오늘 내 손에 죽자'는 생각과 함께 주먹을 불끈 쥐고 눈에 힘을 준 채 뒤를 돌아볼 것이다. 그런데 뒤를 돌아보니 아니 이럴 수가~ 평소에 내가 좋아하는 연예인(독자가 여성이라면 공유, 원빈, 김수현 등을 떠올리시고, 독

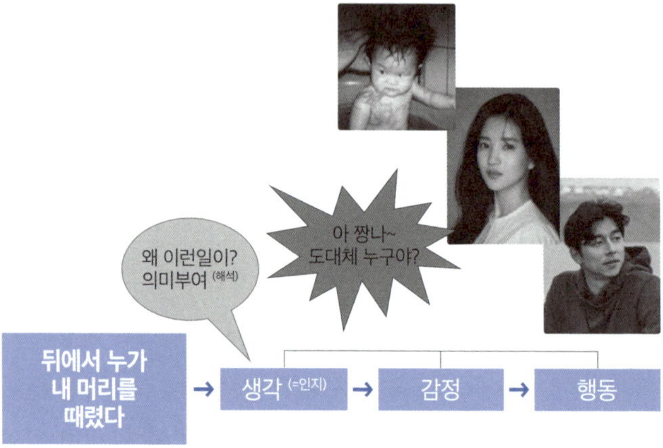

그림 1. 인지행동적 접근(생각-감정-행동의 관계)[1)]

자가 남성이라면 김태리, 김태희, 전지현 등을 떠올리시라, 아니면 여러분이 좋아하는 그 어느 누구도 좋다)

이 바로 내 뒤에 떡하니 서 있지 않는가? 바로 이 순간 여러분들은 주먹에 힘이 풀리고 눈에 하트가 나타나면서 얼얼한 뒤통수의 아픔이 사라져갈 것이다(그림 1 참조). 대신 기분좋은 놀라움, 행복감, 환희 등의 감정을 느끼며, 서슴없이 '뭔가 물어보려고 인기척을 한다는게 세게 손이 나갔구나. 뭐 이런 걸...

1) 저자가 강의 중에 쓰는 자료인데 사진들은 아래의 사이트에서 캡쳐해 왔다.
공유 https://m.post.naver.com/viewer/postView.nhn?volumeNo=8058215&memberNo=16248634
김태리 https://www.pinterest.co.kr/pin/692428511434589720/
문신한 아기 http://smart.gameshot.net/?fn=9&bbs=pic&no=4294961585

제가 뭐 도와드릴까요?... 사인 좀 해 주세요, 사랑해요' 등등의 생각을 하는, 좀전의 독한 결심과는 전혀 다른 생각을 하는 자신을 발견할 것이다(아마 좋아하는 연예인을 상상하는 것만으로도 얼굴에 미소가 퍼져가는 독자도 있을 것이다).

왜 이런 일이 생기는가? 좀전에는 화가 머리끝까지 치솟았는데 몇 초 지나지 않아 헤벌레하고 웃고 있는 나는 이상한 사람인가? 물론 아니다. 꿈보다 해몽이라는 속담처럼, 상황 자체보다는 해석(=생각)의 중요성을 강조하는 것이다. 이런 상황을 이해하기 위해서는 몇 가지 전제가 필요하다. 그 첫 번째가 사람은 생각하는 존재라는 것이다. 우리는 자신이 경험하는 것에 언어를 매개로 의미를 부여하는 존재이다. 김춘수님의 '꽃'이란 시처럼 우리는 지각하는 모든 것에 의미를 부여하며 그 의미에 따라 행동하는 존재인 것이다. 물론 의미를 부여하는 그 의식적인 순간을 매순간 의식하기도 하지만 반복적으로 경험하게 되면 마치 습관이 되어 의식하지 못할 뿐 우리는 반복되는 유사한 외부의 자극을 일관되게 해석한 후 특정한 고정된 반응을 하는 습관의 동물이다. 두 번째로 우리는 상반되는 두가지 감정을 동시에 느낄 수 없는 존재이다. 동시에 느낀다고 생각할 때도 사실은 아주 작은 시간 차이로 번갈아가며 느끼는 것 뿐이며, 더 우세한 지배적 감정을 주도적으로 느끼며 상반된 다른 감정은 점차 덜 느끼는 그런 존재이다. 다시 말하면, 누가 내 머리를 뒤에서 때릴 때 대부분은 아픔과 함께 그 상황에 대한 생각(해석, 의미라고 바꾸어 써도 된다)을 부여하고 화가 난다는 감정과 동시에 0.1초 만에 특정한 행동(예: 뒤를 돌아보며 째려본다, 욕을 한다, 주먹을 날린다 등)을 결정하게 된다. 그렇지만 그 찰나에서도 수정된 생각을 하게 되면(예: 아니 이게 누구야, 내가 좋아하는 공유 아니야?) 재빨리 화가 나는 감정이 행복감으로 바뀌게 되면서 악수를 청하거나 사인받을 종이를 찾는 행동을 취하게 된다. 이 때의 핵심이 생각이다.

물론 위의 예에서 뒤에서 누가 내 머리를 때렸을 때, '나는 그런 대접을 받아도 마땅해... 아무도 나를 사랑하지 않아' 등의 부정적인 생각을 가진 사람도 있을 것이다. 생각과 감정은 동전의 앞뒷면과 같아서 부정적인 생각과 부정적인 감정 혹은 긍정적인 생각과 긍정적인 감정은 대개 같이 다닌다. 그런데 대부분의 사람들은 이런 부정적인 생각보다는 핑크빛 안경을 쓰고 세상을 바라보듯이 대개 긍정적이고 희망찬 생각과 감정을 가진다. 따라서 다음에 제시되는 설명도 후자의 사람들을 대상으로 한 설명이다. 혹 독자 중에 전자의 부정적인 해석과 여기에 따르는 부정적인 감정을 평소에 가지고 있다면, 그리고 이러한 상태로 인해 괴롭고 자신이 해야할 일을 잘 하지 못한다면, 그리고 꽤 오랜 시간을 이런 상태로 지내고 있다면... '많이 힘드셨지요' 라는 위로와 함께 힘든 선택이겠지만, 주변의 가까운 상담센터를 찾아가시길 강력하게 권유해 드린다.

자~ 다시 본론으로 돌아가 보자. 대인관계에 대해 이야기하고 있다가 '왜 생각으로 주제가 흘러가고 있는가? 이게 왜 중요하지' 라고 생각한다면 위에서 언급하였던 갈등의 시작이 서로 상대방에 대한 오해, 즉 '그릇되게 해석하거나 뜻을 잘못 앎[2)]'이란 생각에서 시작한다는 것을 떠올리시면 된다. 자기중심적이고 자기합리화의 대가인 우리는 **내로남불**(내가 하면 로맨스, 남이 하면 불륜)의 태도를 가진다. 서로 잘 모르기 때문에 탐색적인 단계에서 조신하였던 초반을 지나 익숙해지고 편안해지는 중반 즈음 어딘가에서 우리는 상대방에 대한 나만의 독특한 생각을 쌓아가게 된다. 상대방에 대한 생각/해석이 상대방에 대한 무한 신뢰로 나아갈 수도 있지만, 대개는 상대방을 장단점을 파악해 가면서 상대방이 이런 사람이라는 판단(판단 역시 생각이다)을 내리게 된다. 그런데 이런 판단의 과정에 상당한 시간과 노력을 투자하기도 하지만 대부분

2) 출처: 네이버 국어사전

은 **인지적 구두쇠**(cognitive miser)의 입장을 취한다. 인지적 구두쇠란 사람들이 대개 심리적 에너지를 아끼며 인지적 부담을 줄이려 노력하는 존재로, 간단한 단서에 의해 상대방을 쉽게 판단하려는 기본적 경향이 있음을 뜻한다. 즉 우리는 내가 직접 경험하고 느낀 것으로 상대방으로 평가하고 판단하기 보다는 남에게 들은 소문이나 평가를 그대로 받아들여 상대방을 판단한다는 것이다. 얼마나 시간과 노력을 아낄 수 있는 효율적인 방법 아닌가? 우리는 대개 이런 방법을 통해 상대방에 대한 생각들을 의식적으로 혹은 무의식적으로 쌓아나간다. 그러면서 갈등 상황이 생기면, 특히 이해관계가 얽히는 갈등 상황이 생기면, 평소에 기억하지 못하고 있던 상대방에 대한 평가(예를 들면, 이기적이다, 구두쇠다, 남을 배려하지 않는다, 거짓말을 잘한다 등등)에 귀를 기울이게 되고 조금씩 대인관계에서 균열이 생기게 된다.

대인관계의 갈등은 이러한 생각과 생각에 수반되는 감정들과 행동들이 끊임없이 서로 영향을 주고 받으면서 커져 간다. 그림 1에서 설명하였듯이 뒤통수를 맞았던 화가 나는 감정은 공유나 김태리를 보면서, 당연히 화가 났던 상황임에도 불구하고 다른 해석을 통해 정반대의 감정을 느끼고, 이러한 감정과 생각이 일치하는 쪽으로(우리는 그 상대방의 생각과 감정을 정확하게 알 수가 없다. 심리학에서 독심술을 가르치는 것이 아니니 우리는 보이지 않는 상대방의 생각이나 감정을 행동을 통해 추론할 뿐 정확하게 아는 사람은 아무도 없다) 상황에 따라 미화시키면서 내로남불의 태도를 취하게 된다.

그런데 이번에는 공유나 김태리 사진 위의 또다른 사진을 보자. '이게 뭐지? 아 참나~~ 오늘 풀리는 일 정말 없다... 나를 무시한 너, 오늘 내 손에 죽자'라는 생각과 함께 주먹을 불끈 쥐고 눈에 힘을 준 채 뒤를 돌아보았는데, 아니 키 180cm에 몸무게 180kg은 되어 보이는 맹금류 문신을 한 사람이 뒤에 서 있다면, 십중팔구 우리는 '아이고 죄송합니다'라고 90도 각도로 인사를 한 뒤 재빨리 줄행랑을 칠 것이다. 우리가 잘못한 것은 하나도 없는 데도 말이다. 즉 우리는 매 순간 상황에 대한 재빠른 해석을 통해 자신에게 이득이 되는 상황에서는 의식적이든 무의식적이든 긍정적인 해석을, 그렇지 않은 상황에서는 부정적인 해석을 쌓아가며 대인관계를 만들어 나간다.

그렇다면 갈등을 예방하기 위해서 우리는 무엇을 해야 하는가? 첫번째는 내가 인지한 대인관계의 갈등과 어려움에서 그 상황을 객관적으로 바라보기이고 두 번째는 그때 내가 무슨 생각을 하는지 알아차리기이다. 예전에 저자가 일했던 상담센터에서 만났던 한 중학생이 떠오른다. 친구 얼굴에 주먹을 날려 징계 차원에서 상담을 받아야 하는 상황이었는데, 이 남학생은 '선생님, 걔가 절 째려보는데 참을 수가 없어서 한방 날렸어요'라며 씩씩거리며 이야기를 이어나갔다. 상담[3)]이 진행되면서 그림 1에서 설명한 인지행동적 접근을 통해 이 중학생을 이해하고자 했는데, 그 남학생은 독특한 사고체계를 가지고 있었다. 즉 남한테 무시당한다는 생각이 들면 매우 감정적으로 취약해져서 화가 나고 이를 주체할 수 없이 자동적으로[4)] 주먹을 날리게 되는 것이었다. 상담에서는 '째려보는 건 무시하는게 아니야' 라고 무조건 상대방 생각을 고치거나 긍정적으로 생각하라고 가르치지 않는다. 혹은 무시당했을 때는 이렇게 행동하라는 테크닉만을 가르치지도 않는다. 상담에서는 무시당했다는 생각과 그 생각에 따라오는 감정을 오히려 공감하고 인정해 주면서, 왜 이런 생각을 하게 되었는지 찾아본다. 상담의 전환점은 바로 무시한다고 째려보는 그 눈이 도대체 어떤 눈인지 상황을 객

3) 상담이란 현재 우리가 겪고 있는 문제, 심리적 어려움과 고통을 함께 대화로 해결해 나가는 과정으로, 당면한 문제해결과 자기이해를 돕고, 앞으로 삶에서 자신이 나아갈 방향을 결정하도록 협력하는 작업이다(한국상담심리학회 홈페이지에서 따옴) http://www.krcpa-counsel.or.kr/counseling_01.asp

4) 이러한 반응을 '무조건적 반응' 또는 '일차적 반응'이라고 하는데 기억해 두자

관적으로 바라보는 작업에서 시작되었다. 즉 친구의 눈이 정말 자신을 째려보는 눈인지, 째려보는 모든 눈에 무시당했다고 생각하는지, 째려보는 눈을 마주하면 항상 주먹을 날리는지 등을 탐색하게 되었다. 그러다가 그 남학생은 친구의 째려보는 그 눈이 술을 먹고 들어오면 자신을 때리는 바로 아버지의 눈을 떠올리기 때문이라는 자신의 생각을 깨닫게 되었다. 그 사실을 깨닫는 순간부터 남학생의 상담은 속도가 붙어서 자기를 쳐다보는 친구의 째려보는 눈(사실 째려보는 눈도 아니었다. 친구는 평소와 같이 자신을 쳐다본 것인데, 아버지에게 맞은 다음날 그 남학생은 친구의 눈이 자신을 째려보는 것처럼 보이고, 자신을 무시한다는 그릇된 해석을 하게 된 것이다)은 자신을 때리는 아버지에 대한 분노에서 시작한 것이고, 아버지에 대한 분노를 아버지에게 터트리지는 못하고 자기보다 키도 작고 힘도 약한 친구에게 주먹을 날린다는 것을 알아차리게 되었다.

다시 정리하자면 친구의 째려보는 시선 때문에 무시당했다는 생각이 들어 화가 나서 주먹을 날리는 행동의 뒤에는 아버지의 폭력에 대한 분노가 자리잡고 있었고 그 분노를 아버지가 아닌 자기보다 약한 친구한테 분출함으로써 남학생의 입장에서는 이해관계가 덜 얽혀있는 친구를 통해 해소하고자 하였던 것이다. 즉 대인관계의 갈등상황을 객관적으로 바라보기와 그때 내 생각이 무엇인지 알아차리는 것이 대인관계의 갈등을 예방하거나 악화시키지 않는 첫 번째 방법일 것이다. 음... 쉽지 않다고? 그렇기 때문에 심리상담사/심리치료사 혹은 심리평가를 업으로 하는 사람들이 밥을 먹고 살고 있는 것 아닐까? 여하튼 대인관계 해결의 첫 번째 단계는 갈등 상황에서 '내 생각(인지)을 들여다보기' 이다.

두 번째 단계: 마음챙김적 접근

그런데 내 생각을 들여다보는 것이 쉽지 않다. 위에서 언급한 인지적 구두쇠라는 전략을 사용하는 것처럼 우리는 무한 경쟁이라는 사회적 분위기 속에서 항상 무언가에 쫓기듯 바쁘게 생활한다. 그렇기 때문에 차분하게 내 생각이 무엇인지 들여다 보기는 쉽지 않다. 시간을 내기도 어렵고 그나마 시간이 생겨도 지친 와중에 내 마음을 들여다 볼 마음의 여유를 좀처럼 가지기 어렵다. 그런데 대부분 관계의 어려움은 아주 작은 일부터 시작되는데, 대부분의 우리는 갈등이 한참 진행이 되고 나서야 언제부터 그런 일이 생겼는지 돌이켜 보면서 비로소 그때의 그 작은 일부터 시작되었다는 것을 종종 깨닫게 된다. 그렇다면 그 작은 일에서 내가 어떤 생각을 하였는지 들여다보아야 하는데, 이렇게 바쁘게 사는 삶 속에서 과연 신경을 써서 주의를 기울일 수 있을까 하는 의문이 든다. 즉 내로남불적인 데다가 인지적 구두쇠인 대부분의 사람들은 지쳐 있고 피곤한 데다가 해야할 일이 산더미처럼 많은 와중에서 이런 작은 일까지(정확히는 그 작은 일에 부여한 의미와 감정과 행동까지) 주의를 기울여 생각해 보기란 절대 쉽지 않다. 아마 이 글을 읽는 독자 여러분도 마찬가지일 것이다. 그렇지만 이런 상황들이 반복되면서 관계의 불편함을 종종 느끼게 된다면, 그리고 그 사람과의 관계를 개선하길 원한다면 그때 여러분에게 소개하고자 하는 것이 바로 **'마음챙김에 근거한 명상'** 또는 **'마음챙김적 접근'**이다.

'고요히 눈을 감고 깊이 생각한다'는 의미의 **명상**(瞑想) [5]이라는 단어를 부정적 이미지가 같이 떠오르는 분들도 계실 수 있다. 더욱이 황홀경에 빠지는 명상(名相: 망상을 일으키고 미혹하게 하는, 들리고 보이는 모든 것) [6], 부자가 되는 명상과 같은 문구들을 대중매체를 통해 접해 왔다면 더욱 이런 생각이 굳어질 수 있다. 그런데 명상(瞑想)은 최근 심리치료의 한 부분으로 매우 중요한 역할을 하고 있다. 한편 심리학적 관점에서 **마음챙김**이란 '자신의 마음 속을 흐르는 감정, 사고, 신체감각에 주의를 기울이되, 사심없이, 객관성을 가지고, 가치판단 없이(부정적/긍정적) 이름을 붙이지 않고 바라보는 것'을 의미한다. 또한 마음챙김 명상은 방해받지 않는 조용한 곳에서(직장이라면 화장실도 매우 좋은 장소이다) 편하게 앉은 후 눈을 감은 채 일상적인 호흡에 집중하면서(대개 코 끝에서 공기가 들어가고 나가는 것에 집중한다) 무비판적 태도로 떠오르는 생각, 감정 등을 있는 그대로 바라보고 내려놓는 것(물 흘러가듯이 흘러가는 것을 그냥 지켜보는 것)을 의미한다. 자~ 그럼 마음챙김 명상을 해 볼까?

.

.

.

하고는 싶은데 어떻게 할지 막막하신 분들이 계실 것 같다. 관계개선을 위해 생각의 중요성을 깨닫고 '생각 들여다 보기'를 기꺼이 해 보겠다는 독자가 계시다면, 마보[7]를 권유해 드린다. 마보(마음보기 연습)는 2018년에 구글 플레이 스토어에서 '올해를 빛낸 숨은 보석 앱'으로 선정된[8] 앱(app)으로, 영상을 보거나 들으면서 마음챙김 명상을 연습할 수 있도록 도와준다[9]. 여기에 조금의 치트키를 쓴다면 마음챙김 명상을 하기 전에 30초에서 1분 정도의 복식호흡을 강력하게 권한다. 복식호흡을 통해 우리는 사소한 순간부터 화가 머리 끝까지 차올라 이성을 잃을 만큼 머리 속이 복잡할 때, 다시 마음을 차분히 가라앉히고 머리를 차갑게 식힐 수 있도록 도와준다. 복식호흡은 자율신경계[10]중 부교감신경계를 활성화시켜 마음챙

5) 출처: 네이버 국어

6) 출처: 네이버 국어사전. 한자어는 다른데 우리말은 같다

7) 출처: 3분 마음챙김 영상 https://www.youtube.com/watch?v=zCpNnO7DyWY&t=1

8) 출처: 신문기사 http://www.newsian.co.kr/news/articleView.html?idxno=35990

9) 마보의 언급과 관련하여 저자는 마보로부터 어떠한 이득도 제공받지 않음을 밝힌다.

10) 혈압, 호흡수 등의 특정 신체 작용을 개인의 의식적 노력 없이 자율적으로 작동하도록 하는 신경계로 교감신경계와 부교감신경계로 구분할 수 있다. 교감신경계는 싸우고, 도망가고 각성될 때 활성화되며, 부교감신경계는 쉬고 먹고 마실 때 활성화된다.

김 명상에서 얻을 수 있는 잇점을 최대화한다. 복식호흡은 1부터 4까지 숫자를 세면서 코로 천천히 숨을 들이마시고 5, 6의 숫자를 세는 동안 잠시 숨을 멈추었다가 7부터 10까지 다시 천천히 입으로 숨을 내뱉는 것을 반복하면 된다. 이때 숨을 들이마실 때는 배가 빵빵해지고 숨을 다시 내뱉을 때는 배가 홀쭉해진다면 잘 따라하고 있는 것이다.

3회 이상의 복식호흡 후 3분간 마음챙김 명상을 하다보면 우선은 그 짧은 시간 동안 얼마나 많은 생각과 감정들이 머리 속에 떠오르고 사라지는지 알게 되어 깜짝 놀라게 된다. 또한 반복된 명상을 통해 평소에 미처 생각하지 못했던 자신의 여러 가지 생각들을 들여다 볼 수 있게 된다. 즉 이러한 명상 훈련을 통해 **'그때 내가 무슨 생각을 하는지 알아차리기**(바라보기)**'**에 보다 쉽게 도달할 수 있게 된다(명상은 직관이 아닌 체험을 통해서 느낄 수 있는 그 무엇에 해당된다. 독자 여러분들의 실천을 기대해 본다).

이러한 '알아차리기 혹은 바라보기'는 우리가 일차적 반응을 통제하고 **'이차적 반응'**을 선택할 수 있도록 도와준다. 다시 말하면, 위에서 예로 들었던 째려보는 친구의 눈에 자동적으로 주먹을 날렸던 남학생에게 자신이 그때 무슨 생각으로 그러한 행동을 하였는지 잠시 멈추어 서서 알아차리게 한다면 혹은 마음을 바라보게 한다면, 우리는 자동화되어 있었던 생각=해석을 읽어내게 되고 무조건적이고 자동적이었던 일차적 반응을 멈출 필요성을 느끼게 된다. 때로는 여기서 더 나아가 주먹을 날리는 일차적 반응을 그만두고 상황에 적절한 새로운 대처 행동을 실천하는 '이차적 반응'을 할 수 있게 된다.

정리해 보자. 대인관계에서 기억에 남는, 갈등의 여지가 될 수 있는 사소한 일들을 떠올리면서 마음챙김 명상을 통해 그 상황을 돌이켜 보면 우리는 그때의 생각과 감정, 행동을 무비판적으로 바라보는 나를 발견할 수 있게 된다. 내가 나를 거리를 두고 바라보는 경험은 바쁜 일상생활 속에 자동적이고 무조건적이었던 일차적 반응을 자각하게 하고, 일차적 반응의 부적응성을 마음 깊이 깨닫게 되어 변화의 필요성을 절실히 느끼게 될 수 있다. 나아가 우리는 주변 상황/자극이 가져오는 무심결에 하던 행동들을 버리고 새로운, 환경에 보다 적응적인 행동을 선택할 수 있게 된다.

마무리하며: 우리는 진정 변화를 원하는가?

법륜 스님의 즉문즉설 중에 기억에 남는 영상이 하나 있다.[11] 75세 어르신이 '어찌 해야 이놈의 화를 없앨지'라는 20분짜리 영상[12]인데 마누라한테 자꾸 화를 내는데 어떻게 고쳐야 할지 방법을 알려달라는 질문을 한다. 법륜스님은 진짜로 화내는 행동을 없애고 싶은 게 맞냐고 먼저 물으신 다음, 화내는 행동을 없애는 진짜로 멋진 방법을 제시한다. 스포일러가 될까봐 방법을 여기에 쓰지는 않지만 혐오치료(aversion therapy) 13)에 근거한 아주 멋진 방법이었는데, 그 어르신이 그 방법을 실천에 옮기려고 하지 않는 모습을 보이자, 법륜스님은 그 어르신에게 당신은 진짜로 화를 없애고자 하는 것은 아닌 것 같다고 이야기한다(여기까지 글을 읽고 있는 독자라면 유튜브에서 이 동영상을 찾아 한번 꼬옥 보시길 바란다).

11) 저자는 특정 종교를 믿지는 않는다. 강의나 상담에 도움이 되는 좋은 이야기라면 불교, 기독교, 이슬람이든 가리지 않는다.

12) 출처: https://www.youtube.com/watch?v=r2Hb1peDdvc

13) 제거되어야 할 행동을 혐오스러운 자극 상태와 결합시킴으로써 혐오 자극에 대한 회피와 함께 바람직하지 못한 행동도 없어지게 하는 방법

14) 출처: https://ko.wikipedia.org/wiki/%EB%A9%94%ED%83%80%EC%9D%B8%EC%A7%80

대인관계의 어려움을 해결하고 싶다고 하지만 정말 우리는 변화를 원하는가? 마음은 그렇다고 하지만 가장 효과적인 해결방안을 제시하여도 앞글의 어르신처럼 우리 대부분은 머뭇거린다. 왜냐하면 해결방안을 실천하려면 노력과 시간 때로는 고통이 따를 수 있기 때문이다. 대부분의 우리는 굳이 이렇게까지 해가면서 그 사람과 관계를 개선해야 하는지에 대한 의문이 들면서 내로남불과 인지적 구두쇠 태도를 가지고 관계의 개선이 아닌 관계의 정리 혹은 그대로 두는 것은 아닐까 생각해 보지 않을 수 없다. 이러한 자기합리적 태도 밑에 숨어있는 자신의 생각과 감정과 행동을 잘 '바라보고' 동시에 상대방의 입장에서 바라보는 '역지사지(易地思之)'의 태도를 통해 우리는 진정한 변화의 필요성을 느끼는지 마음을 들여다 보아야 할 것이다.

자신의 생각을 바라보거나 역지사지의 태도를 취하는 것을 학문적으로 메타 인지(meta-cognition) 14)라고 부른다. 상위 인지 혹은 생각에 대한 생각이라고 정의할 수 있는데, 메타 인지의 방향을 상대방과 나의 유사점 찾기로 잡아 본다면, 관계 개선의 필요성을 조금 더 체험할 수 있지 않을까 싶다. 즉 진정한 변화의 필요성은 상대방과 내가 그렇게 다른 사람이 아니라는 것을 통해서 깨달을 수 있다. 관계의 갈등을 떠올리다 보면, 눈에 거슬리는 상대방의 아주 작은 행동이 사실 나라도 그런 상황에서 그럴 수 있겠다는 생각이 든다면... 그 사람과 내가 그렇게 다르지 않다는 것을 직접 체감할 수 있다면... 갈등을 통해 증폭된 상대방과 나의 차이점이 더 이상 크게 지각되지 않고, 유사점에 강조를 두면서 이해의 폭이 확장되는 경험을 할 수 있다. 진정 대인관계의 해결을 원한다면 상대방과 나의 차이점이 아닌 공통점 및 유사점을 가정해야 한다. 즉 상대방과 나의 다른 점을 차이점이 아닌 상호보완적인 특성으로 보느냐에 따라 상황에 대한 해석이 달라지고, 여기에 따른 감정이 달라지고, 결국 내가 선택하는 행동도 달라질 수 있게 된다.

자~ 이제 막바지에 도착했다. 대인관계의 어려움을 풀어나가는 여러 가지 방법들이 존재하지만 무엇보다도 우선해야 할 것은 변화에 대한 진정한 동기와 더불어 대인관계 문제를 해결하기 위한 올바른 가정의 여부이다. 해결을 목표로 출발선에 의지를 갖고 서 있으나, 출발을 알리는 총소리를 듣고 열심히 달려나간들 대인관계 문제에 있어 **'우리 모두가 연결되어 있으며 서로 그렇게 다르지 않다'**는 태도를 취하지 않는다면, 대인갈등 해결이라는 골인점에 무사히 도착하기는 매우 요원한 과제가 될 것이다.

마지막으로 덧붙이자면, 안타깝게도 우리중 일부는 성격장애(personality disorder) 15)라는 진단명을 붙일 수 밖에 없는 자기중심적이고 공감능력이 떨어지며 이기적이고 남의 입장에서 자신을 바라볼 수 없는 심리적 어려움을 가진 사람들이 있다. 우리는 이런 사람들과 제대로 의사소통하기 어려우며, 그들에게 이용당하거나 고통받기 싫어서 어쩔 수 없이 자신을 보호하기 위해 적당한 거리를 유지할 수 밖에 없는 경우가 종종 있다. 그러나 이들 역시 후천적인 주변환경의 희생양이며, 우리보다 운이 나빠서 성격장애의 굴레에 갇히게 되었다는 점을 감안한다면, 혐오와 미움의 감정을 누그러트리고 측은지심의 마음을 가지고 그들을 대해야 할 것이다. 물론 그들로 인한 마음의 상처는 뒷담화의 공론화를 통해 피해자들끼리 똘똘 뭉치고 이를 통해 잠재적 피해자까지 예방할 수 있다면 더욱 좋을 것이다.[16)]

15) 예전에는 인격장애라고도 불리웠다.
16) 여기에 대한 것은 저자의 다른 책인 '시민의 인성2: 인문학은 힘이 세다(2019년. 당신의 서재 출간)'를 참고하길 바란다.

채 한

/

부산대학교 한의학과 교수. 경희대에서 한의학을 전공하고 박사학위를 받았으며, 『한국문인』 신인문학상을 통해 수필가로 등단하였다. 한국한의학연구원, 하버드 의대, 클리브랜드 클리닉에서의 연구원 생활, 그리고 일본 토야마 대학과 미국 워싱턴 대학 초빙교수를 통해 연구자로서의 역량과 국내·외 현장 경험을 다양하게 쌓는 동시에 학생들에게 나누어 왔다. 한의사로는 만나기 힘든 해외 유학파로서 '생리심리학', '한의학 국제화', '한의학교육학'이라는 다양한 학문적 관심 위에서, '사상의학'을 몸에 대한 치료 뿐 아니라 마음을 키우는 차세대 의과학으로 새롭게 재해석하였다. 文·史·哲의 단단한 토대가 없다면 과학은 영혼을 잃고 방황하게 된다는 신념을 갖고 있으며, 왕성한 국내·외 논문 발표와 함께 해외 저명 학술지의 에디터로 활동하고 있다. 교육에 대한 관심을 담은 저서로 <한의학 한자 1000>(2014, 공저), <실습으로 익히는 의학논문 작성법>(2014), <침구시술 안전가이드>(2011, 공저), <동의생리학>(2008, 공저) 등이 있다.

마음을 읽는 지혜, 음양 심리학

사람에 대한 이해

프롤로그

사람들은 항상 내 옆에 있는 친구, 동료, 가족이 어떤 사람인지, 그리고 나는 어떤 특성을 지니고 있는 사람인지 알고 싶어 한다. 아마도 그 사람이 어떤 상황에서 어떤 행동을 할 것인지를 미리 예측하거나, 특정 행동이나 말의 속뜻을 보다 잘 이해할 수 있음으로써, 인간관계에서의 안정된 관계를 오랫동안 유지하고 싶기 때문일 것이다.

예를 들어, 내성적인 이 사람이 나와 맞는 친구로 잘 지낼 수 있을까? 항상 시원시원한 대답을 하는 이 동료가 어려운 상황에서도 나에게 도움이 될 수 있을까? 항상 밖에 나가서 친구들과 어울리는 것을 매우 좋아하는 이 사람과 행복한 결혼생활을 할 수 있을까? 내가 결혼하기로 한 이 사람에게서 본 것이, 타고난 것으로 잘 변화할 수 없는 것들일까, 아니면 상황이나 교육에 의해 만들어진 변하는 것일까?

그러나 가장 어려운 것은 항상 '나는 누구인가'이다. 내 자신이 어떤 사람인지를 알아야, 혹여 저지를 수도 있는 실수도 미연에 방지할 수 있을 것이며, 잘하는 것과 못하는 것을 구별함으로써 사회생활이나 경제적 활동에서 자신의 가치를 최대로 활용할 수 있기 때문일 것이다.
결론부터 말하자면, 이 글은 사람을 이해하는 가장 기본적이고, 쉽고, 원초적이며, 오래된 방법을 함께 살펴보자는데 있는데, 사람에 대한 이해는, 결국, 보다 나은 삶을 살아가기 위한 바탕이 된다.
이 글에서는, 사람의 마음을 이해하는 오래된 지혜인 '음양(陰陽)'을 이야기할 것이다. (한국 땅에서 태어나서 한국인으로서의 사회적, 문화적 배경을 지니고 있다면, 오랫동안 몸으로 경험해 온 분석 방법이기 때문에, 특별하고 어려운 공부를 추가로 해야 한다기보다는, 이미 알고 있었다는 사실을 스스로 깨우치기만 하면 된다.) 한국인으로서 모든 사람들이 잘 알고 있었던 음양이라는 안경을 사용해서 세상과 사람을 이해할 수 있다면, 그만큼 마음은 평안해질 것이며, 나의 삶은 풍요로워 질 것이고, 사회생활은 더 어울려 조화로울 수 있을 것이다.

음양은 신화인가?

음양이라는 것은 동양에서 오랫동안 사용되어 온 고유한 과학으로, 인문학, 철학, 사회학, 의학, 심리학, 생물학, 천문학, 기상학 등 거의 모든 학문 분야들의 토대로 사용되어 왔다. 20세기 근대화 과정에서 비과학적이고 실용적이지 못하다는 이유를 들어 쓸모없는 폐족(廢族)으로 간주되었었지만, 임상적 활용 가치가 재확인되면서 최근 의학계에서 새롭게 평가받고 있다. 음양에 대해 증가하고 있는 관심이 어느 정도인지 궁금하시다면, 미국 국립의학도서관(pubmed.org)에 음양(Yin-Yang)이라는 검색어를 넣어보시면 눈으로 직접 확인할 수 있을 것이다.

다만, 한 가지 미리 짚고 넘어가야 할 것이 있다. 혹시라도 이 글에서 운명이나 관상, 사주팔자나 명리학에 대한 이야기를 기대하고 있었다면, 필자로서는 매우 아쉬운 일이지만, 독자와 필자라는 우리의 인연은 이 페이지에서 끝나야 할 것 같다. 이 책에 쓰여 있는 것들은 모두 과학자, 교수, 연구원, 한의사, 박사로서의 오랜 연구와 논문, 그리고 교육 경험을 토대로 설명한 것들이기 때문이다.

음양의 정의를 내려 보자면, '서로 정반대이면서도 동시에 보완하는 성질을 가진 두 가지 대표적 특성 또는 속성'을 말한다. 잘 이해가 안 될 것 같아 예를 들어 보자면, 남자와 여자, 여름과 겨울, 내성적인 것과 외향적인 것, 동전의 앞면과 뒷면, 어둠과 밝음, 뜨거운 것과 차가운 것, 여름과 겨울, 낮과 밤, 해와 달, 긍정적인 것과 부정적인 것, 하늘과 땅 등 헤아려 말하자면 하루 종일 이야기해도 끝나지 않는다. 이렇게 단순해 보이기 때문에 기본적인 이론으로 널리 사용되어 왔지만, 그와 동시에 너무 많은 예시를 찾을 수 있기에 실제적인 의미가 없는 과거의 유물 또는 초자연적인 믿음의 대상이 되는 신화(神話)로 받아들여지고 있다.

그렇다면, 과연, 음양은 신화일까 과학일까?

신화로서의 음양과 신화화된 과학

과학(science)이란 사물의 법칙이나 성질과 구조 등을 논리적이고 재확인이 가능한 방법을 통해 얻은 체계적인 지식을 말하며, 과학이라는 단어와 함께 많이 사용되는 연구(research)란 객관적인 방법을 사용해서 일반화(generalization) 할 수 있는 체계화된 지식을 찾아나가는 것을 말한다.

과학의 영어 표현인 science는 '지식'을 의미하는 라틴어 scientia에서 왔으며, 이는 '안다'(I know)는 뜻의 접두사 scio-에서 시작되었다. 이는 구분하다 혹은 분별하다는 인도-유럽 어근에서 유래를 찾을 수 있는데, '나눈다'(split)는 뜻을 지닌 그리스어의 schizein나 라틴어의 scindere와 친척 관계에 있다. science나 scientia는 중세 이후 계몽주의 시대까지 체계적이거나 정확하게 기록된 지식들을 의미하는 것이었는데, 철학으로부터 (물질적인 의미를 강조하는) 과학이 그리 명확하게 구별되지 않았던 시기이다. 일반적인 대중에게는 좁은 의미의 과학, 즉 인류가 경험주의와 방법론적 자연주의, 그리고 실험을 통해 얻는 자연계에 대한 지식이라고 받아들여지고 있다.

이와 함께, 과학을 구성하는 요소들을 찬찬히 생각해보면 (1) 과학적 논리와 사고방식, (2) 과학적 방법이나 사용되는 도구, 그리고 이를 사용해서 얻은 (3) 과학적 지식이라는 세 가지로 나누어 볼 수 있는데, 특별히 그 의미를 고민하여 생각해보지 않은 사람들은 대개 3번째에 해당하는 '현대 과학으로 얻은 지식'만을 과학의 전부라고 생각하는 경향이 있다.
더 극단적으로는, 영어로 써 있는 어려운 논문의 내용이나, 내가 알 수 없이 복잡한 기계가 진정한 과학이라고 단언하는 일반인들도 있는데, '항상 의심해야 한다'는 과학적 사고방식으로 볼 때 받아들여지기 어려운 논리라고 볼 수 있을 것이다. 음양이 과학으로 받아들여질 수 없다는 막연한 주장들은 이와 같은 복잡한 기계가 개입되지 '않았었다'는 것이나 '어렵고 복잡한' 무엇이 아니라는 점에서 기인하는 경우가 대부분이다. 그리고, 과학을 절대로 변하지 않는 '진리(truth)'라고 오해하는 경우도 일반인들에게서 손쉽게 찾아볼 수 있는데, 아이러니컬하게도 이때가 과학이 새로운 형태의 신화가 되는 바로 그 경계이며, 신화와 과학의 경계가 모호해지는 안타까운 시간이다.
이러한 선입견들 속에서 만들어져 온 '신화화된 과학'과 '신화로서의 음양'을 벗어나게 되면, 음양은 몸과 마음을 이해하는 데 쓸모가 있는 꽤 과학적이고 논리적인 도구(앞에서는 안경이라고 했다)가 된다. 한의학의 바이블이라고 할 수 있는 황제내경(黃帝內經)에서도 음양을 성숙한 인격, 행복하고 평안한 마음, 건강한 생활을 의미하는 '양생(養生)'으로 가는 가장 빠른 길이라고 이야기했다.

심리학에서의 음양

마음을 읽기 위한 심리학에서 있어서 '정반대이면서도 서로 보완하는 두 가지 특성'을 찾아본다면, 주변에서 쉽게 예로 제시하는 것이 남성적인 성격과 여성적인 성격 또는 내성적 기질과 외향적 기질이 있을 것이다.

남성적이라는 단어는, 적극적, 의지적, 명령형, 능동적, 단정적, 강인한 것의 의미로, 여성적이라는 단어는 부드러운, 소극적, 청유형, 수동적, 연약한 것을 대표하는 것으로 오랫동안 사용되어 왔다. 우리가 아는 '대조적이면서도 함께 모였을 때 조화를 이룬다'는 점에서 볼 때 그럴싸해 보이기는 하지만, 남성 또는 여성이라는 성역할은 고정적인 것이 아니라 사회나 문화, 역사에 따라 전혀 다른 의미를 지니고 있으며, 국가적으로도 미국, 중국, 일본과 한국에서 서로 다른 의미로 사용되기 때문에 음양의 예로 사용하기에는 적절치 않다.

내성적인 기질과 외향적인 기질은, 많은 심리학자들이 인간의 가장 기본적인 심리적 특징으로서 태어나면서부터 잘 드러나는 것이라고 평가되어 온 심리적 특징이다. 아기가 태어나서 백일만 되면 내성적/외향적 기질 중에서 어떠한 특징을 지니고 있는지 드러나기 시작하는데, 예로부터 경험이 많은 동네 할머니들이 새로 태어난 아기들을 보면서 예언(?)처럼 이야기할 수 있었던 이유이기도 하다. 외향적인 사람들은 집 밖으로 나가서 다른 사람들과 어울리고, 여러 사람들과 감정을 공유하기를 좋아하며, 활동 에너지가 많지만, 이와 반대로 내성적인 사람들은 많은 사람들이 있는 장소는 피곤해하며, 혼자 있기를 좋아하고, 자신의 감정이나 의견을 드러내지 않는다.

그러나 이러한 설명들을 음양이라고 생각하면서 듣기에 한편으로는 이해하기 쉬워 보이지만, 뭔가 모르게 부족하다. 변하지 않는 것이라기보다는 교육과 성장에 따라서 변해갈 수도 있으며, 동일한 사람도 동양 문화권에서는 외향적이라고 평가받지만 서양 문화권에서는 내성적이라고 평가받을 수도 있기 때문이다.

음 기질과 양 기질

음양에 대한 이해를 과학적 또는 의학적인 입장에서 객관적이고 체계적으로 접근해보려고 할 때에는, 생리심리학적 접근이 필요하다. 뜬 구름과 같아서 쉬지 않고 변해가는 - 감정적이고 보이지 않는 막연한 것을 이야기하려는 자리가 아니기 때문에, 마음과 가장 관련이 깊다고 알려진 신경과 마음을 지니고 있는 몸뚱이를 설명하는 생물학적 지식이 동시에 필요하다는 것이 바로 생리심리학(bio-psychology)적 접근이다. 음양의 생리심리적 특징을 알고 싶어 하는 과학자들은 여러 가지 다양한 연구들을 진행해 왔으며, 이것들을 근거로 해서 객관적인 검사인 사상성격검사(Sasang Personality Questionnaire, SPQ)가 개발되어 사용되고 있다. 음양이라는 오래되고 다양하게 사용되었던 이론을 논리적으로 재확인하고 체계적으로 정리하였으니, 이는 과학으로서의 모습을 새롭게 갖춘 것이라 할 수 있으며, 이 글 또한 SPQ를 사용한 연구에서 밝혀진 것들을 설명한다.

그러면, 지금부터 객관적으로 확인된 음양의 특징을 살펴보겠다. 연구와 논문을 통해 체계적으로 정리한 것이라 조금 어렵게 느껴질 수도 있지만, 내용은 이미 알고 있는 것들이다. 타고난 것으로 생물학적 토대가 있으며 평생 일정하게 유지

머슴 또는 남성적인 면을 가진 보라색 옷을 입은 여자 아이이다.

EBS 홈페이지에 나와 있는 두 캐릭터의 설명은 이렇다.

음인인 루피는 상냥하고 다정한 꼬마 비버이다. 섬세하며 부끄러움이 많은 소녀로, 친구들에게 음식(케이크와 파이)을 만들어주기를 좋아하는 따듯한 마음과 여린 심성을 타고난 친구이다. 음식을 잘 하는 만큼 운동과는 거리가 멀다. 그와 동시에 주관이 확실하고 강해서, 아담한 외모에도 말썽장이 친구들에게 따끔하게 충고를 아끼지 않는다.

이와 달리, **양인**인 패티는 활달하고 명랑하며, 활발한 꼬마 펭귄이다. 예쁘고 싹싹한 성격으로 친구들의 관심을 받으나, 외모와는 달리 덜렁대고 털털한 성격에 축구, 달리기, 수영 등 모든 운동에 뛰어나다. 사교성과 명랑한 성격에 리더십도 강해서, 친구의 부러움을 사며, 다양한 관심을 지닌 활동적인 소녀로 설정되어 있다.

이처럼, 지금까지의 어떤 설명보다 두 소녀, 루피와 패티는 **음인**과 **양인**의 특징을 가장 실감나게 보여주는 현실적인 애니메이션 캐릭터이기 때문에, 연령대를 불문하고 어떠한 강의에서도 음양을 설명하는 가장 좋은 예시로 사용하고 있다.

노트북 바탕화면과 SNS 프로필 사진

어느 정도 음양 기질에 대한 설명이 이해되기 시작했다면, 많은 사람들이 음인과 양인으로서의 자신의 특징들을 부지불식간에 보여주고 있는 노트북의 바탕화면과 SNS의 프로필 사진을 살펴보자. 평소 생활 습관과 업무처리나 사고방식에 가장 알맞도록 정리된 바탕화면과, 좋아하는 사진이나 그림들로 자신을 잘 드러내도록 만든 프로필 사진들은 개인의 특징을 가장 잘 보여주는 현대인의 단면이다.

먼저 노트북 바탕화면부터 살펴보자. 음인은, 조용하고 평안하며 정적이고 안정감을 주는 자연환경 사진을 노트북 바탕화면의 배경으로 사용하며, 아이콘들의 개수는 적고 화면의 한 쪽에 두어줄 정도를 차지하고 있을 뿐이다. 전체적으로 정적인 인상, 안정된 느낌, 균형 잡힌 구도를 지니고 있으며 너무 심심하거나 조용하다는 평가를 받을 수 있다.

양인은, 이와 반대로, 바탕화면의 배경으로 내가 가장 좋아하거나 나의 관심의 대상이 되는 중요한 무엇 - 가족사진이나 결혼사진이 큼지막하게 자리를 잡고 있을 것이다. 여기에 수많은 아이콘과 단축키들이 이들을 피해서 어지럽게 놓여있을 것이다. 음인의 바탕화면에 비해서 역동적이고, 정신없고, 산만하거나 시선을 빼앗는 경우가 많고, 정돈되지 않아 어지러운 인상을 준다.

요즘은 문자 메시지보다는 톡으로 이야기하며, 나의 요즘 생활과 느낌을 프로필 사진으로 표현하는 경우가 많은데, 특히 젊은 사람들에 있어서는 자신의 가치관을 드러내는 사회적 도구로 사용되기도 한다. **음인**이라면, 조용한 느낌과 안정된 구조의 자연환경으로 자신의 정체를 감추는 경우가 많아서, 도대체 어떤 사람인지 알기가 어렵다고 느낄 것이다. 이와 반대로, **양인**이라면, 내가 누구지, 어떻게 생겼는지, 내 관심사는 무엇인지, 내 요즘 생활은 어떠한지 한 장의 사진으로 알리려 하는데, 자신의 얼굴을 적극적으로 드러내거나 생활환경이나 직업 등이 자신 있는 모습으로 드러난다.

지금 스마트폰을 들어, 매일 메시지를 주고 받아온 주변 사람들의 프로필 사진들을 찬찬히 살펴보자. 뜬금없다고 느껴지던 행동과 모습, 어투와 몸가짐들이 조금씩 이해되기 시작할 것이다.

음인과 양인의 심리적 문제

양인은 외향적이고, 타인에 대한 관심이 많고, 적극적이며, 호기심이 많고, 충동적이며 자유분방하다. 또한 낙천적이기 때문에 낯설거나 불안정한 상황이 별로 어렵지 않고, 항상 활기에 넘친다. 그러나 음인은 내성적이고, 소극적이며, 자기 자신에 대한 관심이 많고, 질서정연하면서 안정적인 생활을 좋아한다. 항상 심사숙고하는 편으로, 낯설거나 불안정한 상황을 미리 걱정해서, 몸과 마음이 지치기 쉽다.

이러한 특징은 평소에는 아무런 문제가 없다, 아니 개인적인 특성이기 때문에 문제가 없어야만 한다. 음인이라서 혹은 양인이라서 좋거나 나쁜 것이 아니며, 한 쪽의 특성만으로도 세상을 살아나가는데 그리 문제가 되지 않기 때문이다. 세간의 사람들이 적극적이고 외향적인 사람이 더 많은 수입과 사회적 성공을 차지한다는 선입견과 달리, 내성적인 사람들도 충분히 삶을 즐기고 있다는 것은 이미 알려진 사실이다.

문제가 생기면 드러나는 모습도 음인과 양인이 확연하게 서로 다른데, 많은 경우에 있어서 이처럼 나쁜 상황에서의 모습(말과 행동, 감정과 사고방식)이 더 명확하고 기억하기 좋기 때문에, 음인과 양인의 특징을 이야기 할 때 예시되는 상황으로 더 많이 사용되어 왔다.

양인은 공격성, 산만함, 급격한 감정 변화를 쉽게 보이게 되며, 과도한 낙관주의와 근거 없는 자신감을 갖기 때문에, 뻔하게 일어날 일들에 대해 미리 준비해 놓지 못하고 뒤늦게 바빠지는 생활습관을 가지는 경우도 많다. 학교에서 항상 산만하고, 주변 친구들과 어울려 다니며, 주의 깊지 못하며, 적당하게 스스로 제어할 줄 모르는 학생으로 낙인찍히는 경우가 많다.

음인은 불안과 우울증, 강박증, 걱정이 몸으로 나타나는 신체화 증상, 긍정적 정서의 부족, 건강염려증이나 강박증으로 나타나는 경우가 많은데, 필요도 없는 걱정으로 세상의 모든 근심을 떠안고 있거나, 자기검열이 심하거나 스스로 위축되는 성향으로 인해 변화에 잘 적응하지 못하는, 고집 세고 외로운 사람으로 간주되는 경우가 많다.

양인

음인

다만, 다행하게도 음양 기질에 따라 발생하는 모든 문제들이 고정되어 있는 것은 아니며, 이러한 심리적인 문제들을 미리 예방하는 방법들 또한 이미 잘 알려져 있다. 많은 전문가들이 오랫동안 제시한 방법은 '성숙한 사람'이 되는 것인데, 이른바 건강한 마음과 태도를 갖고 있다는 것이다. 목적의식을 갖고 매일의 생활을 대하며, 나 자신의 행동과 말에 책임을 지려고 노력하고, 남을 탓하기 보다는 나 자신을 있는 그대로 받아드리며, 나는 그래도 꽤 쓸 만한 능력을 가지고 있는 사람이라고 생각하는 것이다. 또한, 타인의 아픔과 슬픔, 기쁨과 행복에 진심으로 공감할 줄 알고, 타인을 나와 같은 사람으로서 너그럽고 공평하게 대한다면, 살면서 겪는 많은 문제점들을 미리 예방하거나 또는 치료할 수 있다.

충동적이거나 뒤늦게 바빠지는 생활습관을 갖고 있더라도 목적의식을 갖고 있다면 스스로의 말과 행동을 조절하고 미리 준비할 수 있을 것이다. 모든 일에 불안감이 함께 하더라도, 나 자신을 받아들이고 좋은 친구와 함께하면서 스스로가 능력 있는 사람이라는 안위를 얻음으로써, 강박과 우울함에 사로잡히지 않고 세상의 변화들을 느긋하게 즐길 수 있을 것이다. 조급함에 산만해지고 남들에게 공격적으로 바뀔

지라도, 타인을 대할 때 나에게 적용하는 기준을 똑같이 사용하고 다른 사람의 상황을 이해하려는 너그러운 마음을 갖고 있다면, 사회와 다른 사람들이 그다지 불편해지지 않을 것이다.

이처럼 심리학적 의미에서의 인성개발은 워싱턴 대학의 Cloninger 교수의 이론을 토대로 하는데, 더 자세한 내용이 궁금하시다면 오랫동안 공동연구를 해 오고 있는 이수진 교수의 "행복을 선택할 용기"(시민의 인성 1권)를 읽어보시기를 권한다.

두 번째로 제시할 수 있는 방법이라면, 사서(四書)와 함께 마음공부를 시작하시기를 권한다. 현대인이 갖게 되는 불안함과 조급함, 공격성과 강박 등에 대한 해답은 오랜 역사를 통해 공자(孔子)와 맹자(孟子)께서 미리 설명해 놓으셨다. (이천 년 전의 선생님들이 아닌 백여 년 전 이제마(李濟馬) 선생님의 동의수세보원(東醫壽世保元)을 읽어보는 것도 대안이 될 수는 있겠지만, 좋은 한글 설명이 아직은 없는 관계로 이글의 독자들에게 권하기는 어려울 것 같다)

공자의 논어(論語)를 읽는다는 것은 매우 어렵다고 느껴질 수 있다. 사용이 익숙하지 않은 한자들을 알아야 하고, 수 천 년 전의 사회 현상과 시대상, 경제와 문화들을 이해해야지만 그 의미를 몸으로 체감할 수 있다. 그분들께서 쉽게 설명한다고 들어 놓으신 예시들이, 하필이면 현대인들은 들어보지도 못한 이해할 수 없는 역사 속 이야기들이기 때문이다.

그러나 일단 한 꺼풀 속으로 들어가 글 속에 담겨있는 의미들을 이해하기 시작하면, 이보다 더 좋은 마음공부가 없을 것이다. 대학생들과 고등학생들을 대상으로 한 연구에서, 논어 교육은 생활에서 부딪히는 부정적 사건과 스트레스들을 보다 긍정적으로 받아들이게 한다는 것을 확인하였다. 자신이 겪은 어렵고 힘든 상황과 사건들에서 긍정적 의미는 찾아내고 심각성은 덜하도록 관점을 바꾸게 하며, 주위를 환기함과 동시에 어려움들을 자신의 발전을 위한 긍정적 의미로 재해석하도록 한다. 이와 함께, 스트레스에 의한 부적응적 반응들(예를 들어 부정적 사건이 악화될 것이라는 걱정과 감정 속에서 헤어 나오지 못하며, 이 모든 것이 다른 사람들 또는 내 잘못에 있다고 비난하는 행동들)에서 벗어날 수 있도록 하였다.

이러한 사서(四書)와 고전(古典)의 효과에 대한 내용은, 함께 연구하고 있는 김승룡 교수의 "고전 속 아픔과 나의 아픔"(시민의 인성 2권)과 "한시의 위로"(시민의 인성 1권), 그리고 김성중 교수의 "사람을 사람답게, 나를 나답게, 논어의 힘!"(시민의 인성 1권)의 일독을 권한다. 많은 내용들을 설명하다보면 부족하거나 실수를 할 수도 있기 때문에, 자세하게 말씀해 놓으신 여러 교수님들의 설명이 도움이 될 것이다.

설명을 정리해 놓고 보니, 동양과 서양의 치유의 지혜들을 하나씩 모아 놓았다.

의도한 것은 아니었지만, 음양의 조화라고나 할까?

청소년에서의 음양 기질

음양 기질이라는 안경을 사용해서 다른 사람들을 마음을 이해하고 생활에 사용한다고 할 때, 가장 많이 궁금해 할 대상은 아무래도 청소년이 될 것이며, 가장 큰 관심은 그들의 학교생활과 교우관계, 그리고 문제행동에 있을 것이다.

예를 들어, 내 아이가 방에서 책 보는 것을 싫어하는데, 혹시나 공부를 못하면 어떻게 하지? 너무 소심해서 아이들과 잘 어울리지 못하는 것 같은데 학교생활은 잘 할 수 있을까? 회사 동료네 아이들 이야기를 들어보면 요즘 중2병이 그렇게 무섭다는데, 혹여 도움이 될 만한 이야기는 없을까 찾아 나서게 된다.

청소년으로서의 **양인**은 원래 주변 사람들의 이야기에 쉽게 영향을 받으며, 각종 대중매체와 미디어에 적극적이고 잘 반응한다. 이에 TV 리모컨으로 채널을 마구 옮겨 다니거나 SNS의 광고와 홈쇼핑에 빠르게 반응한다. 또한, 이사나 진학으로 인해 낯선 환경에 놓였을 때, 사회성도 좋아서 새로운 환경에 빨리 적응하며 새로운 친구들을 쉽게 사귄다.

다만 산만하고 집중력이 약하기 때문에 학교 친구들과의 관계는 좋지만 선생님들과의 관계는 부정적으로 발전할 가능성이 높다. 친구관계에 있어서는 기분파이기에 쉽게 화를 내고 욕을 사용하기도 하기만, 쉽게 풀리는 편이다. 친구들과의 관계를 유지하는 것이 능숙하고 활동적인 것을 좋아하기에 몰려다닌다는 인상을 주기도 한다.

많은 일에서 돋보이고 싶어 하며, 돌발적인 상황에서 순발력을 발휘하는 즉흥적 대처에 능숙하다. 그러나 시험 문제를 풀 때 한두 문제에서 어려움을 겪게 되면 시간을 관리하지 못해 몇몇 문제에 손을 대지도 못하는 경우도 적지 않다. 도전적인 성격과 확장적 사고(새로운 것을 이미 알고 있는 것과 연결시키는 것)를 필요로 하는 과목에 흥미를 느끼며, 개방적인 공부 특성을 지닌다. 수업 시간에 발표가 틀려도, 또는 발표하는 과정에 실수가 있어도, 선생님의 꾸중에도 크게 개의치 않는다. 긍정적인 생각으로 항상 높은 자신감을 보이는데, 상황에 따른 핵심의 파악이 비교적 빠르기 때문에 미리 준비하기보다는 마지막 순간에 즉흥적(공부라면 벼락치기)으로 해결하려는 습관을 갖기 쉽다.

청소년으로서의 음인은 주변 사람들에 의해 영향을 잘 받지 않기 때문에, 자신의 의지가 매우 굳고 차분한 학생 또는 설명을 했음에도 의견을 고치지 않는 고집스러운 학생으로 오해받기도 한다. 좋고 싫은 것에 대한 표현의 강도가 크지 않기에 안정적이라는 느낌을 주며, 차분히 생각하고 비교적 천천히 움직이기에 비교적 예측도 쉽다. 대중매체에 대해서도 잘 반응하지 않아서, 홈쇼핑이나 SNS 등을 볼 때라면 사용자의 경험담 보다는 논리적 설명에 마음을 움직인다.

새로운 것에 적응하기보다는 익숙한 것, 쉬운 과목들을 좋아하며, 핵심을 파악하는 것이 더딘 편이지만, 비교적 체계적인 학습 태도를 보인다. 양 성격의 학생들이 기분파인 것에 비하면 차분하게 준비하는 모습을 보이는데, 시험을 볼 때 문제의 수, 종류, 배점에 따라 시간을 나누어 사용할 줄 안다.

수업 중간의 발표에 대해서 스트레스를 많이 받는 편으로, 실수가 자꾸 떠올라 쉽게 잊지 못한다. 선생님이 모든 학생들에게 질문할 때, 소극적이기 때문에 알아도 대답하지 못한다. 낯선 사람이나 체험에 대해 두려움이 많으며, 체력이 약하여 밤늦게까지 일하거나 공부하지 못하는 경우가 많으며, 친구들과 어울려 밖으로 나가기보다는 앉아서 하는 행동들을 좋아한다. 자존감에 상처를 받았을 때 극복하는데 어려움이 많기 때문에, 이 학생에게 실수로라도 '너는 안 돼'라는 이야기는 하지 말아야 하며, 작은 일부터 스스로 노력해서 해결해 나가는 경험을 갖도록 해야 한다. 또한 집안 분위기가 뒤숭숭할 때 영향을 많이 받는 편이다.

음양으로 보는 중2병

자, 이제, 청소년들의 문제행동 - 중2병에 대해서 이야기할 시간이 왔다.

중2병이라는 이름은 '중2병이라도 사랑이 하고 싶어!'라는 일본 라이트 노벨의 제목에서 온 것이다. 중학교 2학년 무렵의 사춘기 청소년들이 겪게 되는 심리적 특징들을 표현하는 단어였지만, 한국에서의 의미는 이와 다르게 부정적 의미를 지니고 있다. 워낙에 많은 한국 사람들이 '중2병'을 이야기하기에 의학적 치료가 필요한 정식 질병이나 정신질환인 것으로 오해받고 있다. 요약하여 말하자면, 중학교 2학년은 한국 청소년의 성장과 발달 과정에 있어서의 중요한 전환기로서 자신의 기질이 서툴게 드러나는 때이며, 중2병이라는 것은 청소년의 자아와 기질이 드러나는 과정에서 서툴고 익숙지 않아 시끄럽게 쿵쾅거리는 것을 의미한다.

초등학생 시기는 청소년 개개인의 기질이 무르익지도 않았고 신체적으로도 왕성하게 성장하고 있는 과정이므로, 보호자와 사회의 지시에 따라 생각하고 움직이게 된다. 이에 비해서, 고등학생으로서의 청소년은 신체적으로 많이 성장하여 성인과 비슷한 신체 크기를 갖게 되며 심리적으로도 개개인의 기질이 완전히 자리를 잡고 있어서, 몸과 마음이 주변 환경과 상호작용을 독자적으로 유지해나가면서 양보와 흥정을 통해 자신의 위치를 안정되게 유지할 수 있다.

중학생은 이러한 성장발달의 중간에 끼여 있는데, 보호자가 정해주던 기존의 행동과 사고방식에서는 벗어나야 할 시기이지만, 자신만의 고유한 기질에 따라 몸과 마음을 독립적으로 관리하기에는 아직 미숙한 단계이다. 그러나 한국에서의 교육은 공부와 성적만이 가장 중요할 뿐, 스스로 성숙한 인격을 만들어나가는 발달과정에서의 시행착오(trial and error) 그리고 다양한 사회적 경험을 제공하는데 매우 인색하다. 결국 중2병이라는 것은 자아에 대한 관리를 보호자에게서 성숙한 나로 옮겨가는 과정에서의 성장통이며, 부드럽게 넘어가지 못한 심리적 전환기를 대표한다.

이러한 문제행동은 **음인**과 **양인**이 지닌 고유한 기질에 따라 다른 패턴으로 드러난다. 양인에 있어서는 내 감정과 행동을 적당한 정도로 통제하지 못하기 때문에 외부로 드러나는 행동들이 제어 혹은 통제되지 못하는 경우가 많다. 이러한 경우 밖으로 드러나는 문제행동들을 의미하는 '외현화된 문제행동'이 두드러지게 되는데, 가장 흔하게 볼 수 있는 것이 외부에 대한 공격성과 정해진 룰을 따르기 거부하는 규칙위반의 정도가 크고 횟수가 많다. 다르게 말하자면, 나의 감정이나 행동들이 다른 사람들에게 위협적일 만큼 크게 드러나거나, 사회에서 정해 놓은 규칙들을 어기는 경우가 많다는 것이다. 부모와의 관계에서 큰 소리나 행동으로 자신의 주장이나 감정을 표현하는 것이나, 여러 청소년들이 몰려다니면서 사회 문화적으로 결정되어 있는 규칙들을 넘어서고 무시하면서 주변의 원성을 사게 되는 경우가 그 예라고 할 것이다.

이와는 반대로, 음인에 있어서는 자신을 행동과 감정을 너무 심하게 통제하기 때문에, 외부로 드러나기보다는 안으로 갇히게 되는 '내재화된 문제행동'으로 발전하기 쉬운데, 우울함과 불안감에 속으로 앓고 있는 경우가 많다. 자신의 내적 갈등이나 심리적 문제들을 밖으로 표현할 수 없기에 신체 증상으로 모습을 바꾸어 드러내거나, 행동과 생각, 관심과 의욕이 전반적으로 저하되는 우울, 그리고 막연한 걱정, 불편감, 긴장과 염려 그리고 예민함을 동반하는 불안이 많다는 것이다. 친구들과 지낼 때에도 마음이 평안하거나 안정되지 못해서 끊임없이 친밀감을 확인하거나, 보호자나 사회와의 관계에서도 벽으로 막혀 있어 생각이나 감정을 주고받지 못하고 자신만의 세계에 빠져있게 된다.

보호자와 언쟁을 한 다음 문을 세게 닫는 것은 기질과 무관하지만, 양인은 밖으로 뛰쳐나갈 것이고, 음인이라면 문을 잠가서 들어오지 못하게 할 것이다. 그러면 드는 생각은, 이러한 중2병을 어떻게 하면 예방하거나 혹은 치료할 수 있을까? 앞에서 설명한 것과 같이 '성숙한 인성을 지닌' 청소년이 되도록 하는 것인데, Cloninger 교수의 이론을 사용하는 심리학 전문가를 찾아가시거나, 논어의 속뜻을 쉽게 이야기해주실 한문학 선생님을 찾아가시면 되겠다.

음양 기질에 대한 오해와 진실

음인은 공부를 잘하며, 양인은 ADHD일까? 음인과 양인의 설명을 듣고 흔하게 묻는 오해 중의 하나가, 음인은 조용하고 혼자 책을 읽기 좋아하기 때문에 공부를 잘 하여 진학에 어려움이 없을 것이고, 양인은 감정의 변화가 많고 급격하며 안정되지 못하기에 학교에서 ADHD(주의력결핍 과잉행동장애)로 진단받고 군대에서는 관심병사가 될 것이라는 것이다. 정말 그러할까?

결론부터 말하자면, 턱도 없는 이야기이다.

앞에서 음양이 서로 정반대이면서 동시에 보완하는 성질을 지닌, 서로 균형을 맞추어 세상을 유지해나가는 불가분의 관계라고 했으니, 한 가지 기질이 다른 기질보다 더 좋거나 혹은 더 나쁘다고는 말할 수 없다. 너무나도 당연한 것이지만, 과학자이기 때문에 직접 확인해본 적이 있다. 높은 학업성취도를 지닐 것으로 알려져 있는 한의학과 입학생들의 음양 기질을 측정, 분석해 보았을 때, 양인과 음인의 분포가 해마다 조금씩의 차이는 있었었지만, 몇 년을 놓고 비교해보면 거의 비슷하게 유지되고 있었다. 음인이 공부를 더 잘한다는 것은 잘못된 믿음이다.

ADHD 환자는 행동이 과도하고 많으며 성급하게 반응하고, 자신의 욕구를 제어하지 못하는 것이 특징적인데, 이는 양 기질이 비정상적으로 과도한 상태로 한의학 임상에서는 부족한 음(陰)을 보충하기 위하여 육미지황탕(六味地黃湯) 등을 사용한다. (노파심에서, 임의로 진단하고 투약하지 마실 것을 강력히 권고한다. 독(毒)과 약(藥)은 정말 아주 작은 것에서 결정되는 법이다.) 그런데, 정말 신기하게도, **음인**과 **양인** 모두에 있어서, 1살 때에는 매우 과도한 양 기질을 지니고 있다가 초등학교에 입학할 무렵에서야 비로소 자신의 타고난 음양 기질을 본격적으로 드러내게 된다. 갓 태어난 아이들의 생존에 **양인**의 특성은 필수적인데, (탯줄을 끊고 독립된 인간으로의 새로운 삶에 적응하기 위하여) 끊임없이 사회와 접촉하면서, 주고받는 신호를 통해 서로를 이해하고, 혼자서는 해결할 수 없는 자신의 욕구를 충족시키면서, 독립된 자아의 위치를 찾아나기기 위해서, 양 기질은 필수적인 생존의 전략이다.

에필로그 – 세 살버릇 여든간다

'세 살 때 버릇이 여든까지 간다'고 했지만, 버릇보다 변하기 어려운 것이 타고난 기질이다. 교육에 따라서 잘 드러나지 않을 수도, 직업이나 생활환경에 따라 숨겨지거나 다르게 보일 수 있겠지만, 평생 바꿀 수 없는 것이 바로 기질이다. 중학교 친구를 환갑 때 만나도 어릴 때 모습은 그대로 남아 있다.

내가 어떤 사람인지 알고 있다면, 그리고 다른 사람이 어떤 사람인지 알게 된다면, 성숙한 자아를 인정하고 가꾸면서 살아가는 나의 인생은 행복할 것이다. 음양은 수 천 년 간 나의 부모님의 부모님부터 알고 사용해 온 의학이자 과학이고, 동양 사회와 문화를 만들어온 지혜이니 그래도 어렵지 않게 사용할 수 있을 것이다.

100세 시대, 유병장수(有病長壽)의 시대를 살아가는 현대인들에게는 음양(陰陽)의 지혜가 필요하다.

김승룡

/

부산대 한문학과 교수. 고려대에서 국문학을 전공하고 한문학으로 박사학위를 받았다. 지식인, 고전학, 지역학, 동아시아학 등을 시야에 두고 『묵자』 『사기』 등을 비롯해 한시와 시화를 가르치며 고전지식이 마음을 위로하고 치유할 수 있다고 믿고 있다. 동아시아 한문고전의 미래가치를 환기하여 청년들에게 희망을 심어주려는 것이나 한문교육이 인성을 증진할 가능성에 주목하는 것도 그런 노력의 일환이다. 저서로 『한국한문학 연구의 새 지평』(공저, 2005), 『새 민족문학사 강좌』(공저, 2009), 『고려후기 한문학과 지식인』(2013) 『한국학의 학술사적 전망』, 『청춘문답』(모두 공저, 2014) 『동아시아 지식인문학의 지평을 탐색하다』, 『남명학파의 지역적 전개』 『이재 황윤석 연구의 새로운 모색』(모두 공저, 2019) 등이 있고, 역서로 『송도인물지』(2000), 『악기집석』(2003), 『우붕잡억』(공역, 2005), 『유미유동』(공역, 2006)을 비롯해 근래 『잃어버린 낙원, 원명원』(공역, 2015) 『능운집』(공역, 2016) 『문화수려집』(공역, 2017) 등이 있다. 『악기집석』으로 제5회 가담학술상(2003)을 수상했고, 베이징대 초빙교수를 두 차례(1997, 2008) 지냈다.

怨望에 대한 성찰_
백이의 마음을 읽다

원망은 프레임이다

1.

원망(怨望)은 하나의 감정프레임을 구성한다. 한쪽에는 원망하는 자가 있고 다른 한쪽에는 원망을 당하는 자가 있다. 누가 잘했는지 못했는지, 무엇이 좋은지 나쁜지는 우리로서는 알 수 없다. 당사자들끼리는 알 수 있을 것이라고 생각하지만 꼭 그렇지만도 않다. 어떤 경우는 제3자가 그 경위를 정확히 알아내는 경우도 있다. 게다가 그 원망도 또한 찬찬히 들어보면 누군가의 넋두리요 억울함의 호소에 그치는 경우가 많다. 그래도 우리는 그 사정을 귀담아 들어줄 필요는 있다. 당사자에겐 견딜 수 없는 아픔이요 상처이기 때문이다. 그것이 나의 경우라면 어떻게 할 것인가?

먼저 한 가지 묻자. 오늘 하루 행복한 마음으로 생활하였는가? 혹시 누군가, 무엇인가를 원망하면서 지냈는가? 조금이라도 원망하는 마음을 품었다면, 그것은 무슨 이유에서였는가? 주위 사람들에게 확인해보면 대부분의 사람들은 하루도 누군가를, 무엇인가를 원망하지 않고 살아가는 사람들은 없다. 오히려 하나의 원망하는 마음도 없이 사는 사람이 있다고 하면, 다들 '독특하네!'라고 말을 하곤 한다. 그 말은 원망하지 않는 생활이 흔하지 않음을 반증한다.

언젠가부터 우리의 일상이 되어버린 '원망', 이것은 도대체 어떤 감정이고, 어떤 삶의 방식이라서 우리를 휘감아 돌고 있는 것일까? 그런데 이 원망은 뜻밖에도 『사기』 속 인물들을 이해하는 주요한 키워드로 등장하며, 공자가 살았던 시대에도 주요한 논제였던 듯하다. 나는 최근 『사기』 열전(列傳)을 차근하게 읽을 기회가 생겼고, 그 덕분에 그 안에 있는 옛사람(古人)들과 대화를 나눌 시간을 갖게 되었다. 대학교 2학년때 처음 만났던 저들은 그저 옛날 사람들일 뿐이었는데, 그로부터 30년이 지난 지금 읽어보니 바로 내 이야기였다. 스포일러가 되자면, 저들은 세상을 살아가면서 음으로든 양으로든 원망을 안거나 품고 살았고, 그 때문에 눈물을 흘리거나 웃음을 던졌으며 끝내 죽거나 되살아나기도 하였다. 이제 그 이야기를 백이로부터 시작하도록 하자.

백이와 그의 슬픈 노래

2.

"백이와 숙제는 고죽국 임금의 두 아들이다. 아버지는 숙제를 왕위에 세우기를 원했었다. 아버지가 죽자 숙제는 백이에게 왕위를 양보하였다. 백이는, "아버지의 명령으로, 네가 왕위에 서야 한다."라고 말하고 끝내 도망쳐 고죽국을 떠났다. 숙제도 마찬가지로 왕위에 서려하지 않은 채 달아났다. 나라사람들은 그 가운데 아들을 왕위에 세웠다. 이때 백이와 숙제는 서백 희창이 원로를 잘 모신다는 소식을 듣고는, '어찌 가서 그에게 귀의하지 않을손가'라고 생각하였다. 그들이 서백을 찾아갔을 때, 서백은 이미 죽었고, 그의 아들 무왕이 부친의 나무신주를 싣고 문왕으로 칭하면서 동쪽으로 은나라 주왕을 치러 출정하고 있었다. 백이와 숙제는 무왕이 탄 전차의 말을 붙들고 간세(諫說)하였다. "아버지가 죽었는데 장례를 치르지 않고 이에 전쟁을 일으켰으니, 이 일을 효성스럽다고 말할 수 있겠소? 신하의 처지로 천자를 시해하려하니, 이를 어질다고 말할 수 있겠소?" 무왕의 좌우에 있던 병사들이 그를 해치려고 했다. 태공이 "이들은 의로운 사람이다."라고 하고 양쪽에서 떠메어 떠나가도록 했다. 이윽고 무왕이 은나라의 난국을 평정하자, 천하 사람들은 주나라를 종주로 받들었다. 백이와 숙제는 이를 치욕스럽게 여기고 의리상 주나라의 곡식을 먹지 않으며 수양산에 은거해서 산나물을 캐어 먹었다. 굶주리다 못해 장차 죽음이 다가왔을 때 노래를 불렀다."

(伯夷叔齊, 孤竹國之二子也. 父欲立叔齊, 及父卒, 叔齊讓伯夷. 伯夷曰, 父命也. 遂逃去. 叔齊亦不肯立而逃之. 國人立其中子. 於是伯夷叔齊聞西伯昌善養老, 盍往歸焉. 及至, 西伯卒, 武王載木主, 號爲文王, 東伐紂. 伯夷叔齊叩馬而諫曰, 父死不葬, 爰及干戈, 可謂孝乎? 以臣弑君, 可謂仁乎? 左右欲兵之. 太公曰, 此義人也. 扶而去之. 武王已平殷亂, 天下宗周, 而伯夷叔齊恥之, 義不食周粟, 隱於首陽

사마천(司馬遷)이 기록한 백이의 삶이다. 너무도 익히 알려진 이야기이지만 생각보다 해석하기 쉽지 않다. 공자가 백이와 숙제를 두고 내린 평가로부터 시작한다.

"백이와 숙제는 옛 악을 생각하지 않았으니 그래서 원망이 거의 없었다."

(伯夷叔齊, 不念舊惡, 怨是用希.)

"인(仁)을 추구하여 인을 얻었으니, 또한 무엇을 원망하겠는가?"

(求仁得仁, 又何怨乎?)

그런데, 이에 대하여 사마천은 이렇게 말했다.

"나는 백이의 마음이 서럽다. 지금은 사라졌지만 입으로 전하는 시를 보면 다르게 생각할 만하다."

(余悲伯夷之意, 睹軼詩可異焉.)

공자의 평가에 이의를 제기한 셈이다. 앞서 '백이'란 호칭에 대해 양해를 구하고자 한다. 본래 백이와 숙제는 형제다. 통상 각각의 이름 끝 자 하나씩을 떼어서 합한 뒤 '이제(夷齊)'라고도 줄여서 부른다. 공자나 사마천은 '백이'라고 불렀지만, 사실 '백이'와 '숙제' 두 사람을 뜻한다. 우리도 그들처럼 '백이'라고 부르도록 한다.

백이는 중국 주나라가 천자의 나라로 될 즈음 이미 지긋한 나이를 먹은 사람이다. 주나라는 약 3천 년 전의 나라로서, 당시 주나라의 왕이었던 문왕(文王)은 세상 사람 가운데 거의 삼분지 이에 해당하는 이들의 마음을 얻었다. 문왕은 천자인 은(殷)나라 주왕(紂王)의 미움을 받아 유리(羑里)라는 곳에 유폐되었을 정도로 시기를 받아 고초를 겪었지만 세상 사람들은 여전히 문왕을 신뢰했다. 아마도 부친의 공덕이 남아서였으리라. 문왕의 아들 무왕(武王)이 군사적 봉기를 일으켰을 때 수많은 사람들은 그를 좇아서 주왕의 쿠데타를 응원했고 실제 뒤좇아 거사에 참여했다.

무왕이 주왕을 공격하러 떠날 즈음이었다. 산해관(山海關) 부근, 중원의 중심에서 아주 먼 변방에 있던 고죽국(孤竹國)에서 왕위를 마다하고 떠나왔던 백이가 무왕의 군대 앞에 나타났다. 그들은 무왕의 전차를 가로막아서며 천자(당시 천하의 주인은 은나라 주왕이었다.)를 상대로 무력으로 공격해서는 안 된다고 시위했다. 전차 앞을 가로막아선 선 노인들, 그들은 비무장이었다. 그들을 추종하는 사람들도 있었을 터, 그들도 또한 비무장이었으리라. 이른바 부정과 불의를 저지르는 주왕을 타도하러가는 길이었으니만큼, 비무장한 노인들을 창칼로 해코지하는 것은 적절하지 않았다. 게다가 이들의 아름다운 이름이 세상에 자자하였으니 이들을 강제로 진압한다는 것은 더욱 안될 일이었다. 이 순간, 무왕의 최측근으로서 이번 전쟁의 기획자인 태공망 여상(呂尙)이 얼른 나섰다. 그는 백이를 붙들고 시비하며 윽박지르던 병사들을 저지했다.

"이들은 의인이다."

(此義人也)

태공망의 언명은 단호했고 군소리 하나 없었다. 백이에 대한 세상의 평가를 익히 알고 있던 태공망은 갑자기 나타나 전쟁 반대를 외치는 백이를 보고 당황했다. 그에게 이번 거사는 정의의 전쟁이었다. 아니 정의로워야 했다. 이 전쟁은 무왕의 부친인 문왕 시절부터 축적된 인간적 신뢰에 바탕을 두었고 천하의 주인을 '새로운 방식'으로 바꾸기 위해 오랫동안 정성을 들여왔기 때문이다. 거의 마지막 단추를 누르려는 순간, 강력한 백이가 나타난 것이다. 가장 큰 난관이었다.

그런데, 한번 생각해보자. 과연 정의의 전쟁이 존재하는가? 전쟁이 정의롭다, 그렇지 않다를 판단하는 기준은 무엇일까? 확실하진 않아도 사람의 마음을 얻지 못하는 정치나 전쟁이 성공했던 적은 없었다. 어쩌면 세상 사람의 마음, 이것이 거의 유일한 기준일지 모른다. 그런 점에서 이 전쟁은 이미 승리한 전쟁이었다. 세상사람 반수 이상의 마음을 얻었지 않은가. 그런데 세상의 현자로 알려진 사람, 왕위라는 이상적 자리를 박차고 나온 사람, 부모의 말씀을 받들어 효성스럽다고 알려진 사람, 세상사람이 어질다고 인정한 저들이 자신들을 막아섰다. 순간 아찔했다. 태공망은 얼른 기지를 발휘했다. 저들을 내치지 않고, 오히려 저들의 마음을 인정해주는 것으로 자신의 입지를 강화하고, 자신을 반대하는 사람들도 포용할 수 있음을 세상에 내보이기로 했다. 저들도 의롭고, 우리도 의롭다. 양시론(兩是論)이다. 나의 의로움을 내보이기 위해 남의 의로움을 인정하고 더욱 관용을 베풀어야 한다. 태공망의 네 마디는 그런 점에서 많은 의미를 담은 단호한 목소리였다.

무왕의 출정 때에 벌어진 백이와의 일은 하나의 해프닝에 그치고 말았다. 아니 해프닝으로 끝내지며 덮어졌다. 백이는 실의했다. 그 먼 길을 걸어서 이곳 주나라를 찾아왔던 것은 원로를 모실 줄 아는 사람이 있다는 소문을 들어서였다. 적어도 세상의 경험을 지혜로 녹여냈던 사람을 대우할 줄 아는 사람의 존재! 백이가 생각할 때 참으로 고맙고 귀한 사람이었다. 나이가 들면 쓸모없다고 버려지는 세상의 차가운 인심을 겪으며 얼마나 울분했던가? 그 자신은 이른바 왕으로서 누릴 수 있는 권리도 명예도 부귀도 팽개치고 떠나오지 않았던가. 그만큼 그의 마음은 절실했었다. 비록 중원에서 동북쪽 변방에 위치하고 있었지만 늘 세상이 맑아질 수 있다면 참 좋겠다는 생각을 한 번도 놓친 적이 없었다. 처음이자 마지막 시도였던 시위가 무산으로 끝난 채 쓸쓸하게 돌아선 백이, 그는 끝내 현실과의 절연을 선택하고 말았다.

무왕은 은나라를 무찌르고 결국 천자의 지위에 올랐다. 백이가 생각하기에 저들은 불의한 사람들이었다. 천하 사람들은 다들 주나라를 천자로 모셨고 그 조정에서 일하기를 원했다. 그리고 적극적으로 참여했다. 그러나 백이는 그 상황을 도저히 견디지 못했다. 불의한 권력이 정권을 잡았는데도 그리로 쏠리는 사람들의 행동과 마음도 이해할 수 없었다. 그렇다고 저들을 하나하나 찾아가서 무왕 정권은 정의롭지 않다고, 종주(宗周)하는 행위는 옳지 않은 것이라고 설득해서 마음 고쳐먹게 할 자신도 없었다. 이미 세상은 주나라 무왕의 것이었기 때문이다. 그런 세상에 살고 있는 나 자신이 부끄러웠다. 이때 그가 할 수 있는 일이라곤 고작 세상에서의 자신의 자취를 감추는 것이었다. 이른바 은거(隱居)였다.

은거는 자신의 도가 실현되지 않을 때 지식인이 취할 수 있는 또 하나의 적극적 행위이다. 흔히 우리는 은거하는 이들에게 양생(養生)을 통해 생명이 영원하기를 꿈꾸었던 위진적(魏晉的) 도가(道家)의 모자를 씌워서 세상 회피, 음풍농월, 자연완상 등과 같은 레테르를 붙이곤 한다. 그런데 '은(隱)'은 숨는다는 뜻보다 더 귀한 의미를 하나 갖고 있다. 바로 애달파하다, 불쌍하게 여긴다는 뜻이다. 유가가 이상적인 인간의 인격으로 생각하는 인(仁)의 단서로 꼽는 측은지심(惻隱之心)의 '은(隱)'자가 바로 이 글자다. 누군가를 아파하고 동정하는 마음이다. 어쩌면 은자는 그늘 속에 자신을 감추기 이전에 누군가의 상처를 같이 아파하다가 도저히 어찌할 도리가 없어서 가만히 자신의 족적(足跡)을 거두었던 사람, 나 아닌 사람을 애달파하며 같이 아파해주려는 착한 사람이 아니었을까? 이 순간, 은거의 의미를 다시 생각하게 된다.

백이는 수양산으로 들어갔다. 그곳에서 산나물을 캐어 먹으면서 살았다. 나름 지조를 지키며 힘겹게 살아갔다. 그런데 세상에서 들려오는 소리는 흉흉했다. 하다못해 자신이 산나물로 연명하는 것을 비아냥거리는 소리도 들려왔다. 그곳의 산나물은 주나라에서 나는 것이 아니냐는 것이었다. 백이가 주나라의 곡식을 먹지 않겠노라고 선언했던 것을 비꼰 소리였다. 참으로 잔인했다. 본래 세상은 그런 것이다. 누군가 미워하거나 시기하는 사람이 있으면, 그가 죽을 때까지 찔러대는 법이었다. 죽을 때까지 찔러대는 비수들! 말의 번뜩이는 검광(劍光)은 보이지 않아도 예리하게 마음을 후비고 독이 된다. 보이지 않기에 막을 수도 없다. 그래서 더욱 무섭다. 결국 그 칼날들을 이기지 못한 백이는 곡기를 끊었고, 끝내 죽고 말았다. 그는 죽기 전에 이런 노래를 남겼다. 아마도 너무도 원통하여 울면서 노래했으리라.

저 서산에 올라서
그곳 고사리를 캐노라.
폭력으로 폭력을 바꿔놓고
그 그릇됨은 알지 못하네.
신농도 우순도 하우도 홀연히 사라졌으니
나는 어디로 돌아가려나
아, 슬프다! 떠나자
천명이 사위어가네.

(登彼西山兮 采其薇矣 以暴易暴兮 不知其非矣 神農虞夏忽焉沒兮 我安適歸矣 于嗟徂兮 命之衰矣)

문명과 폭력, 그리고 분노와 좌절

3.

이 노래의 내용은 생각보다 심각하다. 자신의 목숨을 끊으면서 굳이 써내려갔으니 그 어느 것보다 절실하다고 할 수 있다. 자, 하나씩 살펴보도록 하자.

> "저 서산에 올라서
> 그곳 고사리를 캐노라."

여기까지는 일반적으로 알려진 내용이다. 백이는 무왕의 은나라 정벌을 막지 못한 뒤로 이른 바 수양산으로 알려진 서산으로 은거한다. 주나라 도읍인 박(亳)의 서편에 위치한 곳이다. 평지에 높이 솟아서 다른 곳보다 볕이 일찍 드는 산이다. 아무것도 없는 사람이 살기에는 따뜻한 곳이 으뜸인 법, 맨 몸으로 선 백이에게 맞는 장소였다. 비록 아주 외진 곳은 아니라서 세상과 완전히 담을 쌓은 곳은 아니었다. 여전히 백이는 세상의 변화를 살피고, 세상의 사람들을 아파하며, 세상의 도리가 실현되기를 희구하였다. 그 땅에서 가장 흔하고 하잘것없는 음식을 먹으며 살았다. 백이로서는 자신을 가다듬는 방법이었다. 백이는 이렇게 간단하게 자신의 삶의 방식을 말한 뒤 속내를 직설적으로 토로한다.

"폭력으로 폭력을 바꿔놓고
그 그릇됨은 알지 못하네."

폭력으로 폭력을 바꾸다! 이 말은 주나라 무왕이 폭력의 방법으로 은나라 주왕을 무찌른 것을 가리킨다. 이 지점은 대단히 중요하다. 그간 중원의 정권교체는 선양(禪讓)과 같은 평화적 방법에 의하여 이루어져 왔다. 가장 비근한 사례가 요(堯)와 순(舜)의 선양이었다. 요는 자신의 측근 신하들 및 지역의 신하들에게 사람을 추천하라고 했고, 추천된 순을 스무 해동안 일을 맡겨서 수행능력을 살펴보았으며, 자신의 두 딸을 시집보내어서 가정사를 어떻게 처리하는지도 살펴보았다. 앞은 공적 영역이고, 뒤는 사적 영역이다. 흔히 사람들은 공적 영역과 사적 영역 사이의 공백이 제법 크다. 안 일과 바깥일이 한결같기를 바라는 것은 책에서나 가능한 일이리라. 그러나 지금 요가 선택해야 하는 사람은 바로 한 집안의 가장이 아니라 나라 전체를 다스릴 사람이었다. 생령(生靈) 한둘이 달린 문제가 아니요, 국가의 운명, 세상의 운세와 관련된 일이었다. 그와 친하고 친하지 않고, 그와 피를 나누고 나누지 않고가 판단 기준이 될 수는 없다. 실제로 요에게는 단주(丹朱)라는 아들이 하나 있었다. 그런데 아버지가 볼 때 착하고 귀여운 아들이었지만 나라를 다스릴 군주감은 아니었다. 그래서 요는 스무 해 동안 순을 시험하면서 많이 기다렸다.

순의 아내였던 아황와 여영은 자매로서 같이 하나의 남편을 잘 모셨다. 이들의 부부간 의리가 얼마나 좋았던지, 순이 죽던 날, 이 둘도 같이 동정호(洞庭湖)에 몸을 던져 세상을 하직하였다. 지금도 동정호의 한 가운데 있는 섬의 군산(君山)에는 두 아내가 남편 순이 죽던 날 흘린 눈물이 튀어 무늬로 남은 반죽(斑竹)이 자란다. 이만하면 요가 순을 선택했던 것이 틀리진 않았다고 볼 수 있을 듯하다. 이즈음의 역사를 세상 사람들은 이른바 태평시대요 평화세상으로 기억한다.

그런데, 주나라 무왕이 열어 보인 판도라의 상자 안에는 평화가 아닌 폭력이 들어있었다. 백이는 무엇보다 폭력을 폭력으로 교체했다는 사실에 크게 충격을 먹었다. 개인과 개인 사이의 문제가 아니었기에 그 충격은 더욱 컸다. 세상의 통서(統緖)와 운영의 원리를 뒤바꾸는 일이었기 때문이다. 비록 정의롭지 않은 폭력을 정의로운 폭력으로 바꾸었으니 정당하다고 변호할 지도 모르겠다. 하지만 생각해보면, 무엇이 정의이고 불의일까? 무엇을 기준으로 하여 정의와 불의를 나눌 것인가?

쉬운 일은 아니다. 그나마 공정했으리라고 추정하는 정사(正史) 역시 승자의 역사이지 않던가? 백이로부터 한참을 지나 공자도 거쳐 백년이 흐른 뒤 세상에 나온 묵자가 이런 말을 한 적이 있었다. 복숭아 하나를 훔치면 도둑으로 몰리지만, 나라 하나를 훔치면 영웅으로 여겨지고, 사람 하나를 죽이면 살인자로 처벌받지만 수많은 사람을 죽이면 마찬가지로 영웅으로 떠받들어지며, 무엇이 선이고 무엇이 악이며, 무엇이 정의이고 무엇이 불의인지 질문을 던진 적이 있었다. 묵자의 이 질문은 지금도 유효하다. 더 나아가 세상에 정의의 전쟁이 있는가? 정의로운 폭력이 있는가?

백이는 이번 사건이 피의 역사를 여는 서막(序幕)을 열었다는 것을 짐작했다. 폭력은 또 다른 폭력으로 대체되고, 그 폭력은 더 크거나 교활한 폭력으로 대체될 것이었다. 바로 하염없이 이어지는, 끝도 없이 흘러갈 폭력의 뫼비우스띠였다. 이후로 끊임없이 이어져 온 폭력의 역사! 백이의 추측은 맞았다. 중국사를 거대한 용이라고 할 때, 몸뚱이 어느 지점 하나 상처로 피를 흘리지 않은 곳은 없었다. 또한 폭력의 프레임은 아주 견고한 생사의 대결구도를 갖고 있기에, 이를 벗어나는 것은 폭력을 부르는 경계 너머를 꿈꾸어야 가능한 일이었다. 어쩌면 백이가 선택했던 수양산은 은거의 공간이 아니라 폭력의 프레임을 벗어나는 경계의 공간이었을지 모른다. 급격한 좌회전은 머리를 우회전하도록 한다는 말, 그때도 유효하다. 좌와 우는 쌍생아였다. 즉 폭력의 이쪽과 저쪽은, 좌든 우든, 급진적이고 과격한 것은 동일한 어미몸(母腹)에서 태어난 메두사의 사두(蛇頭)들인 것이다. 좌우의 극단이 아닌, 중간의 어느 지점, 그 곳에서 백이가 살고 싶었던 것은 아닐까? 군주가 있는 곳에서 멀지 않은 곳, 그러나 군주와의 관계는 맺지 않는 그 곳! 나라를 벗어나지 않아서 완벽한 이탈을 하진 않았지만, 그렇다고 나라에 관여하지 않아서 나름 견제와 비판을 할 수 있었던 그곳! 다른 곳보다 먼저 볕을 받을 정도로 우뚝하니 솟은 산, 남의 눈에도 잘 띄고, 나아가 자신을 오롯하게 드러낼 수밖에 없는 그곳! 그래서 그곳에 사는 이는 은밀한 음모가가 될 수도 없고, 과격한 전략가도 될 수 없다. 모든 것이 투명하며, 하다못해 산나물을 뜯어먹는 것조차 노출이 되는 곳이었다. 바로 그곳에 백이는 둥지를 틀었고 조심스레 기다리며 주시했다. 그 경계의 공간에서!

무왕은 자신이 무슨 일을 저질렀는지 몰랐다. 그가 역사에 어떤 죄를 지었는지도 몰랐다. 후과(後果)를 알고도 저지르도록 부추기며 전략을 세웠던 태공망과는 약간 부류가 다르다. 후덕했던 부친의 덕분으로 세상의 인심을 샀던 터라, 그는 자신에게 군주로서, 천자로서, 최고 경영자로서의 자질이 있었는지에 대한 혹독한 시련을 경험하지 않았다. 일찌감치 주나라의 시조로 불리는 고공단보(古公亶父)는 손자인 문왕의 후덕한 자질을 눈여겨보고, 막내아들인 계력(季歷)에게 왕위를 넘겼다. 큰아들 태백(太伯)과 둘째 아들 중옹(仲雍)은 부친의 뜻을 눈치 채고 멀리 달아났다. 왕가에서 왕위를 차지하지 못한다는 것은 죽음을 뜻한다. 공자는 이를 아름다운 양보라고 불렀지만, 아주 멀리 동해까지, 그리고 다시 남쪽으로 가서, 바다가 내다뵈는 오(吳)까지 오는 동안 태백과 중옹이 가졌을 마음은 비장했으리라. 목숨을 건 탈주였으니! 그곳은 산과 들에서 자랐던 그들에겐 아주 낯선 풍토였었다. 이 순간, 우리는 그들의 삶이 백이의 모습과 오버랩되는 기묘한 경험을 하게 된다. '아름다운 양보'의 데자뷰!

주나라는 이렇게 문왕까지 세대가 내려왔지만, 아직 은나라의 운명은 남아 있었다. 은나라 주왕(紂王)은 미색에 빠지고 정사에 소홀하며 백성에게 가혹했다고 알려져 있다. 그런데 『서경』에 기록된 그의 정치적 자취는 제법 괜찮았다. 허나 『논어』나 『맹자』를 들추다보면, 어쩌면 이리도 하나의 인물에 대한 상(像)을 고정시켜놓았는지, 참으로 모질다는 느낌을 가질 때가 있다. 특정한 이념을 만들어내기 위하여, 마치 어린 아이들 천자문 외우듯, 달달달 하나의 구절, 하나의 생각을 강요하다니! 어린이부터 성인들, 나아가 노인들까지, 중앙 정계로부터 시골구석까지, 한번 기록된 모습은 계속 반복 재생산되면서 확증편향을 낳고 끝내 인간의 머리에서 발끝까지 장악하였다. 그리하여 우연한 사건은 필연적 합리가 되고 스쳐가던 느낌은 강한 확신으로 변하여 결국 누군가는 죄인으로, 누군가는 성인으로 만들어졌다. 중간에 삐죽삐죽 울퉁불퉁하는 모습들을 찬찬히 길어 올리려면 많은 공력과 두터운 얼음장을 뚫고 나와야 한다. 나 역시 경서를 배울 때면 악인의 대명사로 하나라의 걸(桀), 은나라의 주(紂)를 아무 생각 없이 외우곤 했었다.

여하간 무왕은 자신이 폭력의 역사를 낳았다는 사실을 몰랐으니, 그것에 대해 반성할 줄은 꿈에도 생각한 적이 없었으리라. 백이는 마음이 아팠다. 그의 부친인 문왕의 방명(芳名)을 듣고 주나라까지 왔건만, 그들이 목격한 것은 참담한 미래의 모습이었다. 예지력을 갖춘 그는 대야 속의 물속에서 전쟁으로 점철된 미래의 참혹한 화면을 보았다! 나는 어느 뜨거운 여름날, 파티마의 성지를 찾아간 적이 있었다. 그곳은 세 아이가 성모마리아의 현신을 목격했고, 성모님이 말해주는 미래의 일들을 들었던 곳이다. 아이들은 무서운 나머지 끝내 세상과 절연한 채 살아갔다. 세상이 무서워서도 그러했지만, 자신들이 보았던 것을 차마 누구에게도 말할 수 없었던 것이다. 너무도 무서워서. 백이가 미리 '목격'한 것도 마찬가지였다. 이미 지옥으로 가는 문은 열렸다. 그 앞에 백이가 서 있다. 마치 오르세미술관에 소장된 로댕의 『지옥의 문』의 문설주에 새겨진 '생각하는 사람'이 인간의 운명을 고뇌하며 절망하다 숙여진 고개를 떠받치고 있듯이. 백이의 어깨는 축 처지고 시선은 아래로 떨어졌다. 그의 머릿속으로 심한 배신감과 좌절감이 스치고 지나간다.

백이를 바라보는 두 가지 시선

4.

"신농도 우순도 하우도 홀연히 사라졌으니
나는 어디로 돌아가려나?"

이 구절의 "나는 어디로 돌아가려나?"라는 말은 참으로 가슴 아픈 한숨의 탄사다. 막막함이랄까, 아득함이랄까, 허전함이랄까, 좌절감이랄까, 한 가닥 희망으로 살아왔던 백이는 어디로든 가야할 듯한데, 도대체 발끝을 어디로 향해야 할지 모른다. 갑자기 그간 살아왔던 모습들이 스쳐가며 허무해졌다. 그동안 나는 무엇을 위하여 애썼던 것일까? 모든 사람들이 바라는 권력도 뿌리치고 세상의 도리를 찾기 위하여 살아왔다. 비록 가진 것 하나 없어도 마음 맞는 형제가 같이 있어서 행복했었고, 그 이상도 이하도 바라지 않았다. 먹고 싶은 것 많은 세상에서 그저 산나물 하나 캐어먹으면서도 행복했었다. 남들에게 명예욕이 있다는 불평과 비난을 들었지만 개의치 않았다. 내가 당당하고 떳떳했기 때문이다. 모함도 들었다. 내가 산나물이나 뜯어먹고 사는 것조차 비난받았다. 그렇게 잘난 척할 것이면, 아예 이 나라를 떠날 것이지, 왜 어슬렁거리며 자신들을 불편하게 만드느냐며 모욕도 안겨주었다. 가슴이 막히고 눈앞이 아찔해진 백이! 그는 이미 받았던 좌절에 다시 인심이 안겨준 상처에 어찌할 바를 몰랐다. 이제 결단을 내릴 때가 되었다.

"아, 슬프다! 떠나자
천명이 사위어가네."

절망의 탄사치고는 너무 간단하다. '아, 슬프다.' 그렇다. 옛 사람들의 감정 처리는 이처럼 간단했다. 게다가 슬프니, 아쉽다느니, 구슬프다니, 가슴아파다느니 하는 속내를 다 드러내는 것을 꺼려했다. 사실 감정은 복잡하기 그지없어서 한 마디로 요약할 수도, 추려낼 수도 없다. 그래서 더욱 백이의 짧은 탄성이 왠지 짠해진다. 하염없이 토로할 수도 없는 상황, 뭔가 가슴에 맺힌 감정과 사연들, 허나 짧은 탄사 하나 이외에 더 이상 뭐라 할 수도 없는 처지! 백이는 막막했다. 어디로 가야하는가. 이미 고향은 작심하고 떠나왔는데, 같이 왔던 사람들도 모두 떠나갔고, 겨우 뜻 맞는 형제 두 사람뿐이었다. 이젠 지쳤다.

많은 해석자들은 원문의 "命之衰矣(명지쇠의)"를 '내 운명은 쇠약해지고 끝났다'라고 해석한다. 그러나 이는 백이의 마음을 모르는 소리다. '명(命)'을 한 사람의 목숨이나 생명으로만 한정하면,

이 말은 나약한 넋두리에 빠지고 만다. 백이의 눈은 개인에 머물지 않았고, 그의 가슴은 더 넓은 세상의 안녕을 희구하고 있었다. 그가 고죽국에서 머나먼 이곳까지 온 이유도 그저 개인의 목숨을 부지할 곳을 찾아서 온 것은 아니었다. 아름다운 세상을 일굴 사람을 찾아서 왔고 목숨까지 걸며 저들의 전쟁을 막고자 했었다. 그래서 이곳의 '명(命)'은 천명으로 해석하는 것이 적절하다.

앞서 말했듯이 그는 폭력이 점철될 미래를 미리 눈으로 보았다. 그의 눈 속에 비친 수많은 사람의 비명들, 화염들, 살상들, 야욕에 불탄 얼굴들, 슬픔에 잠긴 누이들, 자식 잃은 부모들, 부모 잃은 고아들! "천명이 사위어가네"라고 했지만, "천명은 기울기 시작했고" "천명은 곧 끝나리라"는 것을 알았다. '쇠(衰)'는 기운이 떨어지다, 기운이 빠지다, 기운이 약해지다, 기운이 미약해지다는 뜻이다. 끝났다는 '종(終)'에 비해 아직은 끝나진 않았다. 기운이 빠지고 조금씩 미약하나마 숨은 붙어 있다. 그래서 혹시 생명이 붙어있는 것이니 희망을 안에 담고 있다고 여길 수도 있다. 그러나 그렇지 않다. 이미 죽은 자의 시신을 바라보는 아쉬움과 아직 숨이 붙어 있어 생사의 갈림길에서 오가는 환자를 바라보는 안타까움 가운데, 어느 것이 더 가슴 아플지를 생각해보자. 겨우 산소호흡기에 연명하며 살아갈 세상을 바라보던 백이! 그는 미어지는 가슴을 더 이상 참지 못하고 스스로 목숨을 끊고 만다. 마치 이 세상이 갈 길을 먼저 가보려고 하듯이. 백이의 노래는 분노와 좌절과 안타까움과 막막함의 끝에서 겨우 길어 올린 한숨이었다. 이를 두고 공자는 이렇게 말했다.

> **"옛 악을 생각하지 않았으니, 그래서 원망이 거의 없었다."**
>
> (不念舊惡, 怨是用希)

사마천은 공자의 평가에 동의하지 않았다. 백이는 분명히 원망하고 있었다. 자신을 알아주지 않았던 세상에 대하여, 그 세상이 만나게 될 불행에 대해서 불안해하고 원통해하고 있었다. 그런데 공자는 태연하게 이렇게 말한다. 백이는 '구악(舊惡)'을 마음에 두지 않았다고 했다. 그래서 원망이 거의 없었다고 했다. '희(希)'는 드물다는 뜻이다. 즉 거의 없다는 것이다. '무(無)'보다는 약하지만, 경서에 사용될 경우엔 '무'와 거의 동의어로 사용된다. 공자의 말투 자체가 단정을 짓기보다는 우회적이고 간접적인 수사를 구사하였던 것을 생각하면, 충분히 이해될 일이다. 그럼, '구악'은 무엇일까? 누가 백이에게 악행을 저질렀을까? 고죽국의 사람들일까? 자신들을 후계자로 선정하지 않았던 아버지일까? 자신들이 떠나자 남은 형제를 왕으로 세웠던 백성들일까? 우리가 알 수 있는 정보로는 무왕의 전쟁을 막았을 때의 일과 관련된 것 이외에는 없다. 그럼, 백이는 무왕과 그를 따라 전쟁에 나섰던 사람들에게 어떤 악감정도 갖지 않았을까? 백이가 수양산에 들어가고, 저 폭력의 예언과 천명의 쇠약을 노래했던 것은 어떻게 이해할 것인가? 바로 이 지점에서 사마천과 공자의 판단이 갈린다. 사마천은 공자의 판단에 이의를 제기한다. 백이는 원망했고, 그래서 저 무섭도록 슬픈 노래를 불렀던 것이다. 여기까지가 사마천이 우리에게 주는 이야기이다. 이제 우리 스스로가 대답을 할 차례다. 백이는 원망했을까? 하지 않았을까?

공자의 불념(不念)_원망으로부터의 이탈

5.

내가 생각하기에, 사마천은 팩트를 말했고, 공자는 희망을 이야기했다. 또한 사마천은 백이를 아름다운 문명을 일구고 싶었던 사람이요 끝내 폭력으로 점철될 미래를 예지한 사람으로 보았지만, 공자는 개인의 아픔과 상처를 극복한 사람으로 보았다. 처음 「백이열전」을 읽으면 사마천이 옳다고 생각되었지만, 다시 읽어보니 공자의 판단이 지혜로웠다는 생각이 든다. 공자도 백이가 품었던 원망을 알았을 것이다. 스스로 목숨을 끊는다는 것은 대단한 결심이 아니면 불가능한 일이다. 모질게 목숨을 끊을 정도로 절박했던 아픔, 막막했던 상처를 몰랐을리 없다. 그러나 그것을 어떻게 할 것인가? 그 상처와 아픔을 어떻게 받아들일 것인가? 상처를 상처로 받아들여서 끝내 후비고 생채기를 내어서 곪아 터지도록 할 것인가? 아님 다른 방법을 취할 것인가? 참으로 어려운 일이요 쉽지 않은 일이다.

약간 이야기를 바꾸어 확증편향을 말해보자. 누군가를, 무엇인가를 원망하는 마음의 저변에 깔린 인간의 심리는 확증편향과 연결되어 있기 때문이다. 『한비자』에 이런 이야기가 전한다. 코끼리를 보지 못했던 사람들은 코끼리의 죽은 뼈를 보고 머릿속으로 코끼리의 모습을 생각하고 그려내었다. 너무도 기형적인 코를 가진 짐승을 제대로 그려낸 사람은 아무도 없었다. 다들 자신이 그린 코끼리가 진짜 코끼리라고 우길 뿐이었다. 이른바 '想象'이란 말의 유래로 알려져 있는 이야기지만, 나는 이를 확증편향의 우화로 읽는다.

확증편향, 쉽게 말하자면 '보고 싶은 것을 보고, 듣고 싶은 것을 듣는다'는 것이다. 누구나 자신만의 인식 프레임을 갖고 있다. 원망의 프레임도 같은 방식으로 작동하곤 한다. 선천적으로 타고난 자질은 어찌할 수 없는 노릇이다. 그러나 이후 자신이 겪었던 학습과 경험을 통해 얻은 '프레임'은 하나의 세계관이자 가치관이요, 감정의 작동기전으로 나타나곤 한다. 그런 점에서 믿고 싶은 것을 믿는 것은 개인의 자유로운 선택이요, 누구도 훼손할 수 없는 고유의 심리라고 부를 수 있다.

그러나 그 개인적 심리로 인하여 타인의 존엄이 모독을 당하고 파괴된다면 문제는 달라진다. 골방에서 혼자 좋아하는 것을 보든 말든, 이는 개인의 문제에 그치지만 간혹 제3자의 자존을 훼손하거나 파괴한다면, 이는 사회적 문제가 된다. 마치 방안에서 혼술하던 사람이 밖으로 나와 운전을 하다가 무고한 사람을 치어 죽이는 것과 같다. 즉 확증편향으로 인하여 타인의 인격을 모독하고 그의 자존을 파괴하는 것은 일종의 살해 행위가 되는 것이다. 이것은 특정한 사람이나 장소에서 일어나는 것이 아니다. 인간사 어디서든 벌어지곤 하는 일들이다. 확증편향에 사로잡힌 사람들과 그에 동조한 이들은 모두 이렇게 말하곤 한다. "인간의 심리가 다 그렇지 뭐!" 원망도 그러하다.

이렇게 확증편향과 원망을 공유하며 하나의 무리가 된 그들은 자신을 합리화하고 자족한다. 이 순간, 지성을 그토록 찬양해마지 않았던 우리의 이성은 마비되고 섬세한 감성도 무뎌지며, 어느새 '좋은 게 좋은 것이고 그냥 묻어두고 사는 거지' 라며 이익을 나눠먹는 변태적 편안함 속에서 느긋함을 즐기게 된다. 하염없이 누군가를, 무언가를 원망하며 상대를 저주하거나 지독한 우울의 나락으로 자발적 낙하를 시도한다. 이제 우리는 그 편향된 심리를 정상으로 간주하며 아슬아슬한 활공을 시작한다. 언제 죽음의 선을 탈지 모르는 위태로운 비상을!

이를 통해 우리는 다섯 가지의 병증을 갖게 된다. 하나는 의심, 둘은 시기, 셋은 편견, 넷은 이간질, 다섯은 무기력. 모두 확증편향과 원망이 낳은 질병들이다. 그럼 치유는 가능한가? 모르겠다. 허나 생각나는 대로 당부의 말은 몇 가지 할 수 있을 듯하다. 첫째, 은밀한 단톡방을 삭제하라. 그곳은 관음적 페이크뉴스의 배양소다. 둘째, 사실만을 말하고 들으라. 신뢰를 위한 최소한의 윤리다. 셋째 공부하고 연구하여 증명하라. 넷째, 속살대는 사람을 멀리하라. 정직하지 않은 사람이다. 다섯째, 단편적 지식을 믿지 말라. 여섯째, 손으로 기록하라. 기억은 불완전한 퍼즐이다. 일곱째, 인간의 선의를 존중하고 사랑하라. 이는 아주 중요하다. 어떤 행위를 한 누군가를 바라볼 때 감정적 분노를 터트리기에 앞서 그가 왜 그렇게 했을까를 생각하고 그에게 물으라. 일곱째, 타인의 불의에 성내되 그를 용서하라. 그가 내게 화해를 요청하지 않았어도 용서하라. 나를 분노의 프레임에 가두지 않기 위해서이다. 여덟째, 그리고 진심으로 나를 사랑하고 하염없이 나의 길을 가라. 아무 일도 없었던 것처럼. 그러면 된다. 참으로 쉽지 않은 일이다.

공자의 백이 평가는 바로 이곳에서 만난다. 공자는 백이를 원망의 프레임 속에 가둬두고 싶지 않았다. 그가 보여준 아름다운 양보와 목숨을 건 충간, 정의롭지 않은 세상을 떠날 수 있는 용기와 끝내 타협하지 않은 채 지조를 죽음으로 지켜낸 의지를 원망이란 감정 속에서 읽히게 하고 싶지 않았다. 그래서 뜬금없이 '불념구악(不念舊惡)'이라고 말했다. 원망의 프레임에서 벗어나는 순간, 백이의 삶은 아주 아름다운 이상이 되었다. 그것이 팩트와 얼마나 거리가 있는지는 확인할 수 없다. 우리는 공자의 처리방식에서 원망을 넘어서는 방법만을 볼 뿐이다. 그러면 그의 언명은 이렇게 다시 읽을 수 있다.

“옛 악을 염두에 두지 않는다면, 원망하는 마음이 이로써 거의 사라지게 되리라.”

우리가 하루하루 살면서 원망하는 마음을 품지 않을 수 있다면 참으로 나 자신에게 행복한 일이 될 것이다. 그러나 더욱 중요한 것은 그 행복을 바탕으로 누군가를 아름답게 만들어줄 수 있는 여유를 가질 수 있다는 것이다. ‘불념(不念)’! 생각하지 않다, 마음에 품지 않다는 뜻이다. 곧 마음먹기에 달려있다는 말이다. 백이의 삶을 통해 공자가 해석했던 방식은 우리가 원망의 프레임을 넘어설 수 있도록 흥미로운 시사점을 제공해준다.

자, 한번 높은 산에 올라가 보자. 거의 산마루에 이르렀을 때, 왼쪽은 구름이 끼어 있어서 아무것도 보이지 않더니만, 오른쪽으로 고개를 돌리는 순간, 환히 개어서 산 아래가 뚜렷하게 눈 안에 들어오는 것을 경험하시리라. 바로 그 ‘고개돌림’, 즉 구악을 생각하지 않는 것, 그 순간에 원망을 넘어설 수 있는 길이 열리지 않을까? 삶이 우리에게 주는 수많은 상처의 유리조각들을 상처로 받아들이면 아픔으로만 남게 된다. 그러나 그 유리조각들이 밝은 햇빛을 투과시키면 파밀리아 대성당의 눈물겨운 스테인드글라스가 되기도 한다. 순간 우린 아름다운 빛깔로 물들게 된다. 아, 무한한 감동이 우리를 휘감는다. 이제야 3천 년 전 백이, 2천 5백 년 전 공자, 2천 년 전 사마천, 그리고 지금의 우리가 하나로 꿰어지는 느낌이다. 원망의 프레임을 벗어나는 순간 우리는 니원(泥洹, 열반)에 이르리라.